PSICOPATOLOGIA PSICANALÍTICA E SUBJETIVIDADE CONTEMPORÂNEA

CONSELHO EDITORIAL

André Luiz V. da Costa e Silva

Cecilia Consolo

Dijon De Moraes

Jarbas Vargas Nascimento

Luís Augusto Barbosa Cortez

Marco Aurélio Cremasco

Rogerio Lerner

Blucher

PSICOPATOLOGIA PSICANALÍTICA E SUBJETIVIDADE CONTEMPORÂNEA

Mario Pablo Fuks

Psicopatologia psicanalítica e subjetividade contemporânea
© 2023 Mario Pablo Fuks
Editora Edgard Blücher Ltda.

Série Psicanálise Contemporânea
Coordenador da série Flávio Ferraz
Publisher Edgard Blücher
Editores Eduardo Blücher e Jonatas Eliakim
Coordenação editorial Andressa Lira
Produção editorial Jonatas Eliakim
Preparação e revisão de texto Bárbara Waida
Capa Leandro Cunha
Imagem de capa iStockphoto

Blucher

Rua Pedroso Alvarenga, 1245, 4º andar
04531-934 – São Paulo – SP – Brasil
Tel.: 55 11 3078-5366
contato@blucher.com.br
www.blucher.com.br

Segundo o Novo Acordo Ortográfico, conforme
6. ed. do *Vocabulário Ortográfico da Língua
Portuguesa*, Academia Brasileira de Letras,
julho de 2021.
É proibida a reprodução total ou parcial por
quaisquer meios sem autorização escrita da
editora.

Todos os direitos reservados pela Editora Edgard
Blücher Ltda.

Dados Internacionais de Catalogação na Publicação (CIP)
Angélica Ilacqua CRB-8/7057

Fuks, Mario Pablo

Psicopatologia psicanalítica e subjetividade
contemporânea / Mario Pablo Fuks. – São Paulo :
Blucher, 2023.

320 p. (Série Psicanálise Contemporânea /
coord. de Flávio Ferraz)

Bibliografia
ISBN 978-65-5506-641-8

1. Psicanálise 2. Psicopatologia I. Título. II.
Ferraz, Flávio III. Série.

23-3395   CDD 150.195

Índice para catálogo sistemático:
1. Psicanálise

Conteúdo

Nota editorial   9

Flávio Ferraz

Sobre Mario Pablo Fuks   11

1. Algo que estava oculto veio à luz: sobre o *Unheimliche*   15

2. O estranho, a elaboração psíquica e a criação cultural   31

3. Psicanálise, o futuro de uma (des)ilusão   43

4. "Central do Brasil": vicissitudes da subjetivação   57

5. Mal-estar na contemporaneidade e patologias decorrentes   63

6. Questões teóricas na psicopatologia contemporânea   79

6 CONTEÚDO

7. A sexuação feminina da mulher na contemporaneidade:
da suposta libertação feminina à impossibilidade de
sustentar o imprevisível na relação com o outro   97

8. Nos domínios das neuroses narcísicas
e suas proximidades   111

9. O mínimo é o máximo: uma aproximação da anorexia   125

10. O sintoma na bulimia: psicopatologia e clínica   141

11. Construindo a complexidade   157

12. Trauma e dessubjetivação   179

13. Frente à morte, frente ao mar   193

14. Um capítulo da história da psicanálise na América Latina   211

15. Wilhelm Reich e a relação entre psicanálise e política   219

16. Psicopatologia psicanalítica, construção de
subjetividade e neoliberalismo   239

17. Histórias e perspectivas: 25 anos do Curso de
Psicopatologia Psicanalítica e Clínica Contemporânea   251

Apêndice
Tempos sombrios novos – desafios para a psicanálise   265

Posfácio

Carta ao pai: Um adeus ao homem que me
ensinou a pensar e a sentir   295

Julián Fuks

Referências   301

Nota editorial

Flávio Ferraz

Este livro começou a ser preparado no ano de 2015, quando convidei Mario Pablo Fuks a trabalhar no projeto de uma coletânea de seus escritos, até então publicados sob a forma de artigos em periódicos psicanalíticos e capítulos de livros. Fizemos uma relação dos textos que deveriam ser incluídos, e logo cuidei de proceder à releitura destes, a fim de propor uma nova revisão e, eventualmente, dar-lhes nova edição. Assim foi feita essa primeira etapa, sem pressa e com todo o cuidado possível.

Depois de uma pausa, quando veio a pandemia, no ano de 2020, Mario, meticuloso como era, propôs à colega Cristina Barczinski um trabalho de interlocução, com o objetivo de, mais uma vez, rever seus escritos e neles incluir elementos que os aprimorassem. Assim foi feito com os primeiros 14 capítulos que compõem esta obra.

Após sua morte, em dezembro de 2022, demos novo andamento à produção, incluindo os três últimos capítulos, escritos mais recentemente. De acordo com a vontade expressa de Mario, esses seriam os textos que ele gostaria de ver como parte integrante da coletânea. Por fim, em decisão tomada junto com a viúva, a psicanalista Lucía Barbero Fuks, e seu filho, o escritor Julián Fuks, acrescentamos ao fim uma entrevista concedida por Mario à revista *Percurso* em 2020. Além disso, convidei Julián a ceder, a título de posfácio, o belo texto que escrevera em homenagem ao pai por ocasião de seu falecimento.

Além do apoio de Lucía e Julián e do trabalho cuidadoso de Cristina Barczinski, a produção deste livro contou com a colaboração de Cristina Parada Franch, Márcia de Mello Franco e Soraia Bento. Sílvia Nogueira de Carvalho, de modo especial, contribuiu com seu conhecimento precioso da obra de Mario, a cuja preservação e divulgação passou a se dedicar após sua morte. Agradecemos a todos que se envolveram nesta empreitada.

Creio que este conjunto de escritos representa com fidelidade o pensamento do autor e seu trabalho erudito, engajado e incansável em prol da psicanálise e da saúde mental no Brasil. Este livro constitui uma oportunidade para toda a comunidade psicanalítica de com ele pensar e aprender.

Sobre Mario Pablo Fuks[1]

Com uma longa trajetória na psicanálise e na participação política, Mario Pablo Fuks, nascido na Argentina, era psiquiatra de formação. Desde os tempos de escola, se interessou pela psicanálise que impregnava o ambiente cultural de Buenos Aires, nas décadas de 1950-1970. Teve o privilégio de frequentar cursos e seminários de psicanálise, linguística e epistemologia ministrados por figuras proeminentes na Argentina, como José Bleger, Pichon-Rivière, Fernando Ulloa, Ángel Garma, Gilou García Reinoso, Raúl Sciarretta, Isidoro Berenstein, entre outros.

Já formado, Mario trabalhou no Serviço de Psicopatologia do Hospital Dr. Gregorio Aráoz Alfaro, na cidade de Lanús, que era dirigido por Mauricio Goldenberg com um espírito pluralista e democrático e constituiu um marco nas práticas ligadas à saúde e à doença mental. Lecionou Psicologia Médica na Faculdade de

---

1 Escrito pelo grupo de entrevistas da revista *Percurso*, composto por Ana Claudia Patitucci, Bela M. Sister, Cristina Parada Franch, Danielle Melanie Breyton, Deborah Joan de Cardoso, Silvio Hotimsky e Tatiana Inglez-Mazzarella; publicado originalmente na revista *Percurso*, *XXXII*(64), 79-80, 2020.

12 SOBRE MARIO PABLO FUKS

Medicina da Universidade de Buenos Aires e, posteriormente, na Faculdade de Psicologia, atividades que lhe propiciaram experiências muito ricas no plano teórico e pedagógico, mas que foram interrompidas, em 1966, quando da intervenção militar na Universidade. Em 1968, assumiu o cargo de médico-chefe do Departamento de Adultos do Serviço de Psicopatologia do Policlínico de Lanús. Em 1974, coordenou o Serviço de Clínica Psiquiátrica e Interconsulta da cátedra de Psicologia Médica da Faculdade de Medicina no Hospital-Escola General San Martín.

Participou indiretamente do movimento dissidente Plataforma, que questionava o autoritarismo e a centralização de poder da Associação Psicanalítica Argentina, bem como a formação elitista e desvinculada da realidade social e política que ela oferecia. Engajado no movimento dos trabalhadores da saúde mental, coordenou o plano piloto de formação do Centro de Docência e Investigação (CDI), da Coordenadoria de Trabalhadores da Saúde Mental. Engajou-se também na luta política contra o golpe de Estado de 1966 e, em 1976, contra o novo golpe que instalou uma ditadura militar ainda mais violenta que a anterior. Coagido pelas forças repressivas, Mario precisou exilar-se, às pressas, com sua mulher, Lucía, também psicanalista.

Chegaram ao Brasil em maio de 1977, onde a generosa e engajada acolhida de Madre Cristina Sodré Dória, fundadora e diretora do Instituto Sedes Sapientiae, foi decisiva para o casal se estabelecer em São Paulo. Logo se integraram ao Curso de Psicoterapia de Orientação Psicanalítica, que havia passado por uma grave crise. Um dos principais objetivos desse curso era democratizar o acesso à teoria e à prática psicanalíticas e, nele, Mario e Lucía passaram a ministrar seminários teóricos e supervisões clínicas, individuais e em grupo. Mario foi professor do Curso de Psicanálise e fundador e coordenador do Curso de Psicopatologia Psicanalítica e Clínica Contemporânea, do Departamento de Psicanálise do Instituto Sedes Sapientiae. Ainda nesse departamento, integrou a equipe editorial do *Boletim Online* e o Grupo de Psicanálise e Contemporaneidade e supervisionou o Projeto de Pesquisa e Intervenção em Anorexia e Bulimia.

Com sua larga experiência no campo institucional, Mario pôde contribuir de maneira significativa para área da saúde mental também aqui no Brasil, por meio de convênios entre o Instituto Sedes Sapientiae, a Prefeitura do Município de São Paulo e o estado de São Paulo. Esse trabalho foi realizado junto a um grupo de analistas ligados ao Curso de Psicanálise, podendo-se dizer que foi a partir desse trabalho que surgiu o Departamento de Psicanálise, procurando ampliar o campo de formação e atuação dos professores, alunos e ex-alunos.

Sempre preocupado com as questões relativas à dimensão política da psicanálise, Mario escreveu inúmeros artigos dedicados a esse tema. Publicou, em coautoria com Silvia Leonor Alonso, o livro *Histeria* (Casa do Psicólogo, 2004) e, em colaboração com Magdalena Ramos, organizou o livro *Atendimento psicanalítico da anorexia e bulimia* (Zagodoni, 2015).

Faleceu em São Paulo em dezembro de 2022.

1. Algo que estava oculto veio à luz: sobre o *Unheimliche*[1]

O que provoca o sentimento do sinistro (*Unheimliche*)?[2] Os processos automáticos que se ocultam por detrás da familiar figura do inerte, como os bonecos ou autômatos de construção mecânica. E também aqueles que parecem revelar-se na familiar figura do vivo, ou melhor, do humano, como as explosões de epilepsia ou de loucura. Pessoa ou autômato? Essa é a dúvida que dura enquanto se mantém o suspense, e que tende a desaparecer se pudermos colocá-la no foco da atenção, iniciar um processo indagatório, estabelecer julgamentos a serem efetuados e chegar a uma conclusão que ponha fim à incerteza.

---

1 Publicado originalmente no livro *Freud: um ciclo de leituras* (Alonso & Leal, 1997, pp. 205-217).

2 Mantenho, para traduzir *Unheimliche*, o termo "sinistro", correspondente à palavra *siniestro* utilizada na tradução ao espanhol pela edição da Amorrortu (Buenos Aires).

Também podemos formulá-lo assim: quando algo que estava oculto começa a vir à luz, dá início a um processo de elaboração que pode desenvolver-se produzindo diversos resultados ou bloquear-se produzindo efeitos de estagnação ou desequilíbrios perversos ou psicóticos. A vivência de estranheza, pela sua própria presença, funciona como um disparador do processo e um índice de seu movimento.

Uma curiosa inversão de papéis a respeito do esquema clássico perfila-se na configuração edípica infantil do protagonista de "O homem de areia", de E. T. A. Hoffmann (1817). O pai seduziu a criança, atiçando-lhe a imaginação e o interesse pelas histórias maravilhosas, e a criança divertiu-se ao manter acesa a brasa do cachimbo do pai, para que o pai não parasse...

É a mãe quem introduz o "homem de areia" como se quisesse parar a excitação, desligando o filho da vigília e induzindo-o ao sono. A criança conecta o homem de areia ao pai e quer saber mais. "Quem é esse estranho homem de areia que nos separa de meu pai?" Ali, a mãe o corta novamente. "O homem de areia não existe!" Ela não quer saber nem quer que a criança saiba. Não quer porque a misteriosa paixão de seu marido, que também é paixão de saber (por algo se intui que seja um pacto faustiano), introduziu o estranho ameaçador, vindo de fora, na intimidade do lar.

A criança transgride a "censura" imposta pela mãe, como diria Penot (1992). Algo pesaroso, que a deixa desconjuntada, lhe é revelado. Ela sai da experiência apassivada (é mais forte o ser descoberto que o descobrir), marcada pelo terrorífico simulacro da castração visual e, também, por um mandato-profecia agoureiro: "Que o moleque conserve seus olhos e choramingue seus pesares pelo mundo". A criança é mergulhada em um sono que parece de morte (Hoffmann, 1817).

Freud situou o complexo de castração como um dos fatores que, com maior força, vem ferir o narcisismo primitivo da criança. Postulou esse narcisismo como um sistema impulsionado, construído e sustentado pelo narcisismo dos próprios pais.

O ponto mais espinhoso do sistema narcisista, a imortalidade do eu, conquista seu baluarte refugiando-se na criança. Esse sistema será definitivamente abalado pela morte do pai na história familiar de Natanael. Suas circunstâncias misteriosas deixarão, apesar de seus muitos pontos obscuros, uma convicção compartilhada pela mãe e pelo filho com relação à culpabilidade do intruso, um juramento de vingança de cunho hamletiano por parte do filho, e um pacto implícito de silêncio.

A incorporação de dois novos membros à família – Clara e seu irmão Lotário, que "não sabem" da história – restabelece o sistema narcísico, congelando o processo de luto. Poderíamos dizer que os olhos cristalinos e vivazes de Clara serão um consolo – um bálsamo – para os olhos entristecidos e desvitalizados de Natanael e de sua mãe, sob a condição de que aquilo que permaneceu oculto não venha à luz. A saída de Natanael para o mundo leva-o ao confronto com uma experiência de repetição percebida como tal, sob a forma do fatídico personagem que representa o que, para Freud (1919), é um "duplo" do pai. Esse encontro reinstala o sinistro (*Unheimliche*). Um processo de indagação se inicia. Natanael envia uma carta a Lotário contando todos os fatos, mas, por um ato falho dele mesmo, o desejo de "fazer saber" faz chegar a carta às mãos de Clara.

Qual é a metapsicologia desses processos de "ocultar/vir à luz"? O recalcamento (*Verdrängung*), pedra angular da armação teórica, e o seu fracasso com o subsequente retorno do reprimido. Esse será o suporte da explicação ao longo do texto. Cabe perguntar,

18   ALGO QUE ESTAVA OCULTO VEIO À LUZ

no entanto, como já o fizeram diversos autores, se o conceito de *recalque* é o que mais se enquadra nessa problemática.

No historial clínico do Homem dos Lobos, publicado na mesma época, Freud (1918) teoriza a respeito do complexo processo de elaboração e admissão do conceito inconsciente do "pequeno separável do corpo". Com relação a esse paciente, parecido em mais de um aspecto com o personagem do conto (incidência do escópico, olhar fixo dos lobos do sonho, posição passivo-feminina em relação ao pai, pai depressivo que acaba suicidando-se etc.), ele conclui o seguinte:

> *É notória a tomada de posição inicial de nosso paciente com relação à castração. Ele a rejeitou [verwirft] e se ateve ao ponto de vista da relação anal. Quando digo que a rejeitou, o sentido mais imediato da expressão é que não quis saber dela no sentido do recalque. Com isso, na verdade, não havia sido pronunciado julgamento nenhum, mas era como se ela não existisse. (p. 78)*[3]

E continua:

> *Essa atitude não pode ser definitiva. Há provas do reconhecimento posterior da castração, com uma persistência paralela e subjacente da corrente antiga que a rejeitava. A esse respeito o paciente relata um episódio de caráter alucinatório, acontecido aos cinco anos, no qual, brincando com um canivete, percebe com indizível terror que tinha cortado o dedo mindinho de sua mão. (p. 79)*

---

3   A tradução deste trecho de Freud, bem como as demais que se seguem neste livro, foi feita livremente pelo autor.

Freud diz que isso dá o direito de supor que havia um processo de reconhecimento em andamento e que a alucinação talvez fosse um indício deste.

Esse mecanismo de *rejeição* (*Verwerfung*), nitidamente diferenciado do recalcamento – que já tinha sido usado por Freud (1894) em "Neuropsicoses de defesa" e que foi tomado por Lacan (1959) para construir o conceito de *forclusão* –, desaparece posteriormente nas formulações, afirmando-se o conceito de *recusa* (*Verleugnung*) como mecanismo decisivo na produção de fenômenos de perversão e psicose.[4]

Vejamos agora com quais elementos teóricos Freud (1919) elabora a experiência de confronto com a morte, em torno da qual gira totalmente a segunda cena traumática infantil dessa história. A imortalidade constitui, desde o texto introdutório do narcisismo de 1914, o baluarte central do sistema narcisista. O ponto de partida, aqui, é o conceito de "duplo" desenvolvido por Otto Rank em 1912, a partir de estudos exaustivos de materiais literários, trabalhos etno-antropológicos e mitologia antiga. Rank (1912) mostrou as ligações do "duplo" com a imagem especular, a sombra, os espíritos protetores e a crença na "alma". O "duplo", diz Freud (1919), surge como o mais enérgico desmentido (*Dementirung*) do poder da morte.[5]

Essa "duplicação" do eu como defesa contra sua desaparição é semelhante ao que, nos sonhos, se manifesta como representação da castração pela duplicação ou multiplicação do símbolo genital

---

4 Este percurso teórico é desenvolvido de forma clara e detalhada em *Figuras da recusa*, de B. Penot (1992).

5 A palavra aqui usada, *Dementirung*, foi traduzida para o espanhol como *desmentida*, e para o português, na *Edição Standard Brasileira*, como *negação*. Seu significado coincide teoricamente com o de *Verleugnung*, ao qual, pelo uso comum admitido hoje, corresponde o termo *recusa*.

(da qual o famoso sonho dos lobos é um exemplo muito claro). Está, entretanto, sujeita a uma evolução. Tanto na história dos povos primitivos como na vida anímica de cada criança, o significado do "duplo" muda de signo: começa sendo um seguro de sobrevivência, passando depois a ser o sinistro mensageiro da morte.

O conceito de *recusa* fica claramente estabelecido no texto de Freud (1927c) sobre o fetichismo. Nele, mostra-se de que maneira a constituição de um fetiche permite conservar a crença inconsciente no falo materno. O texto traz também casos nos quais o recusado era a morte do pai. Nas duas situações produz-se uma cisão da vida psíquica em duas correntes: uma que aceita a realidade da castração e da morte, ou seja, a diferença fálico/castrado e a diferença vivo/morto, e outra corrente ou parte da vida psíquica em que essas diferenças não existem. A ausência da corrente que está de acordo com a realidade abre a possibilidade da psicose.

Deixamos para o final desta enumeração a referência a um trabalho anterior de Freud (1913) que tem, porém, muito a ver com o que estamos considerando. No texto "O tema dos três escrínios", ele aborda a questão da aceitação da morte por meio de um desenvolvimento que mostra uma dinâmica parecida com a do "duplo". Na evolução da mitologia grega, a criação das Moiras – deusas do destino, do inelutável e da morte – significou um avanço no reconhecimento de que, sendo parte da natureza, o homem também se achava submetido à lei imutável da morte. Mas ele se rebela, por meio da fantasia, contra o conhecimento encarnado nesse mito e cria outro, no qual a deusa da morte é substituída pela deusa do amor ou por figuras humanas equiparáveis. A mais bela e a melhor das mulheres, a mais cobiçada e mais digna de ser amada virá a ocupar esse lugar.

A escolha da mulher (esse é o tema no material mitológico ou literário) vem, dessa maneira, substituir a fatalidade. A morte, admitida no pensamento, é superada na fantasia. Trata-se de um triunfo da realização de desejos. O que não impede que "a mais bela e a melhor" conserve certos traços inquietantes.

Munidos dessas referências conceituais, voltemos agora à história do conto. Há uma cena que me parece fundamental para nosso propósito. A sequência escolhida não contém nada de sobrenatural; o sinistro apresenta-se, para nós, pelo viés da loucura. Trata-se da volta para casa de Natanael, depois do incidente com o oculista italiano (Hoffmann, 1817, p. 31). É o primeiro reencontro com sua namorada que já sabe, pela carta, dos fatos da história familiar. É um encontro tenro e amoroso, mas não por isso menos tenso. Clara se reconhece chocada e comovida pelos acontecimentos referentes ao pai de Natanael, mas isso não a leva a perder a calma e a serenidade que a caracterizam. E ela lhe propõe considerar uma versão mais sensata, lúcida e realista dessa morte. Seguramente o pai, atiçado pelo desejo enganador de conquistar um saber, entregava-se a práticas alquímicas que o levaram progressivamente a negligenciar a família. Provavelmente, teria sido ele mesmo o responsável pela sua própria morte, ocorrida em um momento de descuido. Coppelius não deve ser culpado de nada e, se lhe aparece e lhe infunde temor, isso se deve apenas ao fato de que "não é mais do que um fantasma desdobrado de seu próprio eu" (p. 36).

Natanael contrapõe a essa colocação um ideário místico e ocultista, defendido com veemência e paixão, sentindo a posição de Clara como fria e insensível a seus apaixonados argumentos. O confronto cresce e eles começam a entediar-se e a distanciar-se. Aí, algo novo acontece.

Natanael tinha uma boa capacidade de escrever narrativas interessantes e divertidas. Encurralado pelos presságios, decide dar vazão a todos esses pensamentos sombrios num poema de estilo

22 ALGO QUE ESTAVA OCULTO VEIO À LUZ

típico romântico, cheio de alegorias misturadas com a fúria dos elementos da natureza.[6] Nele, enfrenta todos os seus fantasmas. Nesse poema, Clara e ele, unidos pelo mais fiel dos amores, chegam até o altar. E é ali que se interpõe a negra mão de Coppelius, arrancando os olhos dela, que vêm incrustar-se no peito de Natanael. Ele é jogado na vertigem de um círculo de fogo que não cessa de girar.

> *Mas, em meio a esse bramido selvagem, ele ouve a voz de Clara dizendo-lhe: "Não consegue me enxergar? Coppelius enganou você, não eram meus olhos que ardiam em seu peito, e sim gotas ardentes de seu próprio sangue. Olhe para mim. Olhe para mim, meus olhos estão aqui!" – Natanael pensa: "É Clara, e serei dela eternamente". Então esse pensamento penetra com tamanha força na roda de fogo que ela para, e no negro abismo o estrondo dissipa-se num som cavo. Natanael olha nos olhos de Clara, mas é a morte que o fita gentilmente com os olhos dela. (p. 37)*

E aí acaba o poema.

Quando ele o lê, assusta-se com essa voz, depois se acalma e o aprimora melhorando cada verso. Torna-o mais harmônico. Sente que é um bom poema. Pensa que o espírito frio de Clara vai inflamar-se, mas reconhece também que não entende muito por que precisa inflamar Clara, e mais ainda com imagens tão aterrorizantes. Ele o deixa lá...

---

6 Semelhante, nesse aspecto, ao estilo dos poemas de Lautréamont (Pichon-Rivière, 1971).

Alguns dias passam sem problemas. Num certo momento, vendo-o tão alegre e vivaz, Clara lhe diz: "Só agora volto a ter você inteiro para mim, viu como expulsamos o horrível Coppelius?". Apenas nesse momento ele lembra que tem o poema no bolso. E o lê. À medida que ele vai se inflamando, ela começa a fitá-lo com olhos cada vez mais fixos. *Finalmente termina, gemendo, profundamente fatigado.*

> *Tomou a mão de Clara e suspirou, como se tivesse sucumbido a uma dor desconsolada: "Ah, Clara, Clara!". Ela o apertou suavemente contra seus seios e disse baixinho, mas lenta e seriamente: "Natanael, meu Natanael! Atire ao fogo essa história absurda-disparata-da-demente". Natanael, indignado, levantou-se de um salto e gritou, empurrando Clara para longe de si: "Seu maldito autômato sem vida!" e saiu correndo enquanto Clara, profundamente ferida, vertia amargas lágrimas: "Ah, ele nunca me amou, pois não me entende!", soluçou. (pp. 37-38)*

O drama se completa com a entrada em cena de Lotário, que os leva a um enfrentamento furioso, um duelo com espadas, que por muito pouco não acaba em morte.

Pobre Clara! Não deve ser nada fácil ser a noiva e a terapeuta ao mesmo tempo. Ouvimos isso muitas vezes. Mas torna-se mais difícil quando a transferência e o imprevisível percurso do processo elaborativo levam-na a ocupar um lugar tão marcado de sinistro. Pelo que nos consta, a única que pôde suportar ser um espectro para seu amado até o final da cura foi Zoe Bertgang, a Gradiva, e isso provavelmente porque se tratava também de um conto (Freud, 1907). Clara demorou a compreender que ali algo novo estava se produzindo,

24 ALGO QUE ESTAVA OCULTO VEIO À LUZ

um empuxo sublimatório e criativo que dava curso à elaboração possível tanto do desejo erótico e da angústia de castração quanto da experiência de confronto com a morte e a angústia de morte, ressignificando, assim, as situações traumáticas da sua história.[7]

A identificação com o "inflamado" de seu pai ficava "limitada" pelo apoio a um dos modelos identificatórios da época, constituído pela figura do poeta, romântico, lânguido, suspirante.[8]

Mas Clara não o suporta. Ao fechar-se para a intenção e a significação do poema, ela repete a atitude da mãe frente à fantasia da criança. Trata-se de uma atitude de "censura", como diz Penot (1992), e, ao incitá-lo a "jogar tudo isso no fogo", lembra-nos o lugar cultural do fogo como instrumento de supressão, desde a Inquisição até *Fahrenheit 451*. Mas não se trata só disso.

Será que ela não vê tudo o que pode ser o fogo para ele, o da brasa que ele mantinha acesa no cachimbo do pai, o da fornalha onde os olhos da criança seriam queimados, o da roda de fogo da qual a própria voz dela tinha conseguido arrancá-lo no poema... para vir agora a "jogá-lo de volta ao fogo"? Porque, ao tocá-lo como se fosse em um ponto "neurálgico", *o novo equilíbrio narcísico alcançado se desmorona, o processamento simbólico se interrompe, e a recusa se reinstala.*

Os olhos da morte, que no universo do conto estavam no plano da ficção, passam a situar-se no plano que, nesse mesmo universo, corresponde à realidade. Como? Pelo ato de rejeição do *maldito autômato sem vida* que acaba de encostar em seu peito. Este é o efeito do sinistro que dispara o incerto das situações da loucura:

---

7 Ver as relações entre o "sinistro" e o processo criativo em Pichon-Rivière (1971) e em Zito-Lema (1976).

8 Hoje e aqui, talvez ele chegasse a ela com uma canção com letra de Gabriel, o pensador, música dos Mamonas Assassinas e interpretação da banda Sepultura – nomes sombrios é que não faltam.

quanto há de inconsciência e de intenção cruel no dito por ela? Quanto há de metáfora injuriante ou de alucinação no que ele transmite? Algo, no entanto, é certo. Trata-se dessa faceta da experiência do sinistro em que *fica abolida a distinção entre fantasia e realidade e entre símbolo e simbolizado*.

Essa perda da função simbólica, afetando o processamento de um enunciado metafórico, fica bem ilustrada, a meu ver, também no trabalho de Freud (1915) sobre "O inconsciente", quando traz exemplos sobre transtornos da linguagem em estados iniciais da psicose. Ele toma como exemplo uma paciente de Tausk que conseguia proporcionar, ela mesma, a explicação de suas palavras. A paciente chega à consulta depois de ter brigado com seu noivo e exclama: "Os olhos não estão bem! [Interessante, de novo os olhos!] Meus olhos não estão bem, estão tortos!". E acrescenta, depois de uma série de reprovações contra o noivo: "Nunca me compreende. Cada vez se mostra diferente. É um hipócrita que me entortou os olhos, fazendo com que eu veja de forma torta todas as coisas". *Augendreher* ("torcedor de olhos") era e possivelmente continua a ser uma expressão comum em alemão. Freud explica isso como efeito da retração narcísica da libido, que carrega as representações dos órgãos do corpo com a totalidade da significação de um determinado conteúdo, dando à frase um caráter hipocondríaco.

No caso de Natanael, não é o corpo dele, mas o dela que vira um "maldito autômato sem vida". Abolição da representação, como vimos, da morte, a deusa no sentido mítico recuperado no poema que constituía uma "admissão", uma elaboração simbólica do trauma da morte do pai. Ou, talvez, uma manutenção da representação com abolição do sentido. Só que sempre ligada à imagem dela. Uma imagem que, no entanto, pode reverter-se em imagem dele mesmo, que foi desventurado e manipulado como um boneco sem

26 ALGO QUE ESTAVA OCULTO VEIO À LUZ

vida na primeira das cenas traumáticas do conto. Corresponderia, enfim, a um fantasma organizado a partir da imagem especular.

Esse conceito de *imagem especular* aparece bem desenvolvido no trabalho de Rank (1912) sobre *O duplo*; está presente no conto de Hoffmann, explicitamente como "imagem do eu"; é retomado por Freud no texto *Das Unheimliche*; e é sabido que atingirá seu máximo valor metapsicológico e clínico quando Lacan (1949) o articule com todas as investigações sobre o desenvolvimento da percepção de si mesmo e do outro, por parte da criança, que estavam em curso na França. Ele mostrará, justamente, que o fantasma de castração não é mais do que uma variante, que se impõe posteriormente, do fantasma de "corpo cortado em pedaços". Fantasma este que pode reaparecer toda vez que falha a sustentação narcísica do eu.

Os fenômenos de transitivismo, translocação de ideias, sentimentos etc. de uma pessoa a outra, permutação de pessoas e outros fenômenos do mesmo tipo que Freud enumera nesse trabalho serão aprofundados por Lacan (1949) em relação ao outro especular a partir de estudos importantes de Wallon nesse sentido (Merleau-Ponty, 1990; Rosolato, 1983).

Por outro lado, não sei se Melanie Klein (1952) e seus seguidores conheceram esses trabalhos, mas todas as teorizações que giram em torno do conceito de "identificação projetiva" conseguem dar uma explicação bem coerente desses fenômenos e têm tido grande eficácia clínica. A identificação projetiva está presente, por exemplo, no centro da interpretação que a autora realiza do romance de Julien Green, *Se eu fosse você*, que gira em torno, também, de um pacto com o demônio (Klein, 1955).

Prossigamos com nosso conto. A essa briga entre Natanael e Clara segue-se, como vimos, uma explosão de agressividade entre ele e Lotário que por pouco não acaba em morte real. Enfim, uma repetição quase completa da cena familiar infantil com um ato final parecido. Todos se acalmam, mas concordam que a mãe não deve saber nada sobre o acontecido. No sistema de recusa familiar, Clara e a mãe intercambiaram seus papéis.

Gostaria de retomar esse momento final do encontro com Clara no qual, como dissemos, aparece o sinistro da eclosão da loucura. Esse desenlace da trama no final da cena que escolhemos nos remete a pensar no papel do outro real na eclosão da psicose. Consideremos, para isso, o caso Schreber (Freud, 1911), seguindo a análise que propõe Octave Mannoni (1978) para entender o papel de Flechsig.

Numa internação anterior, Schreber o tinha conhecido e admirado, estabelecendo, como diz Freud, uma transferência. Quando o consulta pela segunda vez, com uma queixa de insônia, a esperança íntima é de ser reconhecido em suas conquistas profissionais (presidente do Senado etc.). Flechsig recebe-o, ouve sua queixa e inicia "um longo discurso de notável eloquência sobre os progressos da neurologia, prometendo-lhe a cura mediante soníferos novos e muito eficazes". Nisso, diz Mannoni (1978), o discurso neurológico de Flechsig repete o discurso pedagógico de Gottlob Schreber, o pai do paciente. Ambos suprimem o outro como sujeito e como desejo. E esse é o âmago da repetição mortífera na psicose, como se o destino tivesse tramado o pior dos encontros.

Tampouco esteve aí ausente a frase infeliz. Parece que Flechsig diz a Schreber que com o auxílio desses remédios novos ele conseguiria um sono tranquilo e "fecundo em sonhos". Isso dito a um homem que ansiava por ter descendência, e cuja mulher abortava ano após ano. Ele tocou assim, tal como Clara no conto, no núcleo da estrutura narcísica do paciente. Schreber não só não conseguiu libertar-se da insônia, como entrou, tempos depois, naquele delírio tão fecundo em que uma alma-Flechsig o perseguia para destruir a sua.

Penso que é fundamental compreender que nesses vínculos a sombra do sinistro se apresenta pelo lado do outro, daquele que dá um ponto de apoio ao ego ideal do paciente, à sua imagem especular (Bleger, 1967; Cesarotto, 1987; Penot, 1992). Uma espécie de alegoria disso torna-se patente na explosão final da história de Natanael. Ele e Clara estavam na torre da prefeitura, olhando para a paisagem, e nos é dito depois que entre as pessoas na frente do prédio se podia ver o advogado Coppelius, que reapareceu surpreendentemente no relato. Freud dá a seguinte interpretação: "Temos direito a supor que a loucura estourou quando Natanael viu pelo binóculo que ele se aproximava". Não obstante, o texto do conto diz o seguinte:

> *"Veja só aquele estranho pequeno arbusto cinzento, que até parece estar andando em nossa direção" – observou Clara. Automaticamente, Natanael pôs a mão no bolso, encontrando o binóculo de Coppola e olhou para o lado: Clara estava na frente das lentes! Aí seus pulsos e suas veias palpitaram convulsivamente – lívido, fitou Clara... (p. 51)*

Dissemos que nessas situações de repetição mortífera o destino parece tramar os piores encontros. Dito assim, dessa maneira, formula-se um enunciado com forma de "sinistro", ao estilo de Natanael, o discurso do demoníaco. Penso, justamente, que a teoria da pulsão de morte que Freud (1920) está produzindo simultaneamente ao texto de *Das Unheimliche*, que será publicada no ano seguinte, combina, em seu tecido discursivo, enunciados ao estilo de Natanael com enunciados ao estilo de Clara, sendo isso, também, o que o faz tão impressionante.

Surge aqui uma pergunta possível. Seria imprescindível a hipótese da pulsão de morte para explicar a emergência da *reação terapêutica negativa* quando se poderia considerar como algo que surge *entre* os membros da "dupla" analítica, em função da estrutura do sistema narcísico que aí se constitui e que passa por fraturas, reformulações e estagnações? Porque ao analista também escapam coisas, inclusive, às vezes, frases infelizes que nos dão vontade de "morder a própria língua". Mas ele se "toca", podendo, inclusive, se aceita-se falhando, facilitar uma abertura no processo.

O que está em jogo é uma disposição para situar-se frente ao que faz sentido, aos sentidos inesperados, aos contrassentidos, ao que não faz sentido e talvez nunca fará, mas, principalmente, à abolição de sentido. Não se trata de "familiaridade" com o sinistro – modo de recusa que lembra os fenômenos de "tolerância" social ou cultural identificáveis como "banalizações". Trata-se de uma estranheza que põe em marcha um movimento de indagação a ser compartilhado com outros. E que, quanto mais o façamos, melhor.

2. O estranho, a elaboração psíquica e a criação cultural[1]

Em um trabalho anterior sobre o estranho familiar (*Das Unheimliche*), apresentei algumas ideias que ressaltavam a importância dos processos de elaboração criativa na simbolização dos traumas, mas também dos obstáculos que os perturbam ou bloqueiam (Fuks, 1997a).[2] Continuando nessa linha, no presente trabalho parto do *Unheimliche*, referindo-o ao contexto sócio-histórico em que emerge, encaminhando-me em seguida para a questão da experiência e da elaboração criativa em suas relações com a subjetividade coletiva e a cultura atual.

O tema do *estranho* (*Unheimliche*) relaciona-se com o que é assustador, o que provoca medo e horror. O que caracteriza a experiência afetiva da estranheza inquietante é aquela categoria do assustador que remete ao que é conhecido "de velho" e há muito

---

1 Publicado inicialmente no livro *Psicanálise em trabalho* (Ferraz, Fuks & Alonso, 2012, pp. 265-275).
2 Ver o Capítulo 1 deste livro.

32   O ESTRANHO, A ELABORAÇÃO PSÍQUICA E A CRIAÇÃO CULTURAL

familiar. O trabalho de Freud (1919), que se apoia na leitura de "O homem de areia", de Hoffmann (1817), demonstra que o *Unheimliche* contém em si uma forma de *Heimliche*, de familiar, que resulta da emergência inesperada no campo da consciência do que estava recalcado e, portanto, esquecido. Ele descreve uma experiência pessoal em que tal vivência se fez presente, por ocasião de um incômodo encontro com um intruso que demora em reconhecer como sua própria imagem, refletida em um espelho inadvertidamente aberto. Em outro momento, a estranheza inquietante surge ao ver-se retornando reiteradamente a um determinado local, certo bairro de fama licenciosa, no curso de um passeio iniciado sem nenhum destino especial nem percurso prefixado, enfim, uma inexplicável e insólita repetição.

Esse sentimento, imediatamente, implica o problema do eu, que fica dessa maneira questionado como sede absoluta da subjetividade, desvendando o caráter de engodo imaginário em que cai o próprio eu diante da ilusão de sua completude e autodomínio. O recalcado reaparece, nesses casos, no terreno da autoimagem, perturbando decisivamente a segurança do sujeito quanto a si mesmo.

Pode-se pensar que a experiência do horror vinculado ao estranho não é um traço ou condição universal e a-histórico do ser humano, mas uma das facetas do homem moderno, a angústia que o assalta ante a evidência de não ser senhor de sua própria casa. Por outro lado, o *Unheimliche* não fica confinado ao próprio eu; estende-se ao mundo das pessoas e das coisas.

Esse desdobramento é ilustrado em um fragmento do conto, no qual Hoffmann, com sagaz ironia, relata a estranha disposição que invadiu os habitantes da pequena cidade de G. ao tomarem conhecimento de que Olympia não era mais do que uma boneca de madeira, uma engenhoca mecânica construída por um fabricante de autômatos. De início, todos zombam do ingênuo jovem,

Natanael, que, ao se deixar enfeitiçar por sua gélida beleza, apaixona-se por ela, sendo tomado pela loucura,

> *mas a sombra do autômato enraizara-se no fundo de suas almas; e, com efeito,* de todos apoderou-se sorrateiramente uma abominável desconfiança em relação à figura humana. *A fim de se convencerem de não estar amando uma boneca de madeira, muitos amantes exigiram de suas amadas que dançassem fora de ritmo, que, enquanto liam para elas, bordassem, tricotassem ou brincassem com o cãozinho; mas sobretudo que não ficassem apenas ouvindo, que também falassem, vez ou outra, mostrando, com suas palavras, serem realmente capazes de pensar e sentir. . . . "Nunca se pode ter completa certeza", dizia este ou aquele. (pp. 49-50, grifos meus)*

Um universo sociocultural que até a entrada da Modernidade havia se sustentado discursivamente na onipotência divina e na soberania monárquica estava desmoronando ou, melhor dizendo, estava sendo derrubado. O realismo e o racionalismo da Ilustração visavam firmar a consciência dos cidadãos, erigidos em suporte subjetivo da soberania popular e da construção da democracia. Porém, não eram suficientes para dar impulso e força anímica ao processo de reinventar-se e reinvestir libidinal e simbolicamente as novas realidades e os novos laços sociais em jogo. Nesse mundo que começava a se transformar e não pararia, os efeitos do capitalismo industrial e o consumo em grande escala passavam a ser a causa de uma impressionante transfiguração de pessoas e coisas; a experiência da mudança adquiria nuances não só de uma estranheza inquietante, mas também, como veremos, de uma vivência de traição, ambas indicando, no fundo, a presença de um trabalho de luto.

34 O ESTRANHO, A ELABORAÇÃO PSÍQUICA E A CRIAÇÃO CULTURAL

Em 1925, seis anos após a publicação de *Das Unheimliche* (Freud, 1919), o poeta Rilke manifestava seu temor frente a uma mutação que se produzia no estatuto das coisas:

> *Para os pais de nossos pais uma casa, uma fonte, uma torre desconhecida – até seu próprio vestido, seu manto – ainda eram infinitamente mais familiares; cada coisa era quase um vaso, uma ânfora, um continente no qual encontravam já o humano e acumulavam ainda mais do humano.* Agora chegam da América coisas vazias e indiferentes, aparências de coisas, simulacros de vida... *Elas já não têm nada a ver com aquelas outras nas quais haviam penetrado a esperança e a meditação dos que nos antecederam. As coisas animadas, vividas, consabidas por nós, estão declinando e já não podem ser substituídas. Talvez sejamos nós os últimos que ainda tenhamos conhecido tais coisas...* (Rilke, 1925, pp. 77-78)

Assiste-se, ainda, ao nascimento espetacular de uma qualidade nova das coisas, batizada por Marx (1867) com um nome que nos é familiar, o de "fetichismo da mercadoria", no qual o valor de câmbio passa a envolver e dominar o de uso, fazendo – como ele dizia – com que as coisas se ergam de ponta-cabeça no palco do cenário do mercado e dancem.[3] Inicia-se assim a complicada deriva que

---

3 À primeira vista, uma mercadoria parece uma coisa trivial e que se compreende por si mesma. Pela nossa análise, mostramos que, pelo contrário, é uma coisa muito complexa, cheia de sutilezas metafísicas e de argúcias teológicas. Enquanto valor-de-uso, nada de misterioso existe nela, quer satisfaça pelas suas propriedades as necessidades do homem, quer as suas propriedades sejam produto do trabalho humano. É evidente que a atividade do homem transforma as matérias que a natureza fornece de modo a torná-las úteis. Por exemplo, a forma da madeira é alterada, ao fazer-se dela uma mesa. Contudo, a mesa continua a ser madeira, uma coisa vulgar, material. Mas a partir do momento em que surge como mercadoria, as coisas mudam completamente

virá a desembocar na sociedade do espetáculo e do consumo de nossa atualidade.

É o tempo da aceleração vertiginosa dos acontecimentos, da imposição do "choque" descrito por Baudelaire, da crise da narrativa, da desaparição da "comunidade de ouvintes", com sua modalidade de atenção flutuante e seu tempo peculiar, do declínio, enfim, da experiência como lugar privilegiado para a produção de sentido (Benjamin, 1936b). A elaboração subjetiva exigida pelo impacto da transformação histórico-social se vê frente a enormes dificuldades, dentre as quais as vicissitudes da *experiência* ocupam um lugar crucial.

A importância da noção de experiência na psicanálise contemporânea é conhecida. Logo pensamos em Winnicott (1971) e seu objeto transicional. Entretanto, um importante antecessor desse último é o *objeto intermediário*, pensado pelo psicanalista e antropólogo Géza Róheim, em 1943, e recuperado por Kaës (2003) como conceito operativo na abordagem psicanalítica da cultura.

Vejo-me tentado a conectar esse conceito com as "coisas familiares, carregadas de humanidade" às quais se referia Rilke. Róheim (1943) se baseia nas descobertas de Freud em torno do célebre jogo do carretel, em que o objeto é utilizado pela criança como substituto da mãe e como manifestação de um movimento psíquico de oscilação entre a rejeição, o jogar fora (*fort-*), e o reencontro com o objeto (*-da*). A noção de objeto intermediário é central em sua teoria do psiquismo na relação com a cultura, correspondendo a uma estabilização na oscilação entre os movimentos de agarramento e de busca.

---

de figura: transforma-se numa coisa a um tempo palpável e impalpável. Não se limita a ter os pés no chão; face a todas as outras mercadorias, apresenta-se, por assim dizer, de cabeça para baixo, e da sua cabeça de madeira saem caprichos mais fantásticos do que se ela começasse a dançar" (Marx, 1867).

36 O ESTRANHO, A ELABORAÇÃO PSÍQUICA E A CRIAÇÃO CULTURAL

> *O grande valor desses objetos reside em sua dualidade, no fato de se situarem entre o amor objetal e o narcisismo; eles são ego-sintônicos e libidinais, sociais e individuais.... Eles são, ao mesmo tempo, uma parte do homem e um representante dos seres que ele ama.... E, na medida em que os objetos correspondem às mesmas tendências presentes nos outros ou representam estas tendências, eles constituem a base libidinal da cooperação social. (Róheim, 1943 citado em Kaës, 2003, p. 19)*

São um produto de Eros, que é obra de criação, de ligação, de articulação unificante. "A cultura tem sua origem na infância... e sua função é de segurança. É um gigantesco sistema de tentativas mais ou menos felizes para proteger a humanidade contra o perigo da perda do objeto" (Róheim, 1943 citado em Kaës, 2003, p. 20).

Esse esforço vital torna-se possível pelo processo de *sublimação* pelo qual, na oscilação entre a atitude narcísica e o movimento de busca do objeto, consegue-se uma estabilização. Essa estabilização corresponde ao objeto cultural. "Na sublimação, alguma coisa de novo é criada – uma casa ou uma comunidade ou um instrumento – e isto é criado no seio de um grupo ou para o uso de um grupo" (Róheim, 1943 citado em Kaës, 2003, p. 21). A civilização e a cultura são elaborações resultantes do modo como o homem "brinca com os brinquedos que ele cria fazendo-o com a maior seriedade".

Como já afirmamos, são ideias reencontradas nos trabalhos de Winnicott. Para esse autor, o *objeto transicional*, primeira possessão não eu, é tanto subjetivo como objetivo e a relação com ele se situa no registro da experiência. Experiência que é, também, de separação em relação à mãe, já que condensa, rememora e comemora um momento fusional que já passou. É da ordem da atividade, diferente da passividade originária do lactente. A experiência ativa retroage sobre o sujeito, confirmando e reafirmando sua existência e sua continuidade e, progressivamente, sua autonomia. Esta se manifesta na capacidade da criança de sonhar e de brincar, que está no cerne da resposta aportada por Winnicott ao problema da *criatividade psíquica*, articulado com o da sublimação.

Em *O brincar e a realidade* (1971), o autor afirma que empregou o termo *experiência cultural* vendo nele uma extensão das ideias de fenômenos transicionais e do brincar: "Ao utilizar o termo cultura, penso na tradição que herdamos. Penso em alguma coisa que é o patrimônio comum da humanidade ao qual os indivíduos e os grupos podem contribuir, e de onde cada um de nós poderá retirar alguma coisa, *se nós tivermos um lugar onde colocar o que nós encontramos*" (p. 138, grifos meus). O espaço potencial acontece apenas na medida em que exista um *sentimento de confiança* baseado na fidedignidade da experiência com a mãe. Aqui o tempo de presença compartilhada é, de novo, uma questão fundamental para o desenvolvimento da confiança, da alteridade e da própria temporalidade.

A expansão do mercado sob a égide do neoliberalismo globalizante mostra uma capacidade invasiva, homogeneizante e empobrecedora do espaço potencial. O objeto de consumo e sua promessa de felicidade, indutora de admiração e inveja, vêm saturar o espaço potencial. Por sua função técnica, o objeto de consumo oferece o atrativo de um controle supostamente absoluto. Os fármacos e os diversos tipos de drogas garantem a ilusão fetichista de um controle perfeito na alternância entre insatisfação e contentamento. Mas substituem a relação com os outros, empobrecem a alteridade e a experiência afetiva, o desejar e o agir. Por meio da mágica incorporadora, driblam e comprometem o trabalho de elaboração introjetiva.

O que é oferecido como objeto de consumo mostra-se destituído de toda negatividade, de toda falta. Aderindo ao objeto, o neossujeito do consumo evita o confronto com a perda, a incompletude e a subtração do gozo. Desde a infância mais precoce, a substituição vertiginosa de roupas e brinquedos instaura uma lógica de equivalência específica: o elemento novo da série é melhor porque é novo. "O anterior não cai por já ter feito a *experiência subjetiva* da relação com este objeto particular, mas pela pressão do novo que vem desalojar o anterior. Tanto o sujeito como o objeto se mantêm inalterados: assim, o mercado pode se expandir, ampliando a oferta de objetos" (Lewkowicz, 1998, p. 74).

Na função de remendar os colapsos narcísicos próprios ao mal-estar, a psiquiatria entra nessa lógica, e então tudo se espera do objeto, isto é, do psicofármaco. O contato interpessoal do profissional com o paciente se reduz ao mínimo, a interlocução tende a ser evitada. Se o primeiro remédio não satisfaz, substitui-se por outro, ou agrega-se outro, ou se combina um terceiro e se retira o primeiro, conforme protocolos crescentemente normatizados. A psicanálise, em função de sua lógica específica, só pode se situar em posição de resistência em relação a estas lógicas alienantes. Ela parte da disposição para uma experiência subjetiva que implica a "alteração" recíproca dos sujeitos da experiência, abrindo a possibilidade de um percurso imprevisível que permita o processamento singular do mal-estar em cada um.

Retomemos o tema da experiência subjetiva e da criatividade psíquica. Entre as experiências criativas mais espontâneas e populares temos o chiste e o humor. Kupermann (2003) parte dos textos de Freud sobre o tema e faz um trabalho importante a seu respeito, prolífico em ideias. O chiste, parente do lúdico, torna possível o prazer do riso pelo acesso do desejo à consciência por meio de uma operação que supera o recalque e libera as energias investidas nele. Há um impulso que sentimos para transmitir uma boa piada, para passá-la adiante, produzindo uma espécie de entusiasmo contagiante, que caracteriza o "processo social" promovido pelo chiste. Opera uma renovação dos laços sociais.

Pode fazê-lo em chave conservadora, tendo como alvo um rebaixamento jocoso do diferente, que canaliza a agressividade interna do grupo sobre figuras escolhidas: a mulher, o negro, o estrangeiro, o fraco. É modelo apoiado em uma psicologia de massas não só conservadora, como fascistizante, sustentada no "narcisismo das pequenas diferenças". Mas o chiste e o cômico funcionam igualmente em clave alternativa, sendo isso fundamental para uma política do humor. Por meio da transgressão do recalcamento, agem criticamente sobre a realidade social, rasgam os véus ideológicos perpetuadores da idealização, revelando a "nudez dos reis", e viabilizam *novas possibilidades identificatórias* e *sublimatórias*, criando novos modos de sociabilidade.

O artigo de Freud (1927b) sobre "O humor" vai muito mais longe. O *humor* emerge em situações de grande sofrimento, envolvendo o confronto com realidades como a morte, que abalam crua e impiedosamente o narcisismo do sujeito. Trata-se predominantemente do humor negro, em que o riso se mistura com a amargura e as lágrimas, e o desprazer e a angústia são enfrentados de um modo que não recusa a realidade desprazerosa (como o fazem a loucura, o entorpecimento, a saída perversa), mas, de certa maneira, transforma-a. O humor é rebelde, não toma uma posição de resignação nem de ressentimento e extrai forças do desamparo para afirmar a vida, o prazer e a coragem diante do real. A capacidade de rir de si mesmo que define o humor é índice não apenas do descentramento em relação ao próprio eu, mas também em relação aos ideais consensuais reguladores da vida social. Nesta rebeldia dupla reside seu valor (Fuks, 1995;[4] Kupermann, 2003).

O humor opera pelo deslocamento de um alto montante de energia do ego para o superego, possibilitando que este acalme e console aquele, como faz um pai bondoso com uma criança assustada, mostrando que a situação não precisa ser levada a sério, que a realidade é tão absurda que só merece que se faça dela uma piada. Esse superego benévolo é um dos grandes enigmas da teoria.

Kupermann (2003) se interroga sobre o que possibilita aos destinos do investimento no superego ser tão diferenciados da mortificação melancólica. E apoia sua resposta na afirmação de Freud de que o sujeito se identifica com o pai "até certo ponto". Identificar-se com o pai até certo ponto indica uma modalidade identificatória pela qual é possível elaborar o luto de um objeto que outrora foi imprescindível, reconhecendo-se órfão em relação ao pai – diferentemente da identificação narcísica, que, por meio da perpetuação da sombra de um objeto idealizado, promove a melancolia e o masoquismo.

Vê-se, como condição para elaborações criativas cujo paradigma pode ser o humor, a realização de um complexo trabalho de rebeldia e de luto. Mas, igualmente, o autor aponta que a ação libertária do chiste e do humor impulsiona movimentos de desterritorialização, em que se fazem presentes experiências de angústia coincidentes com a emergência de processos criativos.

Como há décadas havia afirmado Pichon-Rivière (1971), em toda criação estética, em todo objeto novo que se cria, deve-se atravessar o processo de destruição de um objeto ou de um modelo anterior, o que implica a passagem por processos de luto e de reparação criativa. É frequente, pelo que vimos, que o disparador do processo

---

4 Ver o capítulo 3 deste volume.

seja uma vivência de sinistro, ou de estranho familiar (*Unheimliche*), mas é por sua superação elaborativa – como afirma este autor – que se produz a vivência do maravilhoso, base do sentimento estético (Fuks, 1997a).[5] Há, portanto, algo a criar a partir das vivências de *Unheimliche* que tomamos como ponto de partida.

No mito científico sobre a horda primitiva como origem da cultura – rebelião e morte do pai arcaico –, Freud (1921) destaca a dimensão do ato político coletivo que opera uma transformação da realidade e sua posterior reconfiguração objetiva e subjetiva, que passa a ser elaborada por um processo de simbolização, por uma narrativa, por um ato de linguagem e pela elaboração criativa de novos laços.

Como se dá a passagem de uma subjetividade de massas caracterizada por submissão passiva e idealização do líder, inibição pulsional e desejo desprovido de potência para uma subjetividade de indivíduos, livre, ativa, desejante e habilitada para o prazer? Por meio da elaboração criativa, por parte de um dos descendentes, das marcas deixadas pelo fato histórico coletivo, na forma de um poema épico em que o protagonista é um herói individual. Com sua transmissão para a fratria pelo ato narrativo, essas marcas ganham sentido como experiência compartilhada, individual e coletiva, e passam a inscrever-se como mito. Segundo Freud (1921), o poeta se diferencia da massa, distancia-se da realidade para dar forma, com suas fantasias, ao acontecimento da rebelião e da derrubada do pai, para depois, identificando-se com o pai, descer para a realidade e fazer a massa dos irmãos se elevarem para a fantasia.

Influenciado pela reflexão sobre diversos acontecimentos de rebeldia coletiva nos últimos tempos,[6] quis tomar a liberdade de

---

5 Ver o capítulo 1 deste livro.
6 Movimentos Occupy Wall Street, nos Estados Unidos, e Indignados, na Espanha, os protestos da Praça Tahir, no Egito etc.

42 O ESTRANHO, A ELABORAÇÃO PSÍQUICA E A CRIAÇÃO CULTURAL

imaginar alternativas para o relato do mito. Desejo sustentar a ideia de que o poeta, com sua criação, consegue encantar os irmãos, diverti-los, contagiá-los, e o melhor que podem fazer os ouvintes é divertir-se, brincar com o poema, encená-lo e multiplicá-lo, criar outros poemas e contá-los para os demais. Por intermédio desse ir e vir do narrar e do brincar e de seu acolhimento recíproco é que se produz o investimento libidinal sublimatório e criativo sobre novos objetos, que não envolve recalque nem dessexualização, inaugurando modalidades de laço social baseadas não na repressão pulsional e nos assujeitamentos, mas no compartilhamento afetivo e na cooperação.[7]

Libertar-se do tirano da horda e das ilusões religiosas e monárquicas que lhe sucederam, tanto quanto dos fantasmas remanescentes que as perpetuaram nas diversas formas de poder, é levar em frente um trabalho de desidealização que se realiza com o apoio de uma "comunidade de descrentes", deixando o céu para os anjos e os pardais.[8] Prefiro essa forma de nomeá-la, como o faz alegremente Freud (1927a), do que "comunidade ou fratria de órfãos".

A pulsionalidade agressiva se investe no ato de corte que dá início e sustenta o processo, ou seja, na interrupção e barragem do fluxo do poder concentrado dominante – não entendida como morte seguida de incorporação, o que bloquearia o processo, mas apoiada no movimento pulsional da rejeição, do *fort*, do não à dominação, o que torna possível retomar e avançar no trabalho de introjeção e de invenção libidinal de outros, novos, objetos intermediários.

---

7 Se não conseguirmos deslocar o olhar para essa perspectiva, a tendência será fazer do poeta um ser nas alturas e da massa, em sua "sublime ascensão" para a fantasia, uma idealização. Como diz Freud (1914), a idealização é uma coisa e a sublimação é outra.

8 Ver página XX, nota 3.

3. Psicanálise, o futuro de uma (des)ilusão[1]

A partir de um debate promovido por uma revista de psicanálise,[2] com o nome disparador (e provocativo) de *Psicanálise, o futuro de um (des)ilusão?*, que parafraseia o título do trabalho de Freud "O futuro de uma ilusão", elaborei algumas ideias, partindo desse último texto. O que segue é uma versão revista e ampliada do que foi apresentado naquela oportunidade.

Podemos partir da seguinte pergunta: até que ponto a psicanálise e o movimento psicanalítico (como outros movimentos, práticas, sistemas de pensamento e instituições) podem estar atravessados por "ilusões" equivalentes às estudadas por Freud (1927a), que se refere, principalmente, à ilusão religiosa? Estas têm por efeito o mal-estar ou sofrimento, caracterizado por uma vivência de *desilusão* (a chamada crise da psicanálise), toda vez que

---

1 Publicado originalmente com o título "Subjetividade e instituição" na revista *Subjetividades Contemporâneas*, 1(1), 36-42, 1997.

2 *Anuário Brasileiro de Psicanálise 3* (Relume-Dumará, 1995).

ela se vê obrigada a defrontar-se com a questão de sua atualidade, seu passado ou seu futuro. Cabe suscitar aqui o debate acerca da ausência ou insuficiência de um certo processamento específico desta conjunção.

Apoiados no modelo fornecido pelo processo psicanalítico, podemos nos perguntar se esse processamento específico, que aqui se proporia como um "trabalho de des-ilusão", consistiria em mudanças subjetivas operadas por diversos recursos, como a historicização. A respeito dos obstáculos e resistências que esse trabalho comporta, Mijolla (1991), um historiador da psicanálise, comenta que

> *a perspectiva histórica se lhe apresenta como portadora da quarta das feridas narcísicas infligidas ao homem e às suas ideologias: o homem não é imortal, e tampouco o são o psicanalista e a "psicanálise". Para muitos, a recusa radical do caráter efêmero (objeto da história que fixa a memória) de toda a criação humana . . . está relacionada a uma das mais perigosas atitudes dos psicanalistas a respeito da sua disciplina: sua idealização, sua inscrição dentre os sistemas religiosos de pensamento. (p. 31)*

Acabar com a idealização. Mas como? Por meio de um apelo à sensatez? Como sair da ilusão narcisista que nos induz a "ensimesmamentos" solipsistas ou guerras de diferenças, pequenas ou grandes, de forma a poder *encarar novas realidades*? Encarar, por exemplo, *um mundo que mudou*, que se vê atravessado por crises de diversas ordens, com uma instabilidade econômica e remanejamentos massivos na inserção profissional. Essa instabilidade acaba por afetar a todos, especialmente as classes que sustentam a demanda de atendimento psicanalítico nos consultórios particulares. Um mundo no qual também se recuperam, ofensivamente, os "rivais" organicistas.

Talvez o difícil de incorporar à psicanálise, ou a qualquer sistema de pensamento instituído, seja justamente um "pensamento da mudança" (Mendel, 1991), sem o qual a própria mudança, já em andamento, acaba por ser vivenciada como morte, dispersão, perda de especificidade e descaracterização. Tratei de responder a essas questões buscando as referências iniciais nos próprios textos freudianos.

"O futuro de uma ilusão" (Freud, 1927a) é a crítica contundente de um cientista engajado na tradição racionalista e iluminista em defesa da liberdade de pensamento e contra a sufocante presença da religião na educação e na cultura em geral. As representações religiosas são analisadas, nesse texto, como ilusões determinadas por desejos inconscientes infantis e universais. Cumprem uma função de compensação, consolo e reconciliação para os seres humanos diante das limitações impostas pela natureza, pelo caráter inexorável da morte e pela própria cultura. O caminho aberto por Freud nesse texto segue o delineamento de um fantasma e sua remissão a algo verdadeiro na história: a deificação do pai da infância, objeto de nostalgia.

Se pensado hoje, nos termos de uma análise individual, o trabalho de desconstrução, reconstrução e historicização operaria no sentido de liberar o peso das "reminiscências" e traumas, dissolvendo ou remanejando os sintomas e oferecendo uma disponibilidade para a abertura da subjetividade à criação de novos sentidos da existência. Isso corresponde àquilo que conhecemos do processo analítico, tal como o concebemos hoje.

O problema que surge, porém, é que, no texto de 1927, não aparecem claramente o processo e o mecanismo possíveis do

46 PSICANÁLISE, O FUTURO DE UMA (DES)ILUSÃO

dessujeitamento, da "des-ilusão". É descrito, sim, com toda a nitidez, aquilo que temos conceituado como *desilusão*. Uma combinação de fatores, como a perda da coerência da instituição religiosa, a decepção com os resultados (o mundo não responde nem corresponde à vontade de Deus) e a crise da credibilidade (as classes altas já não acreditam), induz à vivência do perigo do caos moral e social, da violência desenfreada, do descontrole pulsional.

É imperativo, portanto, mudar as relações entre a cultura e a religião. Cumpre educar para a realidade – educação esta que significaria a aceitação de um lugar mais modesto no cosmo, uma resignação com a vulnerabilidade humana frente às dificuldades da existência e, enfim, uma confiança na ciência, na esperança de que, ao aumentar o seu poder, ela tornará possível suportar a vida.

Esquematizaremos o texto, de uma forma quase caricatural, com a finalidade de poder perfilar as dificuldades que nos parece detectar. Cabe aqui, portanto, questionar se não predominaria, em boa parte da argumentação, *racionalismo, realismo* ou mesmo *resignação* em excesso. O ideal iluminista que sustenta a intervenção acabaria, ao mesmo tempo, constituindo um obstáculo para a análise e para o seu desenvolvimento.

A interpretação da significação da cultura e o inventário dos diversos componentes que configuram o "patrimônio cultural da humanidade" e suas diferentes funções, por mais polêmicos que possam ser em um ou outro aspecto, transformam esse extraordinário texto em peça indispensável para toda e qualquer tentativa de elaboração psicanalítica sobre tais questões.

Não obstante, o próprio autor ficou insatisfeito com seu trabalho. Comentava que era pouco psicanalítico e pouco penetrante. Peter Gay (1991), autor de uma conhecida biografia, fala extensamente do mal-estar de Freud, oferecendo detalhes que ilustram a complexidade do seu momento histórico, a ambição da sua obra e a sua conjuntura pessoal.

Tratarei de discutir alguns aspectos do texto, sinalizando alguns elementos que podem aportar alguma resposta à questão suscitada (o processo de des-ilusão). Seguirei um ordenamento que passa pelos temas do *poder*, do *coletivo* e do *prazer*.

Ao referir-se à reedição da impotência e do desamparo infantis, como efeito da "quebra" narcísica resultante do confronto do sujeito com a força das limitações apontadas (natureza, inexorabilidade da morte, cultura), não fica delimitado, pelo menos nesse ponto, o caráter diferencial e específico das determinações culturais e sociais.

"A impressão terrificante do desamparo da infância despertou a necessidade de proteção – da proteção através do amor –, a qual foi proporcionada pelo pai; e o conhecimento de que esse desamparo duraria a vida toda" (Freud, 1927a, p. 37) foi a causa da crença. Sobre a mesma questão, Freud dizia pouco antes: "Quando o indivíduo em crescimento descobre que está destinado a permanecer criança para sempre, que nunca poderá passar sem proteção contra estranhos poderes superiores, empresta a esses poderes as características pertencentes à figura do pai" (p. 36).

"Permanecer criança" significa abrir mão não só da onipotência, mas também do poder pessoal que nasce de suas iniciativas, de seus atos e do sentido emergente destes. Dessa maneira, o parágrafo de Freud receberia um complemento: quando o adolescente se encontra em condições de perceber que não poderá aceder ao exercício do grande poder que idealizava, desde a sua infância, como sendo do pai, e que tampouco poderá exercer aquele mais limitado, mas que por justiça lhe corresponde, o *de se tornar ativo na produção das suas condições de existência*, então "o indivíduo

48   PSICANÁLISE, O FUTURO DE UMA (DES)ILUSÃO

em crescimento descobre que está destinado a permanecer criança para sempre".

Torna-se necessário, portanto, incluir uma hipótese referida a um *poder de ação* – um "ato-poder", como define Mendel (1991) – que possibilite a saída do imaginário infantilizante "psicofamiliar". Essa questão está claramente colocada em outros textos, principalmente "Totem e tabu" e "Psicologia das massas e a análise do eu", em que a "saída" da horda primitiva se faz por meio de um ato que inicia uma ruptura tanto com o domínio quanto com uma sujeição. E essa saída tem, entrando já no ponto seguinte, um momento definidamente *coletivo*.

É surpreendente como, mesmo no texto "O futuro de uma ilusão", quando começa a falar das limitações e dos perigos que afetam o homem e se refere à natureza, Freud (1927a) acaba por incluir uma observação, diga-se, incidental sobre o valor do coletivo: "Uma das poucas impressões gratificantes e exaltantes que a humanidade pode oferecer ocorre quando ela, face a uma catástrofe elementar, esquece as discordâncias da sua civilização, todas as dificuldades e animosidades internas, e *lembra-se* da grande tarefa comum que é preservar-se contra o poder superior da natureza" (p. 27, grifo meu).

Mas qual será a metapsicologia desse "*lembrar-se*" que grifamos? Por que Freud não pode conceber uma gratificação e uma exaltação equivalentes em outras circunstâncias? Por que a passividade dos homens com relação ao trabalho é considerada, nesse texto, como um dado primário e essencial? E, principalmente, que papel poderia corresponder às "empresas comuns", ao desenvolvimento da *cooperação* e da *solidariedade*, na superação desse terror paralisante, dentro do processo de "dessujeitamento" que estamos procurando delimitar?

Todos esses elementos abrem a questão do coletivo, donde também se perfila o "grupal". Em "O futuro de uma ilusão", problematiza-se a oposição infantil-adulto. Em "Psicologia das massas e a análise do eu", a oposição indivíduo-massa. Ambas supõem processos cruciais de passagem, de transformação de "psicologias" e de modos de subjetivação: por um lado, identificamos a saída da "psicologia de massas", por outro, a superação da neurose infantil da humanidade. São ambas partes de um mesmo processo trabalhando em vetores diferentes dos quais um aponta para um passado mítico e o outro, para um futuro utópico. Nos dois casos, delineia-se a figura de um "grupo" que inicia e sustenta o processo: um, mais nítido, de guerreiros parricidas que inventam poemas épicos; outro, mais incidental, constituído por "companheiros de descrença"[3] que cultivam, como veremos, o humor. Finalmente, o *prazer*.

Poder-se-ia acrescentar ao confronto entre a atitude religiosa "ilusionista" e a atitude científico-racional "realista" uma terceira alternativa, que seria a atitude "humorística". Freud (1927b) escreve "O humor" no mesmo ano em que publica "O futuro uma ilusão". Diz ele: "Como os chistes e o cômico, o humor tem algo de libertador, mas possui também qualquer coisa de grandeza e exaltação". O humor é o triunfo do narcisismo na afirmação vitoriosa da invulnerabilidade do ego. O ego se recusa a ser ofendido pelas provocações da realidade, a permitir que seja compelido a sofrer.

Os traumas do mundo externo não o afetam,

---

3 "Afastando suas expectativas em relação a um outro mundo e concentrando todas as energias liberadas em sua vida na terra, provavelmente conseguirão alcançar um estado de coisas em que a vida se tornará tolerável para todos e a civilização não mais será opressiva para ninguém. Então, com um de nossos companheiros de descrença, poderão dizer: deixemos o céu aos anjos e aos pardais" (Freud, 1927a, p. 64).

não passam de ocasiões para ele obter prazer. Esse último aspecto constitui um elemento inteiramente essencial do humor. . . . O humor não é resignado, mas rebelde. Significa não apenas o triunfo do ego, mas também o princípio do prazer, que pode aqui afirmar-se contra a crueldade das circunstâncias reais. Como consegue este desígnio sem abandonar a saúde psíquica, tal como na neurose, a loucura, a intoxicação, a auto-absorção e o êxtase? (p. 180)

O mestre está, neste momento, antecipando as "técnicas" que desenvolverá em "O mal-estar na civilização" (Freud, 1930). O humorista comporta-se como um adulto frente a uma criança, ao sorrir diante da trivialidade dos interesses e sofrimentos que parecem tão grandes a esta. E, "ao identificar-se, de certo modo, com o pai, reduz os demais ao papel de crianças". Essa situação intersubjetiva tem uma configuração que evoca uma "reunião" parecida entre os descendentes da "aliança fraterna", que Freud imagina, em "Psicologia das massas", no momento da passagem da psicologia de massas para a psicologia individual. O primeiro poeta épico, por meio da criação do mito, consegue desligar-se da massa, mas encontra o caminho de regresso a ela; apresenta-se e relata a essa massa as façanhas do herói inventado por ele, que é ele próprio. "Assim desce até a realidade e faz elevar-se a massa até a fantasia" (Freud, 1921, p. 129).

Freud (1927b) mostra, também, em "O humor" certas situações que correspondem a um tipo de atitude humorística, talvez mais primário e importante, que a pessoa adota *para consigo mesma*, a fim de manter afastados possíveis sofrimentos: "O humorista transpôs a ênfase psíquica do seu ego para o seu superego, herdado da instância paterna, e consegue assim, com essa nova distribuição de energia, conter as possíveis reações do ego" (p. 193).

Essa explicação em termos de deslocamentos e redistribuições constitui, naquele momento, hipóteses *ad hoc* para uma nova forma de "representação metapsicológica do acontecer psíquico", uma segunda tópica ampliada e enriquecida, que explica o acontecimento da eclosão de um delírio, por exemplo, a partir do investimento de ideias preexistentes. "Também a cura de tais crises paranoicas residiria *não tanto numa resolução e correção das ideias delirantes, mas numa retirada delas da catexia que lhes foi emprestada*" (p. 193, grifos meus).

Observamos aqui uma aproximação com a questão suscitada a partir de "O futuro de uma ilusão". Ao mesmo tempo, e salvando as distâncias, essa frase de Freud faz evocar uma colocação de Jurandir Freire Costa (1991), em entrevista ao *Anuário Brasileiro de Psicanálise 1*: "Acho que com os problemas humanos, assim como com os problemas psicanalíticos, acontece o que Wittgenstein dizia sobre os problemas filosóficos: não são resolvidos, são abandonados".

A intenção do superego com o humor, continua o texto de Freud (1927b), é dizer-nos: "Olhem, aqui está o mundo, que parecia tão perigoso! Não passa de um jogo de crianças, digno apenas de levá-lo na brincadeira" (p. 194).

Vislumbra-se aqui o processo que possibilita o "dessujeitamento" da ilusão religiosa, ou de qualquer outra equivalente. A questão é operar a "des-ilusão", uma vez que podemos preservar-nos da "desilusão", ou superá-la, pela via de um processo em que as instâncias "ideais" parecem desempenhar em importante papel. Visualizam-se dinâmicas e economias possíveis dessa operação. Ela é libertadora e exaltante porque permite recuperar tanto um mundo não sinistro quanto a inteligência lúdica da criança, dos quais o adulto médio ficou expropriado ao submeter-se ao domínio consolidado "da inibição para pensar a sexualidade, da inibição

52 PSICANÁLISE, O FUTURO DE UMA (DES)ILUSÃO

religiosa e da lealdade política (monárquica)" (Freud, 1927a). É um "jogo de crianças" porque possibilita a elaboração psíquica por meio da criação, da recriação e da proliferação do sentido próprias do chiste, do sonho, da fantasia, da construção de "romances" de tipos diversos, da criação artística, do humor, da invenção, todos esses recursos equivalentes ao brincar das crianças.

Através dos diferentes eixos traçados, fica melhor situado tanto aquilo que no caminho percorrido pela psicanálise lhe dá origem e a associa ao grande projeto libertador, quanto aquilo que a torna específica e singular, abordando o ideal que a impulsiona bem como aquilo que, no seu processo de produzir e produzir-se, vai-se instituindo.

Há certas questões, ainda relativas ao tema, que mereceriam um esclarecimento por meio de articulações conceituais propostas neste trabalho. O uso excessivamente extenso da noção de "desilusão" teve a intenção de fazê-la jogar com "ilusão" e com "des-ilusão". Limitando-a ao seu uso habitual, a "desilusão", enquanto vivência, tende a expressar o resultado de uma perda, que pode se dar *no nível do objeto, no nível do ego* ou *no nível do próprio ideal.* Ou nos três simultaneamente, como na canção "Maninha", de Chico Buarque de Hollanda:[4]

> *Se lembra do futuro*
>
> *que a gente combinou?*
>
> *Eu era tão criança e ainda sou.*
>
> *Querendo acreditar que o dia vai raiar*
>
> *só porque uma cantiga anunciou*

---

4 Chico Buarque de Hollanda, "Maninha"; CD *Miúcha e Antonio Carlos Jobim* (gravação original em LP RCA, 1977).

A perda está sendo processada por uma combinação das diferentes instâncias incluindo um *companheiro de elaboração*, a "Maninha". É o trabalho de luto, fundamental para a preservação do equilíbrio psíquico e para a possibilidade de mudança individual e coletiva, que faz parte do "trabalho" mais amplo que estamos considerando.

Existem perdas que assumem intensidade e força patológicas, como quadros melancólicos, vivências de "fim de mundo", despersonalizações, pânicos. Essas perdas se confundem ou se combinam, frequentemente, com experiências de perigo, desorientação e perda de referências exteriores. Em termos de vivência, mal se pode falar aqui em "desilusão". Trata-se de situações "traumáticas" coletivas, nas quais o ego se encontra na situação de paralisia e inermidade que Freud imagina para uma situação de ameaça de descontrole pulsional, frente a uma realidade sinistra.

O ego, nessas circunstâncias, tenderia a funcionar sob um regime que está "para além do próprio prazer", submetido à compulsão de repetição e a uma tendência ao esvaziamento de todo o sentido. Delineia-se aqui *um estado-limite no que se refere à existência ou à experiência de uma subjetividade*. A atividade do ideal do ego possibilita a ativação dos sistemas de fantasmatização e simbolização, os quais permitem a elaboração psíquica. Reinstala-se o processo de subjetivação. Com essa discussão, acabamos por nos aproximar de alguns desenvolvimentos posteriores a Freud.

Há alguns anos, Hanna Segall apresentou um trabalho muito importante em um congresso internacional de psicanalistas – no qual se impediu que sua leitura fosse feita em sessão oficial – intitulado "O silêncio é o crime verdadeiro", em que denunciava e analisava, com extensão e profundidade, o mortífero jogo de ilusões coletivas que envolvia os governos e complexos militares-industriais, implicados na corrida armamentista nuclear. O "silêncio"

54 PSICANÁLISE, O FUTURO DE UMA (DES)ILUSÃO

do título referia-se também à atitude assumida pelos analistas na América diante da perseguição antissemita na Alemanha nazista. A ilusão de eternidade, ao que parece, consegue-se por meio de omissões, recusas e isolamentos que acabam por ter um custo que já resulta difícil negar.

A partir da década de 1980, uma série de analistas latino-americanos (em geral brasileiros, uruguaios e argentinos) produziram trabalhos referentes ao efeito, na subjetividade, de situações sociais de alto impacto traumático. Maren Viñar e Marcelo Viñar (1992), Jurandir Freire Costa (1984, 1988), Gilou García Reinoso (1971) e Hélio Pellegrino (1971, 1986), entre outros, demonstraram como a perda de vínculos, a deterioração e a quebra do sistema de ideais, bem como o fim de projetos coletivos impõem uma subjetividade fragilizada, quadros de verdadeira "demolição" da identidade e uma cultura de violência, entre outros efeitos.

Essa linha de trabalhos apresenta uma evidente continuidade do espírito de intervenção e combate no campo político, cultural e social que caracterizou o trabalho de Freud. Há um empenho para construir elementos conceituais que esclareçam e ampliem, ao mesmo tempo, a *totalidade* do campo psicanalítico.

O sistema de ilusões contemporâneas, tal como se configura, parece bem diferente do sistema estudado por Freud em "O futuro de uma ilusão". A solda entre a proibição de pensar o sexual, a ilusão religiosa e a lealdade político-monárquica não mais existe. O que se impõe à possibilidade de pensar parece ser a ilusão-compulsão de consumir, e a lealdade se estabelece com os meios de comunicação de massa e os métodos estatísticos em voga. Concordo plenamente com Marilena Chaui (1997) quando ela aponta a importância do "fascínio tecnológico".

Grandes poderes impessoais e distantes decidem sobre as possibilidades de sobrevivência, o destino econômico e o valor da qualificação do trabalho. Planos de ajuste, remanejamentos dos empregos e demissões apresentam-se como movimentos telúricos ou imposições de uma "natureza", apenas explicáveis pelos cientistas e manipuláveis pelos tecnocratas, que atuam mais sobre populações do que sobre comunidades. O que não comporta, suporta ou resiste é marginalizado e passará a ser objeto de um gerenciamento diferencial e igualmente homogeneizante. Em suma, a margem do poder possível na gestão autônoma da própria existência viu-se violentamente reduzida.

A significação social dos fatos, das causas e dos efeitos tende a se eclipsar totalmente. Ante o impacto dessubjetivante desse tipo de controle-gestão, a adesão a seitas religiosas, práticas esotéricas ou tendências fundamentalistas procura cobrir o vazio de sentido, conseguindo algum domínio mágico sobre estas "naturezas" ou encontrando, por meio delas, fontes de certeza (Galende, 1990).

No campo da saúde mental, o objetivismo médico – revitalizado, por um lado, pela genética e pela química dos neurotransmissores e, por outro, pela estratégia da gestão dos riscos – parece reforçar-se na renúncia de qualquer necessidade de interlocução (Castel, 1984).

Trata-se de delinear, a partir de tudo isso, um modelo no qual o modo de operar psicanalítico possa levar ao desenvolvimento de experiências que sirvam para contraefetuar um trabalho de ressubjetivação que devolva ao indivíduo a sua relação com o coletivo, que recupere a dimensão temporal, um ideal a ser sustentado e a ética a ser instituída numa ação que será desenvolvida. Em muitos desses casos, podem operar pela simples possibilidade de um espaço de expressão daquilo que fervilha espontaneamente nas margens e fendas dessas novas demarcações (Saidon, 1994; Stolkiner, 1994).

4. "Central do Brasil": vicissitudes da subjetivação[1]

No contexto do Curso de Psicopatologia Psicanalítica e Clínica Contemporânea, do Departamento de Psicanálise do Instituto Sedes Sapientiae (São Paulo), iniciamos uma série de estudos destinados a compreender melhor certo tipo de sofrimentos psíquicos novos, ou cuja novidade consiste na frequência com que se fazem presentes hoje em dia na clínica, e que adquirem também ressonância pública pelos meios de comunicação. Sua caracterização tem constituído um problema dentro do campo dos cuidados da saúde mental, mas tende a transcendê-lo, transformando-se num problema para a sociedade em seu conjunto.

---

1 Apresentado no dia 23 de junho de 1998, na mesa-redonda destinada a discutir o filme *Central do Brasil*, de Walter Salles Jr., com a participação de Olgária Matos e Miriam Chnaiderman, coordenada por este autor e organizada pelo Departamento de Psicanálise do Instituto Sedes Sapientiae, São Paulo; publicado posteriormente na revista *Percurso*, XI(21), 67-69, 1998.

A psiquiatria oficial procura agrupar tais sofrimentos em síndromes, sintomas e quadros clínicos caracterizados como desvios perante uma normalidade reputada inquestionável. Outros pensadores e outras disciplinas põem em questão essa normalidade, considerando que está sendo produzida por uma época histórica, paralelamente a suas formas patológicas. Essas novas enfermidades da alma começam a ser discernidas em sua significação, na medida em que podem ser referenciadas aos mal-estares da contemporaneidade.

A fenomenologia da vida cotidiana nas grandes cidades, as formas de habitá-las, de circular por elas ou de recluir-se nos espaços domésticos, de relacionar-se ou não se relacionar com os outros, de trabalhar ou não trabalhar, de morrer ou sobreviver são pontos de partida privilegiados pela maior parte dos estudos que procuram estabelecer correlações entre macroestruturas (econômicas, sociais, políticas), configurações institucionais, formas de subjetivação e padecimentos psíquicos. Que tipo de subjetividade é possível conceber quando se parte de cenários como a estação de trem que dá nome ao filme, mas que poderiam ser aeroportos, centros comerciais, praças públicas ou até uma rua qualquer?

São lugares que já foram espaços de sociabilidade, mas nos quais as pessoas ficam reduzidas à condição de transeuntes que mal se olham, se falam ou se escutam: ali "se começa com uma diluição dos sistemas de reconhecimento do outro e se acaba com uma perda de reconhecimento de nosso próprio eu" (Galende, 1997, p. 77). A presença nesses lugares de um número crescente de marginalizados e excluídos de diversos tipos, com uma visibilidade manifesta que não se conheceu em outros tempos, transforma-os em postos de fronteira social em que a tensão se aproxima frequentemente do limite de estouro da violência.

Falando dessas questões no encontro comemorativo dos 20 anos do Instituto Sedes Sapientiae, Marilena Chaui (1997) situava o problema com bastante clareza:

As novas tecnologias [referindo-se à produção industrial e microempresarial] convidam ao isolamento porque inutilizam a rua como espaço coletivo comum. Não precisam de qualquer espaço público, muito pelo contrário, tendem a descartá-los. Eu me preocupo com isto porque, no nosso presente, a forma de subjetividade que está sendo plasmada é menos a de uma subjetividade (intercorporeidade, intersubjetividade, relação simbólica com o ausente, transcendência do fato ao sentido) e muito mais a de uma intimidade. E essa intimidade não é qualquer. Modelada pelos mass-midia e pela publicidade: é uma intimidade narcísica. Por conseguinte, fadada à incapacidade de simbolizar, de transcender as condições dadas, de relacionar-se com o possível e de realizar o trabalho da frustração e da ausência. É uma intimidade infantilizada à qual se promete a satisfação imediata de todos os desejos que a mass-midia inventou para fins de consumo. (p. 20)

É sobre esse sujeito do consumo, isolado ao mesmo tempo que massificado, que toma corpo a ideologia neoindividualista da competição absoluta, violenta, manipuladora e cínica, adicta às relações de aproveitamento, pronta para a substituição da relação com a pessoa pela relação com aparelhos e coisas. Atenta a outras coordenadas que nos aproximam dos objetivos colocados pelo projeto do curso, mas em estreita relação com o que acabo de dizer, Julia Kristeva (1993) sustenta que a experiência cotidiana demonstra uma redução impressionante da vida interior, perguntando se

60 "CENTRAL DO BRASIL": VICISSITUDES DA SUBJETIVAÇÃO

temos hoje o tempo e o espaço necessários para arrumar-nos uma alma, ou se, "pressionados pelo stress, impacientes por ganhar e gastar, por gozar e morrer, os homens e mulheres de hoje prescindem dessa representação de sua experiência que chamamos de vida psíquica".

O homem moderno é um narcisista, talvez dolorido, mas sem remorsos. A dor se lhe "agarra" ao corpo, somatiza-se. "Se não está deprimido, exalta-se com objetos menores e desvalorizados num prazer perverso que não conhece satisfação" (Kristeva, 1993, p. 60). Essa autora falará, então, da falta de identidade sexual, subjetiva e moral, do recurso a suportes químicos, das diversas compensações narcísicas e das formas de adoecer que aparecem quando estas falham.

Paramos aqui este desenvolvimento: em primeiro lugar, porque nos parece já traçada uma ponte de sentido entre as inquietações do Curso em torno da psicopatologia e da clínica contemporânea e o leque de interrogações que nos remete aos conceitos de modernidade ou pós-modernidade, à questão da exacerbação paroxística dos traços de uma época ou de uma verdadeira mudança de época etc. que nos pareceu interessante discutir a partir do filme.

Por outra parte, parece-nos possível reconhecer o protótipo no qual se encaixa um dos personagens do filme, Dora, não só pela vida isolada e mesquinha, pelo vazio existencial e pela solidão relacional, mas também pela peculiaridade de que os "objetos menores e desvalorizados" aos quais se compraz perversamente em condenar – agindo como um deus todo-poderoso, que se arroga o direito de julgar e estabelecer o destino das almas que chegam até sua presença – são precisamente as cartas que escreveu para aqueles que pediram. Eis uma apropriação parasitária e destrutiva dos frutos subjetivantes de revivescências interiores, de processos de simbolização do ausente, de inauguração ou cancelamento de compromissos vinculares, de formulação de desejos amorosos ou hostis, de relatos de experiências, de retomada de projetos, de recuperação e religação de histórias. Frutos de processos que ela mesma contribuiu para desencadear.

Serão concebíveis potencialidades múltiplas de emergência e desenvolvimento de processos subjetivantes? Que situações, ou que ordenamento particular dos elementos de uma situação, na sua configuração cênica, ou que "dispositivos" (tomando um conceito da análise institucional) os disparam e sustentam? Que incidências os inibem ou bloqueiam?

A mesinha da escriba no meio da estação interrompe a circulação, produz um corte, induz um desvio (*seduco*), uma fala, um pensar reflexivo; cria um espaço e um tempo diferentes. Conforme o relato do próprio diretor, a instalação da mesa provocou uma aproximação espontânea de pessoas dispostas a "ditar suas cartas" que interrompeu o fluxo de falas preparadas. O "desvio" acabou produzindo sequências de uma vivacidade tal que explica a voltagem emocional do impacto produzido nos espectadores.

O outro personagem, o alter do filme com quem Dora contracena, é um ser exposto aos perigos decorrentes de uma condição social "objetiva" de máximo desvalimento e desamparo, mas animado, nesse sentido de alma que estamos recuperando, por um desejo fundamental que orienta sua existência: encontrar o pai, ser reconhecido por ele e desfrutar dos valores dignificantes conferidos por uma família, um sexo e um ofício pleno, para o menino, de significação social. Esse desejo e esse ideal – que podemos chamar de utópico, no sentido conceitualmente mais rico e mais denso que lhe conferimos hoje em dia – serão o que produz "enganche" no indestruído (e por definição indestrutível) do desejo inconsciente de Dora.

62 "CENTRAL DO BRASIL": VICISSITUDES DA SUBJETIVAÇÃO

Atravessando o combate de vida e de morte que marca o encontro – começo do vínculo entre ambos – que produz parada e finalmente corte no fluir alienado e monótono da existência dela, vão ser essas as forças que impulsionam e sustentam, na proposta do diretor, essa viagem em busca da recuperação (nostálgica e, portanto, ilusória?), da conquista (precária?) ou da invenção (incerta?) de uma humanidade possível.

Os cenários insólitos, geográficos e sociais, que essa viagem vai percorrendo suscitam uma multiplicidade de associações e interpretações. A temporalidade se encontra em jogo em quase todas elas; em nossa opinião, porém, mais na perspectiva de um suporte evocativo, de forte sensorialidade, sem dúvida, mas destinado à rememoração paradoxal de um não vivido. Tal rememoração, historicizando-se, possibilita a elaboração de algo vivido que, ao ser significativo para outro, se ressignifica para o sujeito, desfazendo as defesas (recalques/recusas) que o deixavam esquecido ou anulado. Aspecto forte e convincente do processamento subjetivo de Dora, que o faz assemelhar-se ao processo da análise.

Na perspectiva de uma proposta abrangente para um contexto mais amplo, o filme acaba nos estimulando menos a uma volta para um Brasil arcaico e mais para um trabalho da história, com evocações ou sem elas, que permita uma "volta" ao Brasil atual.

5. Mal-estar na contemporaneidade e patologias decorrentes[1]

Há bastante consenso em situar a crise econômica dos anos de 1970, seguida pelo desmoronamento dos regimes socialistas nos anos de 1980, como uma espécie de divisor de águas a partir do qual nada será igual, e o que vem é incerto e tende, em consequência, a ser caracterizado como "era pós-...": pós-fordismo, pós-industrial, pós-moderna etc.

A abrangência mundial da crise vai dar lugar, como resposta do capitalismo, às políticas neoliberais globalizantes baseadas na abertura e na expansão dos mercados, à desestatização, à privatização da economia e à flexibilização das leis trabalhistas. Na América Latina, os processos de ajuste implicaram a combinação do terror econômico, isto é, os surtos hiperinflacionários, e do terror repressivo, aplicado pelas ditaduras militares da época, configurando,

---

1 Publicado originalmente na revista *Psicanálise e Universidade*, (9-10), 63-78, 1998-1999.

64   MAL-ESTAR NA CONTEMPORANEIDADE E PATOLOGIAS DECORRENTES

assim, um quadro de penúria social de alto impacto subjetivo (Stolkiner, 1994).

Em trabalhos anteriores, fiz referência a situações traumáticas coletivas nas quais chega a delinear-se um estado-limite no que se refere à existência ou à experiência da subjetividade como tal. Aqui, o ego se encontra numa situação de paralisia e inermidade, tendendo a funcionar sob um regime que está "para além do princípio do prazer", submetido à compulsão de repetição e a uma tendência ao desligamento das representações psíquicas e ao esvaziamento de todo sentido. A combinação superego/ideal do ego possibilita, por um lado, "consolar o ego e pô-lo a salvo do sofrimento" (Freud, 1927b, p. 139) e, por outro, abrir uma dimensão temporal em que a satisfação narcísica atualmente frustrada se visualize como realizável no futuro.

Assim, o retorno à vida política e à ação coletiva nos movimentos de redemocratização implica a recriação de uma vida psíquica, de uma temporalidade e de um sentido, em vastas áreas do acontecer social, institucional e individual, na medida em que o futuro se nos mostra capaz de reparar as injustiças do presente. Será a atividade do *ideal do ego* que possibilitará a ativação dos sistemas de fantasmatização e simbolização, os quais permitirão a elaboração psíquica, reinstalando-se, assim, o processo de subjetivação (Fuks, 1997b).[2]

Alertei, também, para a importância dos trabalhos produzidos por analistas brasileiros, uruguaios e argentinos, a partir dos anos de 1980, no que se refere ao impacto da violência social na subjetividade. Nessa medida, interessa-me considerar, aqui, os efeitos dos processos sócio-históricos indicados em relação à configuração de

---

2   Ver o capítulo 3 deste livro.

ideais associados aos modos hegemônicos de produção de subjetividade e aos tipos de sofrimento psíquico predominantes.

São conhecidos os processos de gradual e progressiva desagregação do tecido social que acompanham as políticas econômicas anteriormente mencionadas, acrescidas das turbulências geradas pelas sucessivas crises financeiras. Os contrastes sociais em todos os planos continuam a ser uma marca nacional brasileira, não alheia à manutenção e ao crescimento dos índices de violência.

No campo do trabalho, a precarização do emprego, a reengenharia industrial, os trabalhos marginais, os remanejamentos industriais regionais, a divisão entre "estáveis" e "temporários" têm produzido fragmentações nas organizações sindicais e enfraquecimento da solidariedade. A reestruturação industrial produz, frequentemente, um aumento na exigência de rendimento do trabalho e qualificação para as tarefas, uma rarefação das relações de trabalho e um acirramento da competição, e uma menor participação nas decisões, que são, então, tomadas em âmbitos distantes e impessoais, muitas vezes desarticulando as relações comunitárias de amizade e vizinhança. Os espaços de sociabilidade comunitária, desinvestidos, fecham-se.

Completando esse quadro, a deserção do Estado, no que se refere a necessidades que somente ele poderia suprir, aumenta as vivências de desvalimento e desamparo. Um sistema de ideais construído tendo como base valores como progresso pelo esforço, futuro melhor para os filhos, projetos individuais e coletivos interligados, expectativas e projetos de transformação social parece desmoronar-se.

Assim, é frequente que a limitação dessa rede simbólica intra- e intersubjetiva requerida para a elaboração das vivências de desvalimento e desamparo culmine em um desfecho medicalizante por meio de diagnósticos psicopatológicos de depressão, síndromes neurovegetativas etc., sem que o trabalho de luto em curso ou bloqueado possa ser reconhecido (Santa-Cruz, 1997). Da mesma forma, cuidadosos estudos demonstram a emergência de quadros orgânicos associados a estresse crônico em situações de sobre-exigência e ameaça de desemprego, bem como quadros psiquiátricos francos afetando principalmente os chefes de família já desempregados.

A diferenciação crescente da população por níveis de consumo, que se estende entre extremos limítrofes de impossibilidade de sobrevivência e consumismo de uma elite com padrões internacionais, com uma importante faixa intermediária submetida a instabilidade conjuntural e incerteza quanto ao futuro, impõe uma grande fragilização dos vínculos internos às classes e grupos sociais. O consumo será, entretanto, uma das engrenagens privilegiadas pela lógica das políticas de mercado para conseguir, por meio da massificação, uma homogeneização e um controle da conflitiva social.

Tem-se afirmado, frequentemente, que o consumo merece ser considerado uma das principais "religiões leigas", dada sua onipresença na vida cotidiana dos seres humanos e o potencial de ilusão e sentido que traz para a sua existência. Os *shopping centers* são visualizados como verdadeiros templos contemporâneos que congregam multidões para assistir maravilhadas ao milagre da multiplicação das mercadorias, esses objetos promissores de satisfação e felicidade. Não somente nas vitrines, nos outdoors e nas revistas, mas principalmente nas telas de televisão, sejam ricos ou pobres, esses novos fiéis da época que são os consumidores vão procurar "a incitante satisfação daqueles que, ao mesmo tempo, haverão de encarnar os modelos identificatórios vigentes, assim como os ideais sociais propostos como via de acesso à felicidade" (Rojas & Sternbach, 1994, p. 41).

O que é construído, instituído e veiculado dessa maneira são valores e significações que configuram uma determinada representação do mundo, dos "egos", das relações entre eles, produtora nos sujeitos e para eles de uma realidade que se concebe como natural, universal e coerente, de critérios de orientação e de normas de conduta.

Trata-se, aqui, do que Freud (1921) designou como sistemas de ilusões coletivas e *ideal do ego* da cultura e Marx (1867) designou como ideologia, sendo essas categorias fundamentais para a elaboração e a superação de antinomias já conhecidas do tipo indivíduo/sociedade, subjetivo/objetivo etc., e que voltam a aparecer neste campo renovado dos estudos da subjetividade. Em ambos os casos seus criadores esclareceram sua função de coesão e consolo e também de encobrimento e perpetuação das injustiças e mal-estares que pretendem desmentir.

Nessa ordem de questões, o conceito de "protótipo sadio" (Rojas & Sternbach, 1994, p. 131) corresponderá ao conjunto de traços e modos de ser que uma formação social definirá como desejáveis e em relação aos quais se podem delimitar variações a serem reconhecidas como patologias. Estas se constituem e ganham uma significação de problemas sociais próprios da época que, segundo o ponto de vista aqui sustentado, são um reflexo do "espírito" desta. A emergência dessas patologias pode ser compreendida em termos de fracasso na seleção, na assunção e na sustentação dos padrões promovidos e disponíveis a partir do protótipo estabelecido, mas também em termos de sobreadaptação aos valores e ideais que os determinam, motivo pelo qual as formulações descritivas e explicativas tomam frequentemente a forma de paradoxo.

Uma série de atitudes – como a valorização do esforço, a austeridade e a transferência dos desfrutes para o futuro, que configuram pilares valorativos sobre os quais se edificaram os sonhos de progresso da modernidade – delineia traços constitutivos de um

68 MAL-ESTAR NA CONTEMPORANEIDADE E PATOLOGIAS DECORRENTES

tipo psicológico ideal, que propiciou, também, o acirramento de formações sintomáticas características da neurose obsessiva. Tanto nas formas mais egossintônicas em que se configuram como rigidez e exageração, como nas sintomáticas, esses traços aparecem como sequências psíquicas extenuantes, retentividade compulsiva, postergação da ação etc. No entanto, e em contraste com essa configuração axiológica, o que se denomina "cultura pós-moderna" gira em tomo de um neoindividualismo exacerbado e hedonista, ligado a uma subjetividade consumista pronta para substituir a relação com pessoas pela relação com aparelhos e coisas, considerada frequentemente como narcisista.

Seguindo a sistematização proposta por Rojas & Sternbach (1994), trabalhando na perspectiva de uma leitura psicanalítica da pós-modernidade e na compreensão do que chamam de patologias de "fim de milênio", a configuração ideológica que tende a se impor pode ser sintetizada nos termos que se seguem. O consumo é considerado como "resposta social a um desejo concebido como plenamente cumprível por meio da demanda satisfeita, em uma paradoxal objetalização dos sujeitos que terminam por ser consumidos por essa lógica, hoje imposta como única" (p. 59).

Entra em jogo, também, uma capacidade ontológica: *ter é ser*. Ter objetos e usufruir deles não só nos proporciona, idealmente, a satisfação buscada, como também nos situa em um ponto determinado da geografia social, conferindo-nos uma definição identitária. Articulando-se com a magia do avanço tecnológico, a posse do objeto subministra a ilusão de onipotência que aproxima o sujeito do consumo da imagem de deus protético que Freud desenha em "O mal-estar na cultura".

O ideal vigente quanto à temporalidade valoriza um presente fugaz e eterno, uma cultura de um efêmero renovável, que descarta o passado e se desinteressa pelo futuro. Verifica-se, assim, na conformação das instâncias identificatórias, um predomínio das formações de ego ideal (ser já, plenamente, eu mesmo) sobre as de ideal do ego. A experiência oscila entre os limites estreitos da exaltação triunfante e do medo de qualquer falha precipitadora de um colapso narcísico. História, temporalidade e projeto, como mediação simbólica e regulação narcísica, desaparecem. As relações amorosas tendem a ser superficiais e passageiras, com pouca tendência a transformar-se em verdadeiros vínculos. Não havendo perda, mas substituição, também faltam a nostalgia e o reencontro. A memória se evapora, o luto não existe.

Promove-se, em sintonia com o que se acabou de ver, "uma leveza do ser e dos vínculos cada vez mais suportável" (Rojas & Sternbach, 1994, p. 41). A atenuação dos afetos, bem como a evitação dos enigmas e das tramas dramáticas levam ao desenvolvimento de uma modalidade *cool* de existência, com tendência a devir superficialidade atravessada de vivências de tédio, futilidade, inexistência e vazio.

Em acréscimo, cabe aqui um desenvolvimento mais extenso quanto aos ideais ligados ao mundo da imagem. A partir da perspectiva de uma história da subjetividade, como veremos mais adiante, a cultura da imagem é o efeito *visível* das práticas de produção da subjetividade consumidora.

As práticas cívicas de produção da subjetividade moderna produziram indivíduos dotados de uma consciência. Eram homens na medida em que estavam em plena possessão das suas faculdades conscientes, reconhecendo-se por esse traço comum. Na pós-modernidade, ser homem implica ser reconhecido como imagem por outro que também o é. Nisso, as práticas de consumo produzem, para além de objetos de promessa de satisfação, um tipo de laço social particular. O consumo requer um espectador ou testemunha.

70 MAL-ESTAR NA CONTEMPORANEIDADE E PATOLOGIAS DECORRENTES

O ato funciona como signo para o reconhecimento de outro (Lewkowicz, 1998).

Na verdade, esse sistema de reconhecimento não se produz para além da problemática da satisfação. A plenitude prometida desta só se consuma, valha o verbo, no campo da ilusão e da crença. Nessa medida, a subjetividade do consumidor-espectador é fundamentalmente fetichista.

A mídia é o operador principal desse sistema. Sem esta, afirma-se, o espetáculo se esvazia. Caberia perguntar acerca do lugar ou instância do aparelho psíquico que ela vem ocupar para exercer essa capacidade subjetivante, mas também essa potência de captura imaginária e massificação. É difícil não pensar no olhar da mãe, presente nessa conjuntura constitutiva ilustrada pelo fenômeno do espelho que garante, a partir de uma posição de terceiro, a relação do sujeito com sua imagem especular. Lugar que será, depois, o da autoconsciência crítica, mas também o ocupado pelo olhar do hipnotizador ou do líder nas formações de massa.

Com a aparição da mídia, então, certos poderes se impõem e certas expropriações se realizam.[3] O personagem que encarna esse terceiro na própria cena do espetáculo midiático é, frequentemente, o comunicador, tanto mais fascinante quanto mais recursos disponha para o redirecionamento do programa. A percepção da realidade é operada através da mídia, estabelecendo-se uma diferenciação frequentemente nebulosa entre realidade, representação

---

3 Os autores da Escola de Frankfurt enfatizaram o enfraquecimento e a substituição, pela mídia, do papel do pai como transmissor dos valores culturais na família patriarcal. Por motivos de extensão, optamos por não desenvolver, neste trabalho, o importante impacto na subjetividade das mudanças na estrutura e na dinâmica da instituição familiar.

e encenação, que está na mão da própria mídia regular.[4] A fabricação do acontecimento-notícia, já descrito e historizado como recurso totalitário a partir de Goebbels, ilustra dramaticamente o esvaimento da diferença entre realidade e encenação, entre verdadeiro e fictício. Deveríamos dizer, condensando, que toda essa construção é *"midia*tizada" pelo universo da imagem, lembrando que uma das acepções do verbo "mediatizar", segundo o *Diccionario de la Lengua Española* (Real Academia Española, 1970), é "privar o governo de um Estado da autoridade suprema que passa a outro Estado, conservando, no entanto, o primeiro, a soberania nominal" (p. 860).

Podemos, finalmente, vincular ao mundo da imagem a valorização contemporânea da superfície em detrimento da interioridade. Na composição do personagem que identifica o sujeito, num cenário social concebido como espetáculo, a imagem do corpo ganha um papel de relevância. A exacerbação dessa lógica de sujeitos-fachada, constituídos de imagem, sem volume nem interioridade, terá fortes efeitos patogênicos que envolvem a corporalidade, como anorexia-bulimia, compulsão e adicção a práticas farmacológicas, fisioterápicas, cirúrgicas ou esotéricas de emagrecimento, rejuvenescimento etc.

Referindo-se aos ideais ligados à juventude, Rojas e Sternbach (1994) afirmam que esta é concebida como estágio ideal a ser alcançado precocemente e prolongado indefinidamente. Opera-se uma renegação do transcurso temporal, da velhice e da morte. A idealização dos adolescentes acontece paralelamente à assinalação deficitária de um lugar social ativo e participativo, nas diversas áreas da vida social.

---

4 Isto aparece bem descrito no filme *O Quarto Poder* (1997), de Costa-Gavras, cujo título vem a calhar, pois, em última instância, é de poder que se trata.

Quanto aos ideais ligados ao pragmatismo, como praticidade, eficiência, eficácia, resultado imediato, postos a serviço do sucesso e do enriquecimento, estes propugnam, diferentemente do modelo esforçado e austero do capitalismo inicial, uma autorização imediata do prazer. O sucesso como valor soberano subordina os valores éticos, rarefazendo o sentido de responsabilidade para com os outros. Pode-se, com facilidade, deduzir disso que, nesse contexto, a alteridade e a intersubjetividade tendem ao silêncio e ao esvaziamento.

No campo das funções públicas instala-se a corrupção, promovendo mediante processos de banalização sua aceitação passiva e sua promoção à condição de norma implícita. A corrupção implica, assim, uma modalidade transgressora-perversa de alta potência bloqueadora de complexos processos de subjetivação elaborativa e simbólica, que fornecem o suporte subjetivo para o desenvolvimento de um sentido de cidadania. As situações e os movimentos de impugnação ético-política coletivos produzem uma inversão dessa sequência causal, possibilitando a recuperação e até a criação de novos espaços de cidadania.

Consideradas a partir das referências enunciadas, as chamadas patologias da contemporaneidade integram e expressam em sua sintomatologia os discursos sociais e a trama de significações entrelaçadas ao redor dos ideais que configuram o espírito de sua época. Tais patologias podem ser consideradas como sintomas sociais, no sentido de "analisadores" dos modos de produção de subjetividade de uma determinada formação sociocultural. Mas expressam também os sofrimentos daqueles que ficam, em função de uma história singular que envolve acontecimentos, vínculos e instituições frequentemente falidas, simultaneamente capturados e discriminados ou excluídos por efeito dessas lógicas sociais alienantes que acabamos de considerar.

Analisando as relações "enigmáticas" entre as depressões, as toxicomanias e a síndrome do pânico, campo clínico preferencial da nosografia psiquiátrica da atualidade, Joel Birman (1999) afirma que não existe mais nenhum lugar para os deprimidos e panicados:

> *Esses são execrados, lançados no limbo da cena social já que representam a impossibilidade de serem cidadãos da sociedade do espetáculo. Com efeito, a interiorização excessiva do deprimido, marcado pelas cavilações suspirosas, assim como o terror fóbico, que toma de corpo inteiro a individualidade panicada na cena pública, evidenciam como tais individualidades não conseguem realizar a tão esperada exaltação de si mesmos e se dedicar à artesania de seus figurinos maneiros para se mostrar com brilho na cena social. (p. 47)*

Da mesma forma, a problemática das adicções tem sido tomada por alguns autores que trabalham seguindo a linha da "história da subjetividade" como ponto de partida para suas análises. Lewkowicz (1998) sustenta que "não estamos diante de um mero incremento quantitativo de umas práticas que chamamos de adictivas, mas diante da instauração qualitativa de um tipo radicalmente novo de subjetividade socialmente instituída" (p. 70). Não se trata de um cenário social que os condiciona na exterioridade, acrescentando fatores de frustração, ceticismo ou desassossego a disposições sempre latentes, em qualquer momento histórico, mesmo que haja existido escravos dos prazeres na Antiguidade e viciosos libertinos na modernidade. A figura do adicto é produto de uma rede de práticas que intervêm na constituição mesma dos tipos subjetivos reconhecíveis em uma situação cultural específica. Os elementos que a compõem são: discurso "*mass*-midiático" que funciona como instância de delimitação subordinando o discurso médico e psi, tematização generalizada, associações de ajuda, definição psicopatológica em termos de doença, derivação espontânea para a esfera psicológica, remissão de causalidade a famílias de origem, intervenções específicas etc. Essa figura oferece uma identidade capaz de suportar o enunciado de categoria ontológica "sou um adicto". Pode-se ser adicto a tudo: álcool, drogas, sexo e também trabalho, e todos podem sê-lo.

A subjetividade adictiva é um subproduto da subjetividade do consumidor. Isso pressupõe uma mutação no *laço social*. O suporte subjetivo do Estado deixou de ser o cidadão e passou a ser o consumidor. Se, por um lado, o cidadão foi instituído pelas práticas cívicas do Estado-nação e sua família nuclear burguesa como sujeito de consciência, deixou como resíduo uma espécie de "efeito de sombra", isto é, todo o universo inconsciente descortinado e teorizado pela psicanálise. O equivalente no caso da subjetividade instituída do consumidor, produzida pelas práticas pertinentes, seu efeito de sombra específico, *não teorizado ainda*, manifesta-se nas patologias do consumo e da imagem.

Cabe aqui a consideração do que seriam as práticas específicas constitutivas do consumo, mais do que a análise do consumismo, ou seja, da "ideologia consumista". Há de ser um sujeito que varia sistematicamente de objeto de consumo sem alterar sua posição subjetiva. A vertiginosa substituição de roupas e brinquedos o instaura numa lógica de equivalência específica: o elemento novo da série é melhor porque é novo. Como observa Lewkowicz (1998), "o anterior não cai por ter feito já a experiência subjetiva da relação com este objeto particular, mas pela pressão do novo que vem desalojar o anterior" (p. 74). O objeto anterior cai sem inserir-se numa história, porque o novo, válido em si mesmo, deve ter a capacidade de satisfazer integralmente o sujeito.

Retoma-se, assim, a problemática da substituição e da perda. A "perda do objeto inserido numa história", aqui entendida como uma trama, tem para a psicanálise um papel central na constituição do sujeito a partir da constituição concomitante dos objetos materno e fálico. A trama se produz por meio de perdas, deslocamentos, substituições, trocas: o "jogo do carretel", como abertura a uma negatividade constitutiva do objeto e do eu pela mediação simbólica da linguagem, o processamento da diferença sexual e da significação fálica, mediante sua inscrição no sistema de equivalências simbólicas, na lógica do dom, na dimensão das trocas e suas leis, tudo isso confluindo na produção do desejo inconsciente como mola impulsora e organizadora da vida psíquica em sua totalidade. Perda e incompletude abrem, assim, o caminho para a subjetividade, a alteridade, a intersubjetividade e a temporalidade.

No entanto, esses objetos constituídos pela lógica do consumo como aqueles dos quais não se faz experiência subjetiva são denominados, adequadamente, *objetos inertes* por Galende (1997), conotando tanto a significação apontada como a impregnação pela inércia das relações afetivas que com eles se estabelece, seja como parceiros do amor, do sexo, do trabalho, da amizade ou da terapia. Assim é que isso também abre interrogantes importantes quanto ao estabelecimento de transferência.

No campo "midiático" do consumo de imagens, esse regime de substituição imediata acaba impondo uma espécie de fluxo contínuo hipnotizante, que no caso característico da televisão a diferencia de outros tipos de espetáculos.

Desligar a televisão tem muito pouco a ver com o intervalo de uma peça de teatro ou de uma ópera, ou com o gran finale de um filme de cinema, as luzes se acendendo lentamente e a memória começando seu trabalho misterioso. De fato, se

*alguma distância crítica ainda é possível, ela está certamente
ligada ao trabalho da memória. (Jameson, 1996, p. 94)*

Nas práticas do consumo contínuo e substitutivo tudo há de se
esperar do objeto, nada do sujeito, nem sequer a memória, menos
ainda a crítica. Essa passividade é um elemento determinante de
sua objetalização. Bloqueado o processo elaborativo, confiscado o
lugar da fantasia, impedida a crítica, o espaço reduzido da experiência subjetiva desse consumidor objetalizado tende a adquirir uma
conformação masoquista associada à imposição superegoica de um
gozo imperioso, que é o que se manifesta na figura do adicto.

Pela lógica do consumo nem sujeito, nem objeto devem ser
modificados, porque o mercado requer expansão. A multiplicação
dos atos de consumo pelos indivíduos compensa a sua expulsão do
mercado. A promessa de satisfação não deve cumprir-se, a oferta precisa diversificar-se. Os signos de reconhecimento devem ser
passíveis de desinvestimento afetivo e substituíveis. Tudo deve ser
light, nada deve pesar nem fixar-se. Deve-se evitar a captura por
um objeto ou um signo. "O adicto constitui, dessa maneira e ao
mesmo tempo, a realização e a consequente interrupção do sujeito
do consumo, da promessa estruturante do mercado e suas subjetividades" (Lewkowicz, 1998, p. 77). Nessa medida, houve completude e aprisionamento na natureza satisfatória da relação, e um
outro objeto substitutivo não entra. Fez-se, dessa vez, a experiência
do objeto. A instância "*mass*-midiática" o delimita, então, como
aniquilado subjetivamente. O sujeito do consumo desapareceu por
trás do objeto que o satisfaz, e que a partir de então o constitui.
Nessa medida, uma identidade adictiva se inicia.

O interesse que apresentam essas ideias, para além da especificidade das adicções, tendo sido o que nos levou a uma extensão maior na sua consideração, reside em diversos aspectos. Em

primeiro lugar, historicizam os modos de produção de subjetividade, referindo-os a uma arquitetura sociopolítica particular que articula e ordena práticas e discursos em função de um tipo de Estado e um tipo de suporte subjetivo deste, podendo, assim, dialogar com os enfoques que partem das políticas avançadas do capitalismo (neoliberalismo) em sua incidência e determinação na subjetividade contemporânea (pós-modernidade). Em segundo lugar, realizam uma análise precisa do lugar, da lógica e do *modus operandi* do consumo nesse processo. Também ilustram, de forma muito clara, esse paradoxo, destacado anteriormente, que caracteriza a passagem da subjetividade instituída para as decorrências psicopatológicas, e suscitam, ainda, uma mobilização do potencial psicanalítico para a investigação e a explicação desses efeitos.

Para concluir, as enormes transformações produzidas no século XX, que finda o milênio, têm causado nas diversas áreas da vida social e por diversos mecanismos impactos profundos na subjetividade e nos diferentes processos que a produzem, a desenvolvem, a bloqueiam, a destroem ou a remodelam. Formas de ser e de adoecer se sucedem e se sobrepõem, numa complexidade atravessada por diferenças, contradições e conflitos que o trabalho de análise, realizado desde diversas ópticas confluentes, deve ajudar a esclarecer, nunca a reduzir.

Não se vive nem se padece da mesma maneira nas classes submetidas e nas dominantes. Também não se produz nem se consome da mesma maneira nos países centrais e nos dependentes. Nem todas as práticas e disciplinas que têm como objeto explícito o campo da subjetividade se vêm atravessadas da mesma maneira por essas problemáticas, mas não existe dúvida alguma de que todas o são. Isso nos coloca, como analistas, questões instigantes para reflexão, análise e intervenção, ajudando-nos a ir além das ilusões de extraterritorialidade que ainda possamos conservar.

6. Questões teóricas na psicopatologia contemporânea[1]

Nas últimas décadas, a clínica psicanalítica tem se estendido a tipos de sofrimento diferentes dos que constituíram sua clientela clássica. Isso significou estímulos e, por momentos, desafios para o trabalho terapêutico e um esforço para a conceituação psicopatológica. Houve a invenção de conceitos novos e reformulações metapsicológicas globais, bem como novos critérios de modelização. Pode-se estudar a história dessas relações, por exemplo, entre demanda clínica, criação de conceitos teóricos e reformulação do modelo de aparato psíquico; mas é possível, ou necessário, tentar pensar essas alterações à luz das mudanças mais gerais que afetam a sociedade e conferem características peculiares à subjetividade contemporânea.

---

1 Apresentado na Reunião dos Estados Gerais da Psicanálise (Paris, 8 a 11 de julho de 2000) e publicado originalmente no livro *A clínica conta histórias* (Fuks & Ferraz, 2000, pp. 201-216).

80   QUESTÕES TEÓRICAS NA PSICOPATOLOGIA CONTEMPORÂNEA

Em "Neurose e psicose", desenvolvendo a ideia de que tais formações psicopatológicas são compreensíveis em termos de conflitos do eu com as diversas instâncias que o governam – correspondentes, portanto, a um malogro de sua função –, Freud (1924) diz que, em certas circunstâncias, "o eu terá a possibilidade de evitar a ruptura para qualquer um dos lados, *deformando-se a si mesmo, consentindo danificações em sua unidade e eventualmente segmentando-se e partindo-se*". Em função disso, as *"inconsequências, extravagâncias e loucuras* dos homens apareceriam, assim, sob uma luz semelhante à de suas perversões sexuais: aceitando-as, eles se poupam de recalcamentos" (p. 158, grifos meus).

O mecanismo da recusa, que já se antecipa nesse trabalho como um meio para lidar com certos aspectos da realidade externa, dará conta, como no fetichismo, de algumas das *extravagâncias* próprias desses quadros.

Penso que outra das deformações corresponderia a um tipo de redução ou "esvaziamento" dos conteúdos do eu. Falando dos nexos do eu com o mundo exterior, Freud (1924) diz o seguinte: "Normalmente o mundo exterior governa o id por dois caminhos: em primeiro lugar pelas percepções atuais, das quais sempre é possível se obter outras novas, e, em segundo lugar, pelo tesouro mnêmico de percepções anteriores que formam, como mundo interior, um patrimônio componente do eu" (p. 156).

Na amência, ambos os caminhos ficam desinvestidos. A partir disso, podemos pensar que, nos quadros que Freud descreve nesse trabalho como *alterações do eu*, o caminho perceptivo atual ficaria aberto, mas o tesouro de representações, lembranças, fantasias, pensamentos, emoções e linguagens estaria limitado ou bloqueado, e o "mundo interior" acabaria, recorrendo à terminologia freudiana, reduzido em seu valor psíquico e sua investidura.

Em consequência, a relação com a realidade tenderia a ser formal e fatual, com pouca densidade significativa, dada a limitação de recursos elaborativos afetivos, imaginativos e simbólicos. Isso limita as possibilidades de processamento da tensão pulsional pela via do princípio do prazer-realidade, por meio das formações do inconsciente e da ação específica destinada a alcançar a satisfação na realidade.

É possível que o incremento de excitação sexual parcialmente erotizada, resultante da afluência intensa e veloz de estímulos – operando segundo o modelo das neuroses atuais –, seja o elemento que rompe o equilíbrio, acrescentando às "extravagâncias" apontadas a produção de sintomas neuróticos, mas principalmente de mecanismos evacuativos da tensão inelaborável, como a somatização, o *acting-out* e as diferentes saídas adictivas.

A investigação clínica e teórica desse tipo de alterações começou a alargar-se e consolidar-se por volta dos anos 1930, com o trabalho de Helene Deutsch sobre as "personalidades *as if*" ou "personalidades como se". Os pacientes, que eram em sua maior parte mulheres, apresentavam uma normalidade aparente (na verdade passividade e submissão ao meio), falta de autenticidade e calor; suas expressões emocionais eram formais, estando excluída toda experiência interna. Pareciam atores experimentados que se dedicam a fazer "como se" (Deutsch, 1934).

A autora afirmava existir menos recalcamentos e mais falta de catexias de objeto, com uma modalidade imitativa e mimética que permitia a adaptação ao meio. Graças a uma combinação de passividade e plasticidade, qualquer objeto podia servir para uma identificação rápida, mas superficial, que permitia uma fácil substituição posterior. Sem mal-estar, sem angústia (a angústia nesses quadros era sentida pelo outro). O que se passava com elas? Algo

82   QUESTÕES TEÓRICAS NA PSICOPATOLOGIA CONTEMPORÂNEA

faltava... mas o quê? Um vazio sem emoções, uma forma sem conteúdo pessoal. Uma ausência de si.

No psicótico, ou pré-psicótico, o outro é usado para o controle projetivo do insuportável dentro de si, por meio da externalização. Essas outras personalidades utilizavam o exterior para suprir o vazio de seu espaço interior. Não expulsavam de dentro para fora como o psicótico; não faziam uma *mise-en-scène*, como o histérico, de um *script* fantasmático interior. Encontravam um cenário psíquico em um mundo exterior, precisavam de um diretor de cena para sentir-se existindo (Pontalis, 1978).

Por volta dos anos 1960, descrições de pacientes com essas características aparecem em trabalhos de Winnicott (1960) sobre o *falso self*; nos anos 1970, nos trabalhos de Bleger (1967) sobre "personalidades fáticas"; e posteriormente, com referenciais teóricos diferentes, nos "transtornos de personalidade" e nas "personalidades narcísicas" de Kernberg (1995) e Kohut (1988), respectivamente.

Vários aspectos podem ser destacados a respeito das características da abordagem da maior parte desses trabalhos. Se utilizamos um referencial exclusivamente freudiano, as patologias que estamos considerando podem ser definidas, do ponto de vista fenomenológico, como transtornos do caráter ou "tipos de personalidade", nos quais o determinante são as alterações do eu no campo do narcisismo, sem chegar a constituir-se como psicoses ou neuroses narcísicas (melancolia), mas afetando o sentido e o valor do eu.

Verifica-se um tipo de escolha de objeto predominantemente narcísica, com relações de objeto de um caráter peculiar; um funcionamento defensivo que envolve os mecanismos de recusa e dissociação com produção de formações sintomáticas de conduta e relacionais, de significação fetichista (as extravagâncias ou loucuras); um funcionamento presente, mas limitado, dos processos de elaboração psíquica de tipo neurótico e segundo o princípio de prazer-realidade, que ao falir, descompensar-se ou ser sobrepassado pelas tendências narcisistas e pela compulsão de repetição, tende a funcionar "para além do princípio do prazer", com produção de sintomas psicossomáticos, *acting-out*, explosões de pânico e condutas adictivas.

As características apontadas permitem associar essas formações psicopatológicas com outros quadros que tendem a ser constituídos, hoje em dia, como entidades nosográficas independentes, como adicções, anorexias-bulimias, doenças psicossomáticas, síndrome de pânico, muitas depressões e certas perversões. Associá-las não quer dizer reuni-las nem as fazer dependentes de um tipo de personalidade. No entanto, as dinâmicas reconhecidas são úteis para compreender os diversos quadros. Tendem a ser incluídas, todas elas, numa denominação muito geral de patologias de *borda*, ou patologias *atuais* ou *contemporâneas*, tanto pelo caráter epidêmico, que muitas delas vêm adquirindo, como a partir das linhas de trabalho que enfatizam em sua determinação o papel dos modos hegemônicos de produção de subjetividade.[2]

Mas, voltando aos trabalhos, de certo modo históricos, já mencionados, tende-se neles a valorizar, cada vez mais, a incidência do meio ambiente familiar, as características dos vínculos intersubjetivos e as falhas dos cuidados parentais em épocas precoces. Criam-se ou valorizam-se novos conceitos metapsicológicos, como os de "*self*", "não eu", "partes" ou "núcleos psicóticos" etc., e recorre-se a conceitos de outros campos: identidade, individuação, personificação. Em um trabalho renovado de modelização, valorizam-se diferentemente os mecanismos psíquicos fundamentais e os secundários, nos processos constitutivos e nos mecanismos patogenéticos, dependendo, em grande medida, das diferentes

---

2 Ver o capítulo 5 deste livro.

84   QUESTÕES TEÓRICAS NA PSICOPATOLOGIA CONTEMPORÂNEA

escolas e linhas teórico-clínicas pós-freudianas que se desenvolvem na história da psicanálise.

É interessante o que dizia Pontalis (1978) em seu artigo "Nascimento e reconhecimento do *self*", comentando a literatura psicanalítica anglo-saxônica: ele lançava, de início, uma pergunta divertida, para uma leitura em tempos de globalização: "*o self é exportável?*". Sua conclusão, a certa altura do trabalho, é a de que

> *para o psicanalista francês, o* self *pode ser visto como uma concepção pré-analítica, de um sujeito unificado e unificante, de um sujeito que pode reconhecer-se como si mesmo, si e mesmo, ou seja, como unidade e continuidade, precária certamente, lábil, alterável, mas suscetível de escapar em seu ser à* irredutibilidade do conflito, à alteridade do inconsciente, ao inconciliável das representações, à parcialidade das pulsões, à multiplicidade díspar das identificações. *Um século, hoje, de experiência analítica minou a ilusão de um sujeito monádico, de uma pessoa total, segura de pertencer-se. (p. 159, grifos meus)*

No entanto, diz Pontalis (1978), se introduziram o *self*, foi para resolver o problema que lhes causava a análise de seus pacientes: "O momento em que os conceitos são mais úteis é quando estão se formando".[3] Ocorre-me que isso pode ser válido e útil para o trabalho de compreender e teorizar as patologias contemporâneas na atualidade. "Sou consciente do que tem de oscilante em meu passo: sustento que a experiência clínica tem tornado necessária a introdução do *self* e, ao mesmo tempo, que o conceito não é aceitável" (p. 173). Emerge, portanto, como uma intuição na espessura do trabalho clínico. Prossegue Pontalis: "creio que se trata, tanto no

---

3   H. Guntrip citado em Pontalis (1978).

paciente como no analista, de um fenômeno subjetivo que advém ou que *falta* que tende a descobrir o termo *self*, muito mais que uma estrutura da pessoa ou a pessoa mesma" (p. 174, grifo meu).

Parece-me interessante essa posição: mais que manifestar uma duplicidade incompatível na teoria, ela estimula a exploração, no campo da clínica, da problemática da crença e do sentido nas vivências do eu ou de seu bloqueio/desbloqueio, como nos casos do estranho familiar, da despersonalização, do *déjà-vu* etc.

Valorizou-se crescentemente o impacto do contexto sociocultural, das mudanças nos modos de convívio familiar e de sociabilidade, das formas de individuação e de laço social, sob a influência do capitalismo avançado, da sociedade do consumo e do espetáculo etc. Cientistas sociais e psicólogos sociais, entre outros, passaram a ser interlocutores importantes. Ao mesmo tempo que os psiquiatras, a partir da reativação de um pensamento positivista e uma fundamentação organicista, querem desprender-se da linguagem da psicanálise, os cientistas sociais tendem mais e mais a recorrer a ela, especialmente no que se desprende das problemáticas que estamos abordando, com o intuito de construir um perfil da subjetividade contemporânea. Proponho-me a enfatizar esses últimos aspectos nas considerações que seguem.

Bleger (1967) fala sobre pacientes que funcionam na ambiguidade, o que implica um eu constituído por diversos núcleos, cada um dos quais caracterizando-se por uma indiscriminação eu/não eu, correspondendo à organização mais primitiva e indiferenciada (ou fusional) em relação aos objetos. O eu, ele diz, não se *interiorizou*; está basicamente constituído por um conjunto de papéis e a passagem de um para outro produz um efeito de "ficticidade". Isso pressupõe a hipótese de que o ser humano parte de uma organização em "sistema aberto" e, gradativamente, vai se individualizando e personificando (p. 189). Quando esses processos começam a

86   QUESTÕES TEÓRICAS NA PSICOPATOLOGIA CONTEMPORÂNEA

acontecer, emergem os sentimentos de vazio, busca ansiosa de um objeto que os preencha, que dê um sentido à sua existência, o que pode conduzir à promiscuidade sexual ou a acessos de bulimia, tendo todos o mesmo objetivo: preencher o vazio.

No horizonte, buscar-se-ia que uma situação de estabilidade permitisse enfrentar a crise e as confusões e contradições resultantes da crise de identidade. Passar a estruturar-se como "eu fático" consiste em aderir caracteropaticamente a uma instituição, grupo, trabalho ou pessoas, que contêm e imobilizam o núcleo aglutinado – a área de organização sincrética ou psicótica da personalidade – e que passam a ser a identidade do sujeito. Estão totalmente orientados para a ação, com pouco desenvolvimento de um pensamento autonomizado do mundo externo que suporia a presença de um eu interiorizado. Esse "eu fático" é um eu de pertinência; não há um "eu interiorizado" que dê estabilidade interna ao sujeito (Bleger, 1967, p. 245).

O que pode ser observado por meio dessas descrições, como um negativo de uma fotografia, corresponde aos traços essenciais de um modo de diferenciação e individuação que é próprio da modernidade e que aponta para um imaginário de "interioridade". A instauração da propriedade e a constituição da privacidade, com a criação concomitante de espaços diferenciados entre o privado e o público, alcançam seu ápice com o indivíduo burguês, pelo menos no mundo capitalista ocidental.[4]

Propriedade, privacidade, individualidade e intimidade, a partir de um "interior", permitem estabelecer e assegurar a relação com os outros e com o próprio corpo. "A porta", essa figura tão presente na literatura, dá um suporte imaginário à articulação entre o espaço próprio do homem e o que está fora dele. Georg Simmel,

---

4   Ver Galende (1994).

citado por Galende (1994), diz: "é essencial para o homem, no mais profundo, o fato de que ele mesmo se ponha uma fronteira, porém com liberdade, ou seja, de maneira que também possa superar novamente essa fronteira, e situar-se mais além dela" (pp. 65-66).

Conforme essa concepção da subjetividade, própria da modernidade, as figuras que delimitam o normal e o patológico correspondem a estar "dentro de si" ou "fora de si". No entanto, contemporaneamente, o individualismo – como valor exacerbado – somado à queda de valores do público – como espaço de cooperação, emulação, concorrência e solidariedade – tende a conformá-la como lugar de massificação, promovendo a indiferenciação e o predomínio da ambiguidade, no sentido de Bleger (1967), como dificuldade crescente de discriminação. A individuação torna-se individualismo e este, por sua vez, isolamento e indiferenciação.

Por outro lado, os valores de profundidade e interioridade vão perdendo espaço, tendendo a serem substituídos por valores referidos à superfície e à exterioridade. Contribuem para isso as novas formas de sociabilidade, que tendem a promover a conformação das individualidades no modo de estilos de ser e aparecer em uma cena social, configurada como espetáculo.

O que se denomina "cultura pós-moderna" gira em torno de um neoindividualismo exacerbado e hedonista, associado a uma subjetividade consumista e que, desde os primeiros trabalhos de Christopher Lasch (1983) referidos ao assunto, considera-se frequentemente como narcisista. Ser homem implica, nesta cultura, ser reconhecido como imagem por outro que também o é. O consumo requer um espectador ou testemunha.

Na composição do personagem que identifica o sujeito nesse cenário, a imagem do corpo ganha um papel de relevância. A exacerbação dessa lógica de sujeitos-fachada, constituídos de imagem, sem volume nem interioridade (Birman, 1999), terá fortes efeitos patogênicos que envolvem a corporalidade, como anorexia-bulimia, compulsão e adicção às práticas farmacológicas, fisioterápicas, cirúrgicas ou esotéricas de emagrecimento, rejuvenescimento etc. O corpo fica submetido aos mandatos do ideal. Sobrevalorizado e exigido, acusando os efeitos do estresse resultante, as culpas por suas alterações e sofrimentos serão apontadas na conta do seu portador, que deveria ser capaz – em nome da ilusão de domínio onipotente sobre os limites fisiológicos, o envelhecimento e a morte – de defender-se por si só de seus efeitos patogênicos.

A entrada em anorexia terá como objetivo buscar um ideal absoluto e hipnotizante que impõe o triunfo da imagem sobre a percepção. É a partir daí que ela passa a ser quem dá as cartas: triunfa sobre a necessidade alimentar, a sexualidade e as regras da moderação. Forçada a comer, o desespero será dos outros. Alcoólatras, toxicômanos e alguns perversos ficam fora do alcance da angústia com o mesmo recurso. História, temporalidade e projeto, como mediação simbólica e regulação narcísica, desaparecem. As relações amorosas tendem a ser superficiais e passageiras, com pouca tendência a transformar-se em verdadeiros vínculos. Os afetos são tênues, sem enigmas nem dramas. Tal como nas personalidades "como se" de Helene Deutsch (1934), a relação se impregna de tédio, futilidade e vazio. Não havendo perda, mas substituição, também faltam a nostalgia e o reencontro. Não se cultiva a memória nem se dá lugar ao luto.

Nas situações de convívio, o espaço intermediário, que reúne e separa os copartícipes, vê-se submetido a flutuações dependentes de uma ilusão de igualdade homogeneizante (ser idênticos) ou de rejeições e encastelamentos defensivos, diante de cada movimento do outro vivido como invasivo. O temido, no fundo, é o elemento estranho e indeterminável do outro, que Bleger (1967) associou aos núcleos sincréticos da personalidade, cuja mobilização ou perda de controle seria a causadora da emergência do sinistro (*Unheimliche*) na relação. A sobreadaptação tende, nessas circunstâncias, a reduzir o espaço intermediário, a obturá-lo com uma realidade totalmente "familiar". Realidade fatual, sem densidade significativa. É uma realidade que opera como contracatexia, como elemento selante que é tanto mais eficaz quanto mais se adira aos marcos convencionais da convivialidade de moda.

Procuram-se encontros extramatrimoniais sigilosos, o que em si não representa nenhuma novidade, mas que são estranhamente anônimos, na procura de uma experiência leve, diferente e "segura", destinada à consecução de um prazer vívido que ameaçava desaparecer, mas prioritariamente à afirmação da ilusão de que é possível um encontro desejante sem nenhum compromisso afetivo. A fuga da angústia ante os enigmas, as incertezas, as paixões ou as perdas de amor que a alteridade e a intersubjetividade podem acarretar tem uma presença quase universal nas patologias da contemporaneidade.

Obviamente, são produzidas depressões; mas são depressões sem luto, com manifestação de sensações mais do que de emoções, empobrecimento da fantasia e da imaginação e falta de transferência, que nos fazem pensar em um efeito cumulativo de perdas que não foram vivenciadas como tais porque os objetos sucessivos não parecem ter sido investidos, mas consumidos.

Vamos, então, à questão do consumo. Trabalhos atuais sobre subjetividade e consumo mostram o seguinte: o consumidor deve ser um sujeito que varia sistematicamente de objeto de consumo sem alterar sua posição subjetiva. Desde criança, a vertiginosa substituição de roupas e brinquedos o instaura numa lógica de equivalência específica: o elemento novo da série é melhor porque é novo. "O anterior não cai por ter feito já a experiência subjetiva da relação com este objeto particular, mas pela pressão do novo que vem desalojar o anterior" (Lewkowicz, 1998, p. 74). O objeto anterior cai sem inserir-se numa história, porque o novo, válido em si mesmo, deve ter a capacidade de satisfazer integralmente o sujeito. Os signos de reconhecimento devem ser passíveis de desinvestimento afetivo e substituíveis. No campo do trabalho, em que a diversificação da produção vem a ser o complemento desse tipo de consumo, a palavra de ordem parece ser a mesma: "Não deixe que nada grude em você!" (Sennett, 1999, p. 10).

Esses objetos constituídos pela lógica do consumo, como aqueles dos quais não se faz experiência subjetiva, corresponderiam aos que Galende (1997) chama de *objetos inertes*, conotando tanto a significação apontada como a impregnação pela inércia das relações afetivas que com eles se estabelece, seja como parceiros do amor, do sexo, do trabalho, da amizade ou da terapia.

A "perda do objeto inserido numa história" tem para a psicanálise um papel central na constituição do sujeito, a partir da constituição concomitante dos objetos materno e fálico. É produzida uma trama de perdas, deslocamentos, substituições, trocas (Fuks, 1998-1999).[5]

Se tentarmos traçar as etapas desse caminho, desde seu início, tentando defini-las em termos da série de objetos parciais que vão se sucedendo, poderíamos distinguir vários momentos. O primeiro corresponde à "experiência de satisfação", a partir da qual, em um contexto de dependência total e indiferenciação, o lactante tem a possibilidade de recriar, por meio desse movimento psíquico – que

---

5   Ver o capítulo 5 deste livro.

Freud denomina desejo – a imagem alucinada do seio. O objeto pode ser concebido como uma "boca-seio".[6]

Um segundo tempo seria o do narcisismo primário e da constituição do eu, no qual é estabelecida uma diferenciação de espaços por imagens unificadas, a do eu e a do "semelhante", captado como objeto exterior, em situação de presença, em um contexto de dependência. Nesse contexto, a mãe implica braços que deem suporte ao corpo e um olhar que avalize a pertinência da imagem. Também requererá sua presença e seu olhar para vir a reforçar a imagem especular – esse objeto narcísico por excelência que me faz ser eu – quando o embate pulsional, o desprazer, a dor e o desamparo venham ameaçá-la, fazê-la vacilar ou fragmentá-la. Mas o objeto, como outro qualquer, define-se aqui, essencialmente, como feixe de projeções e polo de identificações: catexizado pelo sujeito, sempre pode tornar-se parte do eu (Pontalis, 1978). Segundo Kohut (1988), os transtornos narcísicos de personalidade terão como ponto de partida as falhas do adulto para responder às necessidades de reconhecimento e especularização, bem como a distância e a ausência de figuras idealizadas que possam ser objeto de identificação.

O terceiro tempo, a partir uma perspectiva tópica, pressupõe a constituição do "não eu" e sua estabilização. Ao mesmo tempo, implica um desenvolvimento e um enriquecimento do eu em um contexto em que começa a haver diferenciação e autonomia. A ausência da mãe torna-se suportável. Há um enriquecimento da vida de representação e imaginativa e da capacidade de manipulação e controle dos objetos materiais. Também no plano da realidade

---

6   David Liberman, autor de elaborações importantes em psicopatologia psicanalítica, em comunicação pessoal nas aulas teóricas da cátedra de psicopatologia da Faculdade de Psicologia da Universidade de Buenos Aires, nos anos de 1965-1966, forneceu-me uma figuração possível da dimensão prazerosa desse objeto subjetivo: "a boca é um seio que ri".

92   QUESTÕES TEÓRICAS NA PSICOPATOLOGIA CONTEMPORÂNEA

psíquica estabelecem-se novas representações, substituições, composições fantasmáticas e equivalências simbólicas. O "jogo do carretel" marca a possibilidade de simbolizar o corpo da mãe em ausência, combinando o brincar com objetos materiais e significantes verbais.

O *objeto transicional* (Winnicott, 1951) enfatiza a construção criativa de uma primeira possessão "não eu", que representa a mãe e o eu sem ser nem a mãe, nem o eu, criando um espaço intermediário de experiência, tanto própria quanto compartilhável. Esse espaço será, também, o da construção de crenças e o da instauração de fetiches.

O confronto com a castração – quarto momento – ressignifica retroativamente as sucessivas perdas e separações, abrindo para o reconhecimento das diferenças sexuais. Esse reconhecimento não se produz de uma vez; implica momentos de recusa, reelaborações por intermédio de certas crenças – as chamadas teorias sexuais infantis, construídas, às vezes, em conjunto com outras crianças – que serão novamente desmentidas, construindo-se outras novas, e assim sucessivamente.

Mas também pode acontecer a instauração de fetiches. Ambos os fenômenos – as crenças e os fetiches – desenvolvem-se no plano da ilusão, sendo efeitos da recusa de uma realidade que desmente uma poderosa ilusão anterior. As crenças permitem manter investido tanto o plano da realidade como o da imaginação, promovendo uma alternância de detenções e progressos no trabalho de elaboração psíquica.

A instauração de fetiches opera um efeito de fascínio, mas exige a repetição contínua da recusa da realidade, por meio de uma atividade do ego que coloca sempre um objeto presente ou com uma disponibilidade controlada, que sutura a falta e recusa a perda. A atividade, que caracteriza o funcionamento do ego fetichista, é correlativa a um empobrecimento do desejo, da fantasia, do investimento transferencial de novos objetos, da possibilidade de agir sobre a realidade em função do prazer.

Diferentemente do fetiche, a crença implica uma dimensão que propicia um jogo intersubjetivo que no fetichista falta. Expressa-se nos jogos de magia e de prestidigitação, no esconde-esconde, na mentira e nos disfarces em que cabe à testemunha tanto o momento da credulidade como o da descoberta do engodo.[7] A construção

---

7 Myriam Uchitel (2000), numa análise do filme *O Enigma das Cartas*, de Michael Lessac (EUA, 1992), traz elementos interessantes para esta questão. Sally, a menina protagonista do filme, recolhe-se numa defesa autística. Numa determinada cena, quando seu irmão toca em suas bonecas, ela tem uma reação de gritos agudos e penetrantes que custam a cessar. Noutra cena, Sally sobe numa árvore alta, pondo-se em perigo; isso se repete na escola, quando ela sobe no telhado. Em uma cena posterior, em que Sally está no meio de uma construção em espiral, feita por ela com cartas de baralho, a mãe tem êxito ao tentar uma interação com a filha, imitando-a ao construir, com outros materiais, uma espiral de grandes dimensões, e convidando Sally a subir nela junto consigo. Pode-se dizer que, entre o momento da instauração desse objeto particular que, se fosse tocado, disparava o acesso de pânico e aquela outra construção conjunta, realizada entre mãe e filha num espaço situado entre o real e o onírico – que possibilita a resolução dessa espécie de autismo traumático –, insere-se uma sequência de um encanto particular. Enquanto o psiquiatra tenta, aparentemente em vão, a realização de exercícios de reconhecimento e associação de nome e imagem na frente de um espelho, como uma tentativa de reconstituição de um senso do eu, a menina começa um dia a pintar lentamente a sua pele com uma série de manchas de tons variados cujo sentido ninguém consegue entender. Em um certo momento é deixada sozinha e, quando o psiquiatra volta, ela havia sumido, sendo impossível entender por onde escapara nem para onde fora. Só a descobrem quando ela, de pé no alpendre da janela, abre os olhos que contrastam fortemente com o resto do corpo totalmente pintado e mimetizado com a superfície da árvore que se alça no jardim um pouco atrás do plano da janela. Versão superestetizada do "nenê oh-oh!" em que culmina o jogo do carretel do neto de Freud, onde o espelho que suporta a ausência de imagem está constituído pelo olhar do outro. Consegue-se figurar plasticamente, de maneira ímpar, as ideias de fusão e diferenciação e também de ausência do corpo e ausência no corpo.

94 QUESTÕES TEÓRICAS NA PSICOPATOLOGIA CONTEMPORÂNEA

de crenças põe em marcha uma elaboração imaginativa que servirá de precursor e suporte a representações conducentes à assunção do próprio sexo, ao estabelecimento das identificações secundárias, ao estabelecimento dos valores e ideais constitutivos do ideal do ego e do laço social necessários à elaboração de projetos vitais individuais e coletivos. Nesse aspecto, é também um precursor do recalcamento secundário (Bleichmar, 1993).

Algumas questões podem ser colocadas, no intuito de ligar as diversas ordens de considerações:

- Que tipo de objeto é, a partir do ponto de vista psicanalítico, o objeto de consumo?

- Que lugar ocupa o fetiche no campo do consumo?

- Como chega a se constituir esse objeto chamado de "inerte"?

- Que papel desempenham os diversos objetos e mecanismos que descrevemos?

O objeto de consumo se oferece como equivalente ao da experiência primeira, que traz a satisfação da pulsão e do desejo. Há ilusões em jogo:

- a de que o objeto corresponde a uma necessidade que o antecede, recusando, com isso, o fato de que a oferta cria necessidades e demandas que não existiam;

- a de que o objeto era justamente aquele que o sujeito estava esperando (primeiro tempo de Winnicott);

- a de que o objeto venha a prover a satisfação total.

Essa última não se cumpre, o que seria impossível do ponto de vista psicanalítico. Para que o objeto caia e seja substituído pelo seguinte é necessário que a satisfação não seja completa. A promessa mantém o desejo "aceso" e a ilusão da satisfação completa pelo fluir substitutivo contínuo. É esse fluir de presenças sem corte que será investido de modo fetichista. A angústia fundamental, da qual o sujeito deverá defender-se, não será provocada pela emergência da insatisfação, mas pela emergência do vazio e pelo eclipse da imagem. Porque o objeto de consumo fornece, como vimos, não só satisfação, mas também consistência ontológica. Ter é ser, e ser é ser imagem. Nesse ponto, o objeto corresponde ao objeto narcísico da identificação especular. Até pode tender a confundir-se com ele.[8]

Há uma possibilidade ativa em selecionar o leque de traços que comporão a imagem. O papel do terceiro, que sustenta o valor e a pertinência da imagem na cena do espetáculo – que poderia ser a instância de auto-observação do sujeito –, tende a ser depositado, como nas formações de massa, num *metteur-en-scène* que acaba expropriando a atividade de seleção de traços, conforme os códigos que ele e outros experts conhecem e inventam e dominam (Fuks, 1998-1999).[9]

A sucessão de experiências de exaltação egoica e o medo das falhas que provoquem colapsos narcísicos, somados à variação vertiginosa dos códigos, criam um estado de sobre-exigência e tensão que desencadeia ou ameaça desencadear a série de descargas anteriormente apontadas. As experiências de desilusão geram a alternativa entre a elaboração psíquica e reelaboração de crenças e projetos que lhe dão suporte e a fuga rumo aos fetiches compensatórios que tendem a ocupar a cena: o álcool, as drogas legais ou ilegais e todo o tipo de condutas adictivas. O objeto se torna inerte à medida que a saturação da demanda, resultante da oferta exacerbada, acaba provocando um colapso do desejo. É a resposta anoréxica, o desejo de nada, a rejeição da experiência de satisfação

---

8 No engarrafamento narrado em "Autoestrada do Sul", de Cortázar (1966), as pessoas se chamam pelas marcas dos carros.

9 Ver o capítulo 5 deste livro.

QUESTÕES TEÓRICAS NA PSICOPATOLOGIA CONTEMPORÂNEA

e, ao mesmo tempo, o recurso da presença do objeto para controlar de forma fetichista a emergência de angústia. Como vimos com as "personalidades como se", o objeto tem de estar fora e não dentro; aliás, não existe um "dentro"; o que pode estar em si mesmo do outro é bem superficial, é como o tênue reflexo num espelho, mas somente reflexo, nada de refração.

Por outro lado, a dimensão traumática da imposição do consumo exacerbado, que nos últimos tempos não respeita limites nem direitos e regulamentações, somada a uma quantidade de fatores de violência que vão além da questão do consumo, leva os sujeitos a uma retração narcísica secundária, defensiva, acompanhada de um desinvestimento libidinal do objeto.

Nos desfechos de tipo drogadictivo, uma incorporação do objeto de caráter narcísico parece produzir-se. Mas, sob os pontos de vista clínico e metapsicológico, isso nos aproxima do campo das neuroses narcísicas ou, mais provavelmente, da melancolia. Sua consideração excede os objetivos que colocamos para este trabalho. Sua menção nos parece, no entanto, válida, porque aponta para uma problemática premente que traz desafios para um trabalho clínico e teórico em psicopatologia que se referencia, tanto quanto se insere, numa análise crítica da subjetividade contemporânea.

7. A sexuação feminina da mulher na contemporaneidade: da suposta libertação feminina à impossibilidade de sustentar o imprevisível na relação com o outro[1]

Quantos de nós, que trabalhamos com a clínica psicanalítica nos dias atuais, já não nos fizemos a pergunta: "O que é ser uma mulher feminina hoje?". Escutando nossas pacientes, ouvindo relatos de "casos" em supervisão, assistindo a filmes ou comerciais que tentam nos vender algum produto por meio de cenas "típicas" do cotidiano da mulher contemporânea, é inevitável que essa questão surja.

---

1 Em colaboração com Renata Caiaffa, Luciana Cartocci, Márcia de Mello Franco e Alexandra Sterian; publicado originalmente no livro *Figuras clínicas do feminino no mal-estar contemporâneo* (Alonso, Gurfinkel & Breyton, 2002, pp. 191-200).

98 A SEXUAÇÃO FEMININA DA MULHER NA CONTEMPORANEIDADE

A complexidade de lugares que a mulher ocupa e o modo como realiza suas tarefas, na atualidade, convidam-nos a pensar a articulação entre a mulher, o feminino e os apelos da contemporaneidade por meio das formas como propõem a instauração de seus laços sociais. Tomemos por exemplo o filme *Uma Relação Pornográfica* (1999), de Frédéric Fonteyne, com roteiro de Philippe Blasband. A história desenvolve-se sobre os relatos de um casal que é entrevistado em separado. Os protagonistas vão contando sua versão particular da experiência de relação que tiveram. A narrativa de um é, em seguida, contraposta à do outro. O espectador pode, dessa maneira, acompanhar a forma como aquele homem e aquela mulher viveram aquele encontro. Cada qual guardou lembranças diferentes dos mesmos fatos.

Eles se conhecem por meio da internet (segundo a mulher)[2] ou de um anúncio em uma revista (segundo o homem)[3]. Até o final do filme, ficamos sem saber seus nomes. Eles não se apresentam um ao outro, nem são identificados para nós, espectadores. Ela tem uma determinada fantasia sexual, que a impele a procurar um parceiro com o qual concretizá-la. Marcam encontro em um café. Assistimos ao primeiro contato do casal. Trocam duas ou três frases e ela já propõe que se dirijam ao hotel. Ela já tinha reservado um quarto. Ele se mostra reticente. Ela pergunta: "Incomoda-lhe o fato de eu ter reservado um quarto? Esta, geralmente, é uma função do homem". Ele responde: "Não. É que eu não sei o que dizer... Esse, geralmente é o jeito da mulher". Riem. Ele aceita fazer a figuração da fantasia dela.

Nessas tomadas iniciais, parecemos estar no campo da busca do gozo, em que o outro é mero objeto. Essas cenas evidenciam um

---

2 Interpretada por Nathalie Baye.
3 Interpretado por Sergi López.

dispositivo de aproximação de pessoas isoladas em uma sociedade individualista. A busca do outro intermediada pelo anúncio em um espaço público – uma revista ou a internet – funcionaria como um paliativo e uma sobreadaptação a um individualismo que minimiza a sociabilidade. As relações esvaziam-se de um convívio e de uma implicação pessoal. Distanciar-se fisicamente e prescindir de dados de identidade e de filiação faz parte de uma micropolítica narcísica de redução dos custos afetivos da dependência amorosa e da alteridade. Contas separadas, domicílios separados e sujeitos livres de amarras compõem esse quadro de objetivos idealizados para o mitológico crescimento individual.

Seria essa a pornografia à qual o título do filme alude? O consumo insinuando-se sobre esses corpos que se encontram em busca do prazer e do gozo do objeto?

Sobre a pornografia, Lipovetsky (2000), em seu livro *A terceira mulher*, diz que:

> *No espetáculo desses corpos as mulheres não se reconhecem; nenhuma identificação se produz, e isso porque a pornografia, estruturalmente, organiza-se na negação sexual da diferença masculino/feminino. O que constitui a especificidade do erotismo feminino, os prelúdios, a palavra, a espera, a doçura amorosa, as carícias, tudo isso desaparece em benefício exclusivo de um gozo fálico e objetivista. Metamorfoseada em máquina sexual eficaz e super-ativa, rápida e pronta para as trocas de parceiros, a mulher, na pornografia, "não existe"; ela não é mais de que o duplo da sexualidade masculina e de seus fantasmas instrumentais. Se há uma "violência" pornográfica, ela reside mais na perempção da alteridade do feminino, nessa indiferença*

à *diferença dos sexos do que na pseudo-inferiorização das mulheres. Como se surpreender com a atitude negativa das mulheres diante do pornô, cuja tendência é precisamente se construir na negação do desejo feminino? (p. 42)*

Vejamos como essa temática é desenvolvida no filme.

Os protagonistas passam a se encontrar de uma a duas vezes por semana (segundo a mulher) ou uma vez a cada duas semanas (segundo o homem). Ela se declara satisfeita, ao entrevistador, com a concretização de seu fantasma. "Foi ótimo", conta ela. "Ainda tenho aquela fantasia. Mas já não me sinto compelida a satisfazê-la. Não é mais algo que pressiona...".

Essa fantasia nunca é revelada. "Não se trata de pudor", afirma a mulher. Trata-se de algo íntimo que, por isso, não deve ser exposto. As cenas da fantasia sexual são veladas. A porta do quarto de hotel se fecha para o olhar do espectador. É um jogo que oculta e revela a intimidade do casal. Ficamos como testemunhas de um segredo que desconhecemos e como *voyeurs* de uma revelação por acontecer.

Há uma ironia, um humor provocativo, em chamar o filme de *Uma Relação Pornográfica*. O pornográfico caracteriza-se pelo espetáculo do encontro sexual exibido, mostrado. A visualização é essencial, particularmente a dos indicadores perceptíveis de desejo e de gozo do homem e a das manifestações expressivas da mulher.

O encontro de nossos "heróis" é declaradamente proposto e destinado a fins sexuais, adequando-se a um esquema têmporo-espacial pré-programado e invariável. É a mulher, em geral, quem toma as iniciativas, sugere os passos seguintes e opera um pouco como diretor de cena (papel inusitado para uma mulher, conforme os códigos de gênero ainda vigentes em nossos tempos). Tudo isso é, porém, relatado *a posteriori*, mas não mostrado. "Não por pudor", diz a protagonista. Mas não falta pudor nessa história. Porque, entre outras coisas, ela se esconde sob os lençóis, na proximidade do gozo.

Em contraponto à fala manifesta de um discurso aparentemente descarnado e "tecnicista" do encontro erótico, vai desenhando-se uma trama de gestos, de olhares intrigados. Ocorre um desvelar sutil de diferenças entre si, gerando afetos que os protagonistas tentam conter. Esses afetos, no entanto, transbordam e os impulsionam a contrariar ou a transgredir o mandato oficial de não expor as identidades. Ao sabor desse contraponto, tece-se uma simpatia entre os personagens, que possibilita uma identificação dos espectadores. Podemos passar a ver, no filme, gente igual a nós, observação que nenhum dos comentários feitos sobre esse filme deixa escapar.

"Foram aquelas duas ou três frases que ele disse, um dia, que mudaram tudo", relata a mulher. Ao final de um desses rápidos encontros no café, seguidos da ida ao hotel, em vez de simplesmente se despedirem e saírem cada um para seu lado, o homem a convida para irem a algum lugar conversar. Saem para jantar. Depois disso, já não conseguem se encontrar apenas para realizar a fantasia sexual dela. Passam a conversar animadamente, porém sempre evitando falar de suas vidas pessoais. "Imediatamente houve uma regra implícita. Não falamos daquilo que se costuma chamar nossa vida: idade, nome, profissão... Não foi uma decisão consciente. Simplesmente aconteceu", relembra o homem. Apesar disso, passamos a assistir, a partir daí, à instauração de outra ordem de relação entre os personagens.

"Alguma coisa estava acontecendo. Estava me acostumando a ela. No início, eu a achava bonita. Depois, comecei a ver os defeitos.

102 A SEXUAÇÃO FEMININA DA MULHER NA CONTEMPORANEIDADE

Aí, os defeitos desapareceram, sua beleza desapareceu. Estava me acostumando com ela, com seu rosto, seu corpo, sua voz...", conta o homem na entrevista.

O estabelecimento de um vínculo amoroso cria uma envoltura narcísica. Possibilita uma convivência que permite uma familiaridade com o outro. A emergência reiterada do desejo erótico introduz e mantém presente um estranho inquietante que perturba o conforto, mas também empurra a relação para frente.

"É estranho um homem... Quero dizer, um homem que olha para você, que deseja você. Sentir que deseja você. Sentir também – e é isso que é mais estranho –, sentir que você deseja ao mesmo tempo. É isto o mais perturbador", diz ela ao entrevistador.

"E se fizermos amor?", pergunta a mulher ao parceiro, em determinado momento. "E o que fazemos?", indaga o homem. "Quero dizer, fazer amor normalmente", propõe ela. "Tipo papai-mamãe?", pergunta ele. E começam a brincar com a ideia: "O normal é tedioso", diz ela. "Repetitivo", diz ele. "Nojento", diz ela. Riem.

A obturação do espaço para o estranho e o excesso de familiaridade tendem a esmorecer o desejo. Buscam-se novos padrões de relação justamente para reavivar intensidades eróticas eclipsadas.

Na evolução dessa nova configuração que vai adquirindo a relação dessa dupla, pela primeira vez no filme, a entrada do espectador no quarto do hotel não é vedada. Podemos seguir com eles desde a recepção, escadas acima até dentro do quarto. Presenciamos, nesse trajeto, um clima crescente de ternura, de expectativa e de busca de cumplicidade nos olhares que trocam. Eles fazem, então, aquilo que a protagonista chama de "sexo perfeito; uma osmose". Ao saírem desse encontro, ela começa a chorar. Ele lhe pergunta o que se passa. Ela não consegue responder. "Estava perdida", explica ela ao entrevistador. "Não sabia mais o que sentir."

Segundo Julien (1999), a ilusão de gozo idêntico, compartilhado e único que reúne os dois seres em um só é um dos elementos, junto com a idealização, que sustentam o amor-paixão. "O próprio deste amor é viver o instante, um instante eterno" (p. 41). Na sequência do filme, presenciamos a emergência de movimentos de busca de continuidade de contato. Surgem momentos de anseio, de anelo do outro, diante das separações. Eles não haviam trocado endereços ou números de telefone. A falta de referências para poder localizar o outro e a incerteza do reencontro tornam-se dramáticas. Ele é quem mais toma iniciativas nesse aspecto. Nele aparece angústia, nela, dor.

A angústia que observamos nele, nesse momento, lembra-nos a do toxicômano, para quem a localização do provedor de suas drogas e o conhecimento de que ele está na cidade parecem ser, frequentemente, mais importantes do que a incorporação do próprio tóxico.

A dor da mulher nos remete às fontes do sofrimento humano, das quais fala Freud (1930) em "O mal-estar na civilização". Ele nos lembra que "O sofrimento que provém de nossos relacionamentos com os outros homens talvez nos seja mais penoso do que qualquer outro", maior do que o sofrimento originado pela "decadência e dissolução de nosso próprio corpo" ou pelas "forças de destruição esmagadoras e impiedosas do mundo externo".

No filme, o reencontro dos protagonistas é de paixão. Começam a se abraçar freneticamente já no corredor do hotel. Enquanto estão se beijando e se despindo, alguém mexe na porta do quarto. Um homem velho tenta entrar. Parece confuso. Pergunta o que estão fazendo em seu quarto. O jovem mostra-lhe que o número da chave que está em suas mãos não corresponde àquele da porta do quarto. Embaraçado, o velho sai. O casal começa a rir e tenta retomar o clima amoroso. Mas um barulho vindo do corredor os

104   A SEXUAÇÃO FEMININA DA MULHER NA CONTEMPORANEIDADE

impede. Encontram o velho caído no chão, gemendo e esfregando o peito.

Sentindo que estava morrendo, o velho pede ao casal (nossos "heróis") que sua esposa, que não via há anos, não fosse informada de sua morte. Apesar da distância física que o velho mantinha da mulher, esta só podia viver e sentir-se segura sabendo onde o marido estava. Não precisava vê-lo, bastava saber onde ele se encontrava. O casal jovem, no entanto, não consegue satisfazer o pedido do homem velho. A recepção do hospital para onde ele é levado comunica-se com sua esposa, antes de eles chegarem lá. Pouco depois da morte do marido, a velha se suicida.

A entrada em cena do homem velho produz um furo na envoltura narcísica compartilhada. Introduz a realidade externa, o sofrimento, a solidão, a morte, o tempo e o imprevisível na relação de nossos protagonistas. "Foi o único acidente externo em nossa história. A única coisa que não tínhamos decidido, ele e eu", comenta a mulher.

Esse "acidente" também propicia, para esse casal, o retorno de um padrão de vínculo instituído – tradicional – com tendência a virar simbiótico e insuportável. Esse modelo de relação tiraniza os parceiros e condiciona totalmente a vida – e o sentido da existência – de um à do outro, principalmente para a mulher. Em boa medida, essas relações "tradicionais" giram em torno de uma lógica fálica idealizante, assentada em valores patriarcais.

O narcisismo do casal jovem sustenta-se, assim, também em pactos de denegação que buscam deixar de fora e atrás, nas gerações precedentes, o espectro de uma heteronomia degradante. Esse modelo "velho" se apoia em formas de amor sujeitas a um devir patológico.

"O amor 'patológico', tão ligado às formas extremas da paixão, faz desta dependência do objeto uma expressão simbiótica e alienante pela idealização desmedida deste. Contrariamente, a ternura, que só é possível pela existência da castração e pela conservação da diferenciação com o outro (o objeto), opõe-se à paixão, sempre paranoica ou melancólica, que renega toda perda e resiste à diferença", pensa Galende (1997, p. 77).

Depois que o homem velho entra em cena, assistimos a uma série de mudanças. A protagonista começa a mostrar interesse e preocupação com o outro. Ela passa a se implicar nas relações. Quer acompanhar o velho na ambulância. Pede ao parceiro para levá-la ao hospital. "Por quê?", pergunta ele. "Porque prometemos", diz ela. Preocupa-se com o destino da velha: "Será que ela vai se suicidar?".

É ela, também, quem introduz a palavra "amor" na conversa. E o faz com o viés da contundência objetiva e performática da proclamação: "Você já fez uma declaração de amor?". Ela o pede em casamento. Ele começa a chorar. Para ele, até então, o amor fazia parte do jogo de sedução e de conquista para chegar ao sexo. Outra coisa, porém, está se insinuando entre eles.

É como se eles estivessem passando do encontro à constituição de um vínculo. O relacionamento ganha humanidade, intimidade, e os personagens ganham interioridade. Nessa passagem, a ausência do outro, a perda do objeto e o corte adquirem um papel marcante, talvez fundante.

O que chamamos de *corte* refere-se ao que atua sobre as relações e as identificações fálicas, que envolvem não somente o campo dos investimentos objetais, mas também o do narcisismo autocentrado. Este é aumentado e turbinado, na contemporaneidade, pelos ideais individualistas de domínio de si, autodeterminação etc. O

106   A SEXUAÇÃO FEMININA DA MULHER NA CONTEMPORANEIDADE

corte atua desfazendo essas relações e identificações fálicas, operando desidentificações e promovendo mudanças.

A experiência de "corte", de desidentificação, de castração como limite e perda da onipotência narcísica acontece sobre o pano de fundo da angústia e do desamparo.[4] Ela abre, assim, espaço para a erotização, para a criação de outras formas de prazer, para novas relações do ego com o pulsional-desejante e para os caminhos sublimatórios.

É isso que aparece na sequência do filme. Eles brincam na banheira. Começam a contar particularidades pessoais. Ela tem febre do feno. Ele teve asma. Ela tem medo de aranhas. Ele tem fobia de avião. Ambos têm medo do que o futuro dessa relação lhes reserva. Ela o deixa ver as "caretas" que faz durante a relação sexual. Até então, ela precisava cobrir o rosto para poder gozar. "Você me deu tudo. Por um segundo, você me deu tudo", diz ele.

Uma intimidade pode passar a ser compartilhada, podem despir-se das defesas ou de um ocultamento defensivo. Defensivo em relação ao descontrole, à emoção, ao feminino?

Esconder o rosto no momento do gozo poderia, no entanto, corresponder ao véu que preserva da perda das referências narcísicas. Garantiria o lugar do segredo, do íntimo, do recalcado. Perder isso a colocaria em risco de sofrer uma decomposição da imagem especular, ameaçando a possibilidade de voltar a criar um espaço oco de intimidade onde aninhar o prazer.

O aparecimento de um vínculo amoroso entre os personagens do filme permite a emergência de múltiplas possibilidades associadas à abertura para o outro e para o novo que o outro traz.

---

4   Como é enfatizado por diferentes autores, a exemplo de Birman (1999) e Pereira (1999).

Teresa Haudenschild (2001), em seu artigo sobre o filme *A Casa de Bernarda Alba*,[5] pensa que o feminino estaria em íntima relação com essa criação de um espaço de acolhida ao novo e com as condições de sua expansão. Poderíamos, então, considerar que o feminino surge como uma possibilidade para esse casal. Surge como algo que diz respeito tanto ao homem quanto à mulher. Mas que implica, para ambos, o reconhecimento da diferença e o abandono de uma posição onipotente.

A derrubada da premissa universal do pênis resultante do confronto com a diferença dos sexos e da entrada no "complexo de castração" requer a invenção de objetos que permitam a manutenção do erotismo no psiquismo. Um deles, o fetiche, constituído na busca de conservação da identificação fálica, tem uma propensão à fixidez, à cristalização limitada e limitante do aloerotismo. O fetiche tenderia, assim, a um destino pornográfico. A experiência da feminilidade corresponderia à maneira de produzir a erotização e promover novas formas de sublimação?

Assistimos à última cena de encontro do casal. É o momento em que deveriam decidir o destino da relação. Paira o silêncio e esquivam-se da troca de olhares. Podemos ouvir seus pensamentos. "Eu gosto dele", pensa ela. "Ela é a mulher com a qual eu quero passar o resto de minha vida. Não consigo me imaginar sem ela", pensa ele.

Ao conseguirem, porém, finalmente se encarar, ela acha que ele não a quer. Ele imagina que é ela quem não quer prosseguir com a relação. Pensa: "Vou ter que tomar a iniciativa de falar. Ela não vai ter coragem de dizer que quer parar por aqui". Ele diz ter concluído que essa relação não tem futuro. Ela imediatamente concorda. Mas pensa: "Tinha decidido que ficaria com ele para sempre. Lutaria

---

5 Dirigido por Mario Camus (1987).

pela relação, mesmo que ele não quisesse". Ela propõe uma última ida ao hotel, onde, novamente, nos é vedada a entrada. Podemos vê-los juntos pela última vez à saída do hotel, despedindo-se sem uma palavra, apenas com um beijo no rosto.

"E, ao pensarem que, porque se sentem intimamente ligados, sabem o que o outro sente, se enganam", diz Angiolillo (2000, p. 12), comentarista da *Folha de S.Paulo*.

Foram suficientes duas ou três frases, ditas nos primeiros encontros dos protagonistas, para produzir um giro nos acontecimentos e envolvê-los em uma relação. Faltaram, por outro lado, palavras para explicar por que a relação não pôde continuar.

"Frequentemente tentamos imaginar o que o outro pensa, agimos um pouco como se o outro fosse nós mesmos, fazemos projeções. E nos enganamos muito", comenta Fonteyne, o diretor do filme. E justifica: "Queria mostrar isso para explicar que, se queremos desenvolver uma relação, é preciso falar, mesmo que haja mal-entendidos, que a gente não se compreenda" (citado em Angiolillo, 2000, p. 12).

Ficamos, apesar dessas palavras do diretor do filme, com um leque de perguntas a respeito do desenvolvimento dessa relação e de seu final.

A separação do casal não é vivida tragicamente. Quando os personagens relatam suas histórias *a posteriori*, não parecem ser os mesmos que aparecem nas cenas do encontro. Há marcas daquilo a que a mulher se refere como tendo sido um "ato de amor". O tom do relato não é nostálgico, muito menos melancólico. Teria algo se instaurado neles, independentemente do prosseguimento daquela relação concreta? Seria o feminino? Seria um espaço psíquico de acolhida ao novo? Seria a possibilidade de elaboração do "velho"?

O filme parece, também, remeter à questão da liberdade que se coloca como um paradoxo na vida da mulher na contemporaneidade. Ou seria uma contradição, essa liberdade?

Lipovetsky (2000) situa a existência feminina na atualidade na "lógica do individualismo moderno do princípio de livre determinação e de livre possessão do corpo" (p. 42). Assim, as mulheres que hoje detêm o controle sobre a concepção e a anticoncepção estariam livres para se relacionar sexualmente com quem bem entendessem e da forma como quisessem. Não precisariam se submeter àquilo que, muitas vezes, é vivido como uma dependência afetiva do outro, "o mais penoso dos sofrimentos" do ser humano em nossa civilização.

No entanto, essa mesma mulher experimentaria, como o homem, uma dificuldade para viver e sustentar as relações vivas. Nestas, o outro se impõe forçando permanentemente uma abertura para o novo, para o imprevisto, para o imponderável.

Nesse contexto, o laço afetivo teria sido vivido, por nossos protagonistas, como uma ameaça? Ameaça da perda de um contorno próprio? A relação amorosa não pôde ser tomada por eles como um campo onde a liberdade de amar, sentir, e "criar com" pudesse se desenvolver? Nesse ir e vir na trajetória da pornografia à possibilidade de manter um enigma são muitas as questões que esse filme nos suscita.

8. Nos domínios das neuroses narcísicas e suas proximidades[1]

A primeira formalização psicopatológica e nosográfica realizada por Freud (1894, 1896) consistiu em diferenciar as psiconeuroses de defesa das outras formas de neurose, como aquelas em que *o conflito psíquico é o determinante*. Incluía, além das neuroses histérica, obsessiva e fóbica, quadros agudos ou crônicos, como a paranoia e a amência de Meynert, habitualmente considerados psicoses.

Em 1914, Freud propõe para certas afecções o termo de *neuroses narcísicas*, a partir da introdução do conceito de *narcisismo* e do descortinamento de toda a problemática pertinente. As neuroses narcísicas coincidem bastante com o que, no campo psiquiátrico, consideram-se psicoses; o interesse no campo analítico, no entanto, é contrapô-las e diferenciá-las das *neuroses de transferência*.

---

1 Publicado originalmente no livro *Desafios para a psicanálise contemporânea* (Fuks & Ferraz, 2003, pp. 203-215).

Finalmente, na década de 1920, Freud volta a utilizar a terminologia psiquiátrica que diferencia as neuroses das psicoses, reservando, entretanto, a denominação *neuroses narcísicas* para as afecções do tipo da melancolia. Entre a psicose e a neurose, fica estabelecida, dessa maneira, uma terceira linhagem de estruturas psicopatológicas, que remetem ou se explicam pela problemática do narcisismo, sua conflitiva peculiar, suas organizações próprias e o jogo de investimentos e desinvestimentos que as atravessam (ou seja, a tópica, a dinâmica e a economia dos processos psíquicos).

No trabalho "Neurose e psicose" (Freud, 1924), o eixo que serve para sistematizar as estruturas psicopatológicas está dado pelas instâncias em conflito no modelo da segunda tópica: id, ego, superego e realidade. As neuroses narcísicas seriam aquelas em que predomina o conflito entre o superego e a instância egoica.

Mas com essa estrutura conflituosa que é o aparelho psíquico da segunda tópica, com um ego submetido a tantas vassalagens, há possibilidade de não se sofrer, de não se adoecer? A resposta, diz ele, deve ser buscada em fatores quantitativos, ou seja, nas magnitudes relativas das forças em jogo. Acrescenta, porém, que podem existir estruturas que, ao modo das perversões, conseguem livrar-se dos conflitos por meio de um *eu deformado, cindido ou fragmentado*. Inaugura-se uma nova linhagem, a das *alterações do eu*, cujas referencias modelares são as perversões (fetichismo) e seu mecanismo fundamental, a *recusa*.

As depressões, suas diversas formas, poderão ser explicadas do ponto de vista de sua pertinência a uma ou mais dessas estruturas ou linhagens, ou da articulação de seus mecanismos. A situação da melancolia fica clara, agora, como cabeça do grupo das neuroses narcísicas. Nele, incluir-se-ão, além da melancolia, os outros grandes quadros da paixão: mania, estados de extremo enamoramento, algumas formas de anorexia mental. Paranoia e hipocondria vão ser frequentemente consideradas estruturas conexas ou derivações possíveis – defensivas – a partir da melancolia.

O que, em geral, aparece nos trabalhos psicanalíticos caracterizado como *depressão neurótica* tem a mesma estrutura que a melancolia em termos da *impossibilidade de se elaborar um luto frente a uma situação de perda*, ainda que possam faltar nela a identificação narcísica, a profundidade da regressão ou a destrutividade dos mecanismos.

No caso dos *caracteres depressivos orais ou oral-dependentes*, trata-se, segundo Fenichel (1945), de pessoas fixadas no estágio em que a autoestima é regulada por suprimentos externos (as neuroses impulsivas e as adicções têm, para este autor, a mesma dinâmica). Os oral-dependentes regridem a esse estado por efeito dos sentimentos de culpa. Transformam tais suprimentos, que são vividos inconscientemente como *alimento*, em uma necessidade vital, percorrendo o mundo sob o domínio de uma constante voracidade. A insatisfação dessa necessidade faz cair a autoestima a níveis perigosos, e parecem estar dispostos a fazer qualquer coisa por esse suprimento, como induzir os outros a lhes permitir participar em situações de suposto poder. Isso pode ser feito, por exemplo, por condutas de *propiciação e submissão*, equivalentes aos rituais de forçamento simbólico destinados, em algumas religiões, a obrigar a divindade a conceder alguma coisa. Tendem, no entanto, a reagir à frustração com atitudes de violência.

Um novo tipo de depressão se fará presente com estruturas de tipo *borderline*, personalidades narcísicas e falsos *selves*. Predominam nestes as vivências de inferioridade sobre os sentimentos de culpa, bem como episódios de angústia catastrófica. A autorização relativamente maior da agressividade está associada aos modos peculiares de relacionar-se ou não com os outros, em função das necessidades ou dos temores associados a sua fragilidade narcísica.

114 NOS DOMÍNIOS DAS NEUROSES NARCÍSICAS E SUAS PROXIMIDADES

Proponho-me a analisar, em primeiro lugar, a metapsicologia das neuroses narcísicas do grupo da melancolia e, em seguida, a das chamadas "novas depressões", que se dão associadas às estruturas que acabei de mencionar.

Os modelos

No artigo "Contribuição metapsicológica à teoria dos sonhos", Freud (1917a) sublinha as vantagens para a investigação comparativa de tomar certos estados e fenômenos como modelos normais para as doenças psicopatológicas: o luto e o enamoramento, mas também o estado do dormir e o fenômeno do sonhar.

O estado de dormir implica o retiro quase total do sujeito do mundo que o rodeia e a cessação de seu interesse por ele. Produz-se a regressão temporal da libido ao estágio do narcisismo primitivo e do eu à etapa da realização alucinatória de desejos, ou etapa da alucinação primitiva.

Freud ressalta, no fenômeno onírico, a formação da fantasia de desejo e sua marcha regressiva para a alucinação, a fim de equipará-la com os estados psicopatológicos. Esses processos psíquicos seriam essenciais para compreender a amência de Meynert e a fase alucinatória da esquizofrenia. Todos eles podem ser reunidos no quadro geral de uma "psicose alucinatória de desejo".

A melancolia será explicada pelo modelo do luto, concebido como a reação à perda de uma pessoa amada. O exame da realidade mostra que o objeto amado já não existe, exigindo o desinvestimento libidinal do laço com ele; surge uma resistência compreensível pela aderência da libido a qualquer posição conquistada, que, em casos extremos, chega a um estranhamento da realidade e à *retenção do objeto por meio da psicose alucinatória de desejo.* Prevalece, normalmente, o acatamento da realidade, o reconhecimento da condição de inexistente do objeto perdido e a disponibilidade libidinal para novos investimentos, mas fica postulado que a psicose alucinatória de desejo será considerada a forma psicótica elementar de recusa à admissão psíquica de uma perda.[2]

A metapsicologia das neuroses narcísicas

Freud (1914) destacou que o *processo de identificação narcísica* que caracteriza a melancolia é subsidiário da reativação regressiva do modo oral-incorporativo da relação primeira com o seio, correlativa dos processos de identificação mais precoces e fundantes com a figura do semelhante. Na melancolia, o desinvestimento libidinal do objeto no exterior é seguido de sua introjeção[3] incorporativa e acabará desembocando na identificação egoica, sendo descoberto pela emergência das autoacusações. É nesse momento que os complexos processos inconscientes de desinvestimento e reinvestimento adquirem um acesso e uma figurabilidade possíveis na consciência. Essa identificação com o objeto que não se aceita perder explica a relação massacrante entre o superego e a parte do eu que foi objeto da identificação, sendo sua significação inconsciente a de um enfrentamento feroz que ameaça fundir-se num abraço mortal.

Podemos pensar as neuroses narcísicas como processos patológicos de desestruturação e reestruturação do sistema ego ideal/ ideal do ego, com predomínio das formações mais arcaicas, afetando e redirecionando o funcionamento psíquico em torno de

---

2 É o caso citado por Freud, esquematicamente, da mãe que perdeu seu bebê e passeia com uma boneca nos braços, acreditando, delirantemente, tratar-se de seu filho.

3 Ver mais adiante a discussão desse conceito.

significações primárias da autoimagem e da autoestima, num regime que tem sido designado, com propriedade, como *totalitário*.

Isso não implica que o sistema inconsciente fique destruído, que as representações inconscientes de coisa tenham sido totalmente desinvestidas, nem que as relações de significação com as palavras estejam rompidas. Implica, sim, que seu funcionamento associativo e elaborativo esteja bloqueado, afetando as ligações. Nos momentos mais agudos falham os processos associativos necessários para a criação do sentido da realidade, as formações de desejo, a produção de prazer, o processamento elaborativo do luto e o agir específico sobre a realidade na busca de satisfação.

A falha ou suspensão da *denegação*, requerida para operar o julgamento de atribuição, dificulta ou impede a produção de sentido existencial. Isso pode se manifestar por meio de vivências de futilidade e falta de sentido geral, ou daquela dificuldade peculiar de implicação nas situações que Penot (1992) estuda em alguns pacientes, a que chama precisamente de *sujeitos em suspense*. Episódios de despersonalização ou de desrealização, vivências de estranhamento como as relatadas e autoanalisadas por Freud em ocasião da sua viagem para a Grécia, em 1936, são explicáveis pela culpa ante o superego paterno, mas também pelo colapso momentâneo do funcionamento do ideal do ego, por processos de não admissão recíproca entre subsistemas de valores dentro dessa última instância. Nas novas depressões, observam-se fenômenos e problemas de natureza similar associados às vicissitudes e aos percalços da transmissão geracional intrafamiliar.

O sobreinvestimento das representações afetadas pela tensão entre ego e superego, marcadas pela presença de um ideal absoluto, opera uma drenagem de energia das representações inconscientes. Freud (1895a) falava de uma hemorragia psíquica operando um efeito de *colapso* dentro da tópica ou, talvez, da própria tópica.[4] Isso pode ser visto, por exemplo, em certos quadros de anorexia em que a imposição massiva de um ideal absoluto de magreza, que tiraniza não só a paciente como a família toda, conduz a uma redução e um empobrecimento da atividade psíquica representacional. Isso acaba afetando o rendimento intelectual pelo qual se obtivera uma adaptação relativamente exitosa no campo escolar no período de latência e pré-puberdade, que precedeu os processos conflituosos e recusatórios da adolescência.[5]

Assim como a paisagem metapsicológica do inconsciente desejante dos sonhos e das formações do inconsciente foi comparada aos quadros de Hieronymus Bosch, com toda a multiplicidade e o polimorfismo dos objetos que os povoam, poder-se-ia dizer que a paisagem metapsicológica das neuroses narcísicas corresponderia às pinturas de De Chirico: grandes prédios monumentais isolados e separados por imensos espaços vazios e silenciosos em que se recorta alguma figura humana, da qual não se sabe se o pouco que tem de humano não será, justamente, sua sombra.

Uma vez que as estruturas – o *hard disk* do aparelho – não estão destruídas, é possível que se venham a produzir novas marcas e inscrições; mas estas tendem a ficar esvaziadas ou capturadas nas

---

4 O termo *colapso* não tem qualquer conotação fenomenológica, em que corresponderia a uma vivência de desabamento ou algo similar. Sua acepção corresponde à de redução do espaço em uma cavidade circunscrita por paredes que se aproximam. Refere-se a uma redução extrema do *espaço psíquico*, no sentido metapsicológico de tópica, e seria comparável à ideia do *espaço político* que entra em colapso, que se fecha, sob o ponto de vista da vida democrática, quando se instaura uma ditadura.

5 Acrescentam-se comportamentos purgativos e atividades físicas extenuantes de descarga. O predomínio de uma dimensão adictiva nessas práticas pode aumentar o efeito de "drenagem" na rede representacional. Alguns autores postulam, no entanto, a presença, em certas circunstâncias, de um efeito de desligamento que abre a possibilidade de ligar por outras vias.

significações de ego ideal antes apontadas, produzindo um acúmulo de tensão no interior do aparelho psíquico. Sua evacuação poderá produzir-se por diferentes recursos defensivos, mas que estão estruturalmente interligados.

Pichon-Rivière (1971) dizia que "o melancólico é um sujeito perseguido por sua consciência, e o hipocondríaco o é por seus órgãos. Se a projeção se dirige para o exterior, configura-se a terceira estrutura: o paranoide, que é perseguido pelos inimigos interiores projetados" (p. 178). Afirma-se, em alguns trabalhos, que essa última forma permite prever a proximidade de uma melhora na condição psíquica do paciente. O restabelecimento do regime associativo e elaborativo, à medida que o paciente melhora, aparece nas suas manifestações: "Passa-me uma coisa estranha; é como se agora compreendesse de repente tudo o que você me falou antes, como se as coisas dispersas se juntassem e adquirissem vida e eu as entendesse melhor" (pp. 183-184).

Os deslocamentos projetivos a que fiz referência permitem, ao mesmo tempo, ir desvelando algumas fantasias repetitivas que organizam o material, entre as quais Abraham (1916) enfatizou as que se desenvolvem em um cenário corporal correspondente ao tubo digestivo. Destacam-se, entre elas, as fantasias de incorporação. Na leitura de Abraham e, posteriormente, de Klein (1934), as fantasias de incorporação têm uma importância fundamental no início das crises depressivas, associadas a seu caráter canibalístico destrutivo. No entanto, elas voltarão a aparecer no final do processo, conotando a introjeção reparadora de um objeto bom, que reedita as introjeções constitutivas iniciais.

Nicolas Abraham e Maria Torok (1995), em seu trabalho "Luto ou melancolia", propõem uma interpretação totalmente diferente da fantasia de incorporação, centrada na dificuldade de se realizar o registro psíquico da perda, que tem derivações interessantes.

MARIO PABLO FUKS 119

Para esses autores, a fantasia de incorporação aparece em circunstâncias em que uma perda, se fosse ratificada, imporia uma recomposição psíquica profunda. Essa recomposição pode ser concebida como uma introjeção.

A "cura" mágica por incorporação dispensa do trabalho doloroso da recomposição. Absorver o que vem a faltar sob a forma de alimento, imaginário ou real, quando se está enlutado, é recusar o luto e suas consequências; é recusar introduzir em si mesmo a parte de si mesmo depositada no que está perdido; é recusar saber o verdadeiro sentido da perda, aquele que faria com que, sabendo, fôssemos outro; em síntese, é recusar sua introjeção. A fantasia de incorporação denuncia uma lacuna no psiquismo, uma falta no lugar preciso em que uma introjeção devia ter ocorrido. (p. 245, grifos meus)

Introjetar é um processo; incorporar é uma fantasia que permite driblá-lo por meio de dois procedimentos: a *desmetaforização* (toma-se ao pé da letra o que se deve entender em sentido figurado) e a *objetização* (o que é suportado não é uma ferida do sujeito, mas a perda de um objeto). A meu ver, o que melhor se combina com essas ideias, na teoria freudiana, é a recomposição derivada da experiência da diferença sexual, tal como Freud (1927c) a trabalha no artigo sobre o fetichismo, aprofundada pelo esquema teórico que ele desenha na interpretação do historial clínico do Homem dos Lobos (Freud, 1918).

No trabalho considerado (Abraham & Torok, 1995), outorga-se à palavra um lugar fundamental no processo de introjeção. Para os autores, esse processo de introjeção começa muito cedo na vida: começa com experiências de boca vazia, duplicadas por uma

120 NOS DOMÍNIOS DAS NEUROSES NARCÍSICAS E SUAS PROXIMIDADES

presença materna. Boca vazia que chora e que grita pelo preenchimento adiado. Seguem-se momentos de autopreenchimento fonatório, explorando-se simultaneamente com a língua a boca vazia, e outros momentos de produção de sonoridades em eco. Em última instância, vai acontecendo uma substituição progressiva e parcial das satisfações da boca cheia de objeto materno pelas satisfações de boca vazia do mesmo objeto, mas cheia de palavras endereçadas ao sujeito. Requer-se a presença constante da mãe, do outro falante funcionando como garantia, até que essa garantia seja adquirida e as palavras possam substituir a presença materna e dar lugar a novas introjeções: "Introjetar um desejo, uma dor ou uma situação é fazê-los passar pela linguagem numa comunhão de bocas vazias" (p. 246).

Podemos remeter essa série de ideias a situações clínicas ou a ficções construídas pelos modelos teóricos. O engolir da comida bulímico reúne as características dessa introjeção fracassada, recusada por meio desses mecanismos de desmetaforização e objetização (Igoin, 1986).

A palavra pode vir a faltar, talvez por ausência de um outro falante, mas interessa ver o caso em que a palavra está impedida. O ato de fala pode não acontecer por diversos motivos, podendo às vezes até ser pelo fato de envergonhar. Nessa situação, será a própria fala, como se fosse um objeto, que ficará engolida. Engolida e entalada, sem nenhum luto manifesto, quase que em segredo, em algum espaço crítico e inacessível dentro do psiquismo.

Essa incorporação se produz quando, precisando-se de falas introjetivas, as palavras não chegam para preencher a boca vazia que as chama. A boca torna-se, novamente, ávida de alimento, pronta para incluir uma coisa ilusória qualquer que faça sumir a urgência introjetiva e o conjunto do problema. Só pode se tratar, concluem os autores, "da perda súbita de um objeto narcisicamente indispensável, enquanto essa perda é de natureza a proibir sua comunicação. Em qualquer outro caso, a incorporação não teria razão de ser" (Abraham & Torok, 1995, p. 247). As perdas não podem ser confessadas enquanto perdas. Não se permite fazer uma linguagem com elas. Trata-se de uma outra variante do negativo, o que teria sido falado, sentido, chorado, se houvesse sido permitido.

Pode haver, em muitos outros casos, recusa de luto, negação de perda sem que provoquem fatalmente uma incorporação. Muitos rituais, particulares ou generalizados, embora se originem em fantasias alimentares ou contenham práticas alimentares concretas, são entendidos por esses autores como *medidas anti-incorporação*, justamente porque sua realização em grupo faz delas uma linguagem.

Essas ideias me fizeram pensar no trabalho de Pichon-Rivière (1971), mencionado anteriormente. Nele, o autor descreve o trabalho em casos de depressão em psicoterapias individual e familiar simultâneas, complementadas com a utilização operativa e situacional de Tofranil. Trabalhar com a família implicava contar com um contexto situacional que se configurava como cena, em função da qual os processos e suas manifestações adquiriam ou se inscreviam em sua inteligibilidade dramática. O esquema terapêutico estava orientado a mobilizar resistências que tendiam a bloquear o processo elaborativo, romper estereótipos e evitar ou desfazer os mecanismos de delegação e de segregação. Há um dado de uma audácia quase pitoresca. Em certos momentos, Pichon-Rivière indicava que todos os membros da família tomassem o medicamento. Como entendê-lo? Hoje, talvez, isso não fizesse o mesmo sentido, visto que tanta gente toma psicotrópicos, precisando ou não. São questões a se pensar.

Ficou comprovado quão imprescindível é a grupalidade nos trabalhos de rememoração e elaboração *a posteriori* de situações traumáticas e lutos coletivos, congelados ao longo de anos de silêncio. Certas regiões da memória só funcionam em grupo, o que apresenta questões a se considerar em relação aos aspectos econômicos, tópicos e à dinâmica intersubjetiva desses processos.[6] Não devemos esquecer, ao mesmo tempo, que existe uma tendência sociocultural contemporânea a deixar isolado o indivíduo em processo de luto, impondo-lhe sua travessia em solidão.

Perdas e depressões hoje

O sujeito contemporâneo, forte candidato à depressão, está encerrado num círculo de ferro. Ele tem, por um lado, uma exigência de autonomia proveniente dos ideais da época associados a um imperativo de gozo consumístico que transforma os bens em suprimentos narcísicos. E tem, por outro, a impossibilidade crescente de gerir autonomamente sua existência, dados os limites impostos por enormes poderes que não controla. Soma-se a isso a perda ou a transformação acelerada de códigos e referências valorativos. A desestruturação dos laços comunitários, o isolamento e a solidão tendem a conformar egos frágeis, que suportam mal a tensão e o sofrimento e não podem ou não sabem contar com um outro. As circunstâncias socioeconômicas geram desequilíbrios e emergências que se configuram como perdas afetivas e narcísicas, sendo desconhecida, recalcada ou recusada a situação dolorosa de luto que isso provoca. O anel de ferro se fecha com a ilusão farmacológica de eliminação de qualquer tipo de sofrimento, somada à ideia difundida de que quase todos os sofrimentos têm causas genéticas,

---

6 Um modelo possível, na teoria freudiana, de processos de elaboração coletiva que comportam uma recomposição subjetiva está dado pela criação e apresentação do "primeiro poema épico", posteriormente ao parricídio primordial (Freud, 1921, pp. 128-129).

as quais não cessam de ser descobertas e estamos perto de dominar totalmente.[7]

Um traço comum aos diversos tipos de depressão atual é a dominância de formas de recusa da realidade psíquica interna e externa: recusa de aspectos da realidade social que vive o indivíduo, recusa do corpo e de seu funcionamento biológico, recusa da necessidade do outro e da complexidade inerente às relações intersubjetivas (Galende, 1997). Observam-se um estado ansioso, uma dispersão mental, uma falta de interesse nas coisas cotidianas, mal-estares corporais migrantes e transtornos do sono. É difícil referi-los a perda ou luto. Em geral, são depressões que cursam sem a sintomatologia, sem o *pathos* do luto. Alguém já as comparou com algumas depressões em crianças: tédio, isolamento, vazio emocional e afetivo.

Sobre esse fundo de vazio, destacam-se algumas extravagâncias e comportamentos incomuns. Essas pessoas costumam rodear-se de objetos-fetiche, semelhantes aos do consumo, mantendo com eles uma relação adictiva. Em outro trabalho (Fuks, 2000),[8] fiz referência ao termo *objeto inerte*, proposto por Galende (1990). O empobrecimento da fantasia e da imaginação pode ser colocado

---

7   Isso contrasta totalmente com a posição de Pichon-Rivière (1971) no que se refere à significação do sofrimento na abordagem terapêutica analítico-elaborativa das depressões. Ela pode sintetizar-se, a meu ver, em dois pontos: 1) que o sofrimento inerente a esses processos elaborativos estava vinculado ao incremento do *insight*, ou seja, ao conhecimento e à compreensão da realidade psíquica interna e externa, e que o fracasso da elaboração do luto implicava o predomínio de certas defesas que bloqueavam as emoções e a atividade da fantasia necessárias a essas auto- e heterognoses desejadas; 2) que não existe uma psiquiatria sem lágrimas, e que o melhor é enfrentar em forma concreta o relacionado com a vivência depressiva sem descuidar de outros aspectos do processo de progressão, no qual a *indagação e o processo terapêutico são inseparáveis* (isso ele afirmava fazendo referência a Rickman).

8   Ver o capítulo 6 deste livro.

124 NOS DOMÍNIOS DAS NEUROSES NARCÍSICAS E SUAS PROXIMIDADES

em paralelo com o domínio da sensação sobre a experiência, o afeto e a emoção. Quanto ao pensamento, tem frequentemente o caráter *operatório* que foi descrito no campo da psicossomática (Marty & M'Uzan, 1962).

Socialmente isolados, cursam sua depressão em solidão. Podem existir, também, algumas relações pessoais, mas elas tendem a circunscrever-se à condição de provedores funcionais para fins de sobrevivência ou, próximas já do campo erótico, a servir de fonte de estímulos provocadores de sensação. Neste caso, elas têm de ser, na medida do possível, tanto múltiplas quanto substituíveis.

Penso que algo na relação com esses objetos funciona como ritual privado de anti-incorporação, mas em um regime que empobrece os outros recursos elaborativos para processar o desejo, as vicissitudes de presença-ausência e as incertezas de um projeto vincular. Quando circunstâncias, que se haveria de determinar (lembremos, por exemplo, do encontro entre Josué e Dora em *Central do Brasil*),[9] facilitam a produção de um vínculo ou de algo da ordem de uma fixação de objeto, abre-se tanto a possibilidade de processos introjetivos que conduzam a uma reformulação existencial quanto a da instalação de uma incorporação recusatória que fixe o sujeito, agora melancolicamente, a um objeto que já não pode nem ser perdido, nem deixar de sê-lo.

O aprofundamento da compreensão metapsicológica dessas patologias passa hoje, me parece, pelas referências ao modelo do fetichismo, centradas em torno da recusa, mas combinando-o com o modelo adictivo, tendo como marco geral a problemática do narcisismo e de suas vicissitudes.

---

9 Filme dirigido por Walter Salles (1998).

9. O mínimo é o máximo: uma aproximação da anorexia[1]

Em uma época cuja aspiração é um acesso pleno, livre e a-conflitivo a todo tipo de realizações e prazeres individuais, sem o estorvo de enigmas nem dramas existenciais, a rejeição da alimentação, ou sua gestão umas vezes onipotente e outras descontrolada, faz da vida de um número crescente de jovens, mulheres em sua maioria, um enigma e um desafio para os saberes e para as práticas terapêuticas contemporâneas.

A colocação em jogo no corpo de uma significação que o transcende suscita um trabalho de pesquisa e elaboração que articula frequentemente história, contexto sociocultural e teorização metapsicológica. Ao mesmo tempo que a *histeria* aparece aqui como termo obrigatório de referência e de comparação, tanto teórica como clínica, as considerações psicopatológicas referidas às vicissitudes do *narcisismo* e aos modelos explicativos das *impulsões e*

---

1 Publicado originalmente no livro *Psicossoma III: interfaces da psicossomática* (Volich, Ferraz & Ranña, 2003, pp. 147-158).

126   O MÍNIMO É O MÁXIMO

adicções ganham um espaço cada vez maior. A problemática identificatória, a constituição do laço social e a dinâmica do "ideal" são, também, elementos significativos para a compreensão desses quadros.

É previsível que, havendo-se acumulado já um considerável cabedal de informações, estatísticas e discursos especializados e de divulgação sobre anorexias e bulimias, e sendo conhecido que os histéricos buscam situar-se sempre no lugar do objeto de algum saber constituído e vigente para serem reconhecidos por alguém que situam como mestre desse saber, venha a surgir grande quantidade de pacientes com transtornos alimentares de base histérica.[2] Com essa figura do mestre e seu saber suposto, o indivíduo tenderá a estabelecer esse tipo de vínculo peculiar, de amor e questionamento, de idealização ameaçada de decepção, fundamentalmente paradoxal, que o clínico conhece tão bem, sem por isso deixar de se surpreender.

É justamente em torno do modo de *saber* sobre o seu padecimento que podemos apontar, para ir introduzindo o tema, uma diferença entre a anorexia de base histérica e a forma clássica de anorexia nervosa, bastante mais severa. Nessa última, o paciente tende a afirmar um *saber próprio* sobre seu mal-estar, que se contrapõe às exortações da família respaldadas no sentido comum e que se reforça, em forma manifesta ou larvada, quando a família apela ao respaldo do médico. Trata-se de um saber que, segundo

---

2 Já vinham sendo conhecidos como "patologias do *Fantástico*", pacientes que procuravam os serviços de saúde na segunda-feira ao dia seguinte dos programas televisivos de audiência massiva em que se tematizava alguma "doença da atualidade". Efeito igual ou maior tem sido produzido ultimamente por protagonistas dos *reality shows* falando sobre sua bulimia e descrevendo ou mostrando suas práticas purgativas.

Charles Lasègue (1873), um dos primeiros a descrever o quadro,[3] se constrói a partir de uma ideia, que ele não hesita em chamar de hipótese teórica ou hipótese instintiva: "comer me faz mal e o que deve ser feito é evitar comer". Com o andar do processo e a estabilização da conduta anoréxica, põe-se em destaque um otimismo inexpugnável, "eu não estou me sentindo mal, portanto estou saudável". Nos casos mais graves, poderá instalar-se uma pugna com os médicos a respeito do conhecimento verdadeiro dos riscos implicados em manter as dietas.[4]

Há, em toda essa relação com o saber e com a verdade, um recurso a uma evidência autossustentada e a uma construção lógica e racionalizante, o que a aproxima mais das modalidades paranoica e hipocondríaca, dentro do quadro das estruturas narcísicas, que da neurose histérica. Como veremos mais adiante, há nisso tudo uma busca de apropriação subjetiva.

As construções racionalizantes podem mudar conforme a época: nos tempos de Lasègue, o que justificava a dieta era a dor no estômago; hoje, centra-se na imagem do corpo. A vontade de ser magra, recorrendo a dietas rigorosamente controladas, bem como à hiperatividade física, procura legitimar-se em valores culturais contemporâneos que associam essa condição e essas práticas a esbeltez, beleza e saúde. Vistos desde esse ângulo, os transtornos alimentares podem ser incluídos entre os "sintomas sociais" característicos da época.

---

3 Lasègue (1873) acreditava que a anorexia, conhecida há séculos, era exclusivamente uma forma de manifestação da histeria.

4 Ver em Manonni (1981, pp. 139-172) o relato do caso Sidonie.

128 O MÍNIMO É O MÁXIMO

A dimensão psicopatológica dos transtornos alimentares

A emergência crescente de pacientes com anorexias e bulimias vem ao encontro de uma medicina e principalmente de uma psiquiatria que atravessam um momento peculiar. Por um lado, a inclusão dos transtornos alimentares como item diferenciado dentro das classificações psiquiátricas nos faz evocar, em relação a esses quadros, o valor do gesto de Charcot frente à histeria ao outorgar-lhe a dignidade de doença. Por outro, o neo-organicismo absoluto predominante condiciona os parâmetros e os critérios sobre os quais essas classificações se constroem, operando, apesar desse reconhecimento, um efeito de recusa das dimensões subjetivas e das histórias de vida associadas a essas doenças.

Um dos paradoxos mais curiosos da nosografia oficial atual reside no fato de que, ao mesmo tempo que pela porta da frente entram os transtornos alimentares, sai, pela dos fundos, nada menos que a histeria. Restam dessa doença apenas conglomerados de sintomas fragmentários, distribuídos pelos diferentes apartados. É que o modelo psiquiátrico hegemônico tende a suprimir a noção de processo psicopatológico e, no limite, a de doença. Trata-se, hoje, de descrever e identificar síndromes, concebidas principalmente a partir de sua possibilidade de modificação por um agente geralmente neuroquímico, com base em um critério puramente sintomático.

Esse esquema não se aplica facilmente à complexidade dos quadros que estamos considerando, e apesar de o déficit nutricional ser apontado como o fator causal de grande parte dos sintomas, alguns autores, no campo psiquiátrico, reconhecem a necessidade de uma formulação mais ampla da psicopatologia da anorexia nervosa, tendo em vista a variabilidade histórica e cultural de sua expressão psicológica.[5] A ação terapêutica será endereçada à correção do déficit nutricional e dos sintomas resultantes, como a amenorreia, complementada com a reeducação alimentar e a indicação de uma psicoterapia orientada à correção focal do comportamento alimentar.

Entretanto, em inúmeros trabalhos sustentados em experiências clínicas, adverte-se que se nos limitamos a identificar e agir sobre os comportamentos alimentares e seus efeitos somáticos e psíquicos sem levar em conta os processos estruturais e históricos que os "solicitaram", o resultado é nulo, pobre e proclive à repetição ou a uma substituição, não benéfica, da sintomatologia.

O enquadramento médico exclusivamente objetivista, quantificador e pragmatista, centrado na normalização do comportamento, tende a obturar toda problemática em que a subjetividade se faça presente. Quando se insere no jogo de confrontação de forças que já vem se desenvolvendo no campo familiar, para além do caráter repressivo ou agressivo que possa assumir, contribui para reforçar a negação das vivências de extremo desamparo que atravessam esses pacientes (Brusset, 1999).[6] Toda suposição relativa à sexualidade ou a algum registro da paixão tende a ser evitada. A significação e o sentido de sintomas e comportamentos – seja algo a ser decifrado, seguindo a chave da conversão histérica, seja algo a ser reconstruído ou construído, tendo como referência as falhas narcísicas precoces ou traumáticas – ficam de lado.

Devemos aceitar, contudo, especialmente em casos graves, a existência de uma fase inicial em que as condições clínicas exigem a prevalência exclusiva do cuidado médico. Inclusive, em boa

---

5   Ver as conclusões de Russell recolhidas por Nunes e Ramos (1998, p. 22).

6   Lasègue remarcava a conveniência, nesse "meio de campo", de *observar e calar*; evitar sobretudo entrar em disputa fazendo uso da autoridade médica, sob o risco de perdê-la.

quantidade de casos, algo que deve ser reconhecido e indicado é um centramento inicial na questão alimentar com pacientes preocupados com ela e que aderem a um atendimento regular por essa via. Mas, um gerenciamento psiquiátrico e/ou nutricional e até psicoterapêutico que recuse dimensões mais abrangentes da subjetividade do paciente e de sua história de vida pode limitar a compreensão dos quadros e o alcance terapêutico a que se pode aspirar.

Trata-se, em geral, de pacientes jovens, frequentemente adolescentes, em sua maior parte mulheres, com a vida dominada por uma desordem na alimentação baseada em sua restrição quantitativa e qualitativa, intercalada, às vezes, com episódios de comer compulsivo e desesperado, que podem ser acompanhados da indução de vômitos, do uso de laxantes e da prática de exercícios físicos extenuantes. Vivem sobrecarregadas, ao mesmo tempo, pelos procedimentos de controle de calorias e pela preparação minuciosa e ritualística dos alimentos. Algumas delas conseguem, depois de um tempo variável, um importante emagrecimento, a partir do qual parecem afirmar-se em uma determinação: comer o mínimo. Para os pais, principalmente a mãe, isso se configura como um "não comer nada", sem que o adequado dessa percepção se acompanhe, às vezes por um longo tempo, de uma consciência cabal do emagrecimento, de sua gravidade e dos riscos que estão sendo corridos.

A família reage tentando reordenar sua alimentação e encontra uma resistência obstinada, baseada, como vimos, em ideias e justificações variadas, mas fundada em um princípio complementar explícito ou implícito: "eu sou dona, única, de meu corpo". Apoiadas nessa pressuposição de base, mostram-se excessivas nas dietas, nas purgações, no próprio modo de afirmar-se frente aos outros, na forma totalitária de aderir ao ideal ascético de magreza que cultuam e que as transforma em seres únicos, especiais e diferenciados, que não estão submetidos nem são escravos das necessidades como os outros.

A partir dessa adesão, o leque de emoções que as afeta fica polarizado entre o excitante orgulho de cumprir esse ideal, pelo qual se sentem secretamente invejadas e que encobre uma autoestima quase sempre rebaixada, e a vergonha irredutível, em grande medida absurda, de engordar quando algo em sua rotina vem a se descontrolar.

Na gestão narcísica do ideal, essas pacientes não somente se regulam por valores absolutos; elas os representam, os encarnam. Não aspiram à magreza, *são* a magreza. Essa fusão com o ideal, essa condição onipotente é o suporte de sua energia inesgotável e da força de convicção que, como vimos, sustenta seu saber a respeito delas mesmas.

Historicamente, essa identificação com o ideal inserido no sistema religioso vigente permitiu às santas anoréxicas impor a fé à moral em volta delas. A proximidade da morte e o triunfo sobre ela foi condição para sua divinização, base para o ideal. Tornaram-se, na história, objeto de devoção; imagens cultuadas, milagrosas, que estavam neste mundo como se não fossem dele e como se suas leis, que valem para os outros, a elas não se aplicassem.

Os transtornos alimentares e a adolescência

Tende-se a situar a irrupção da sexualidade na adolescência como o fator que desencadeia uma batalha, intra- e intersubjetiva, entre mãe e filha, deslocada frequentemente para outros territórios. Esse embate se centra numa busca de autonomia e, principalmente, de diferenciação, que pode tingir-se de um viés matricida, que aproxima o sujeito da fantasia e da possibilidade real da própria morte.

Nos casos que estamos considerando, as jovens desenvolvem um ideal de autossuficiência que se entronca, contudo, com valores de autossuficiência e fortaleza pessoal presentes na própria família, que se muniu, ao longo de sua história, de uma moral de não fraquejar diante das adversidades, dos desafios e das perdas que teve de enfrentar. Isso implica, às vezes, um transcorrer silencioso dos lutos ou um bloqueio deles por recusa do sofrimento (Brusset & Rovira, 1996).

Nessas circunstâncias, as mães podem ser "duras", pouco dispostas à ternura e ligadas predominantemente ao cuidado formal. Encorajam seus filhos a assumir prematuramente uma atitude de autonomia frente às responsabilidades escolares. O cuidado do corpo e a preocupação com dietas tornam-se presentes na relação com elas mesmas e com suas filhas.

Ocorre, também, uma dificuldade para a entrada do pai. O pai tende a ser uma figura distante, em parte ausente, em parte indiferenciada. Faz-se presente no momento da "descompensação", provavelmente quando a brecha surgida na relação mãe-filha o facilita. Brecha esta que toma a forma de um "fracasso" da mãe.

A autossuficiência da filha pode ser explicada como defesa contra o fantasma edipiano (modalidade histérica), mas, principalmente, como algo a serviço da recusa. Recusa da diferença sexual, da castração e da morte. Mas, também, recusa da alteridade do objeto, da passagem do tempo e das mudanças que ele produz no corpo. Sua capacidade de prescindir da comida é uma recusa das leis próprias da natureza, mas também das da cultura. É conhecido o lugar da comida nos rituais coletivos cotidianos e nos grandes eventos, tendo sido destacada, pela psicanálise, sua importância nos processos de identificação constitutivos do laço tribal ou comunitário.

Na gênese das dificuldades que estouram na adolescência, tende-se a pensar que o papel da relação com a mãe remonta aos estágios iniciais do desenvolvimento psíquico. Ansiosas por responder à demanda pela satisfação da necessidade, essas mães têm dificuldade em identificar diferentes tipos de choro dos bebês que criam. A monotonia da resposta mediante a provisão alimentar induz na criança uma dificuldade na codificação e decodificação interna das mensagens interoceptivas e proprioceptivas. Sua significação vai além de uma falha no registro de sinais; esses processos implicam qualificação de intensidades, ligação a palavras, produção de sentidos.

O olhar da mãe também é importante. Tem sido apontada a presença, nas mães, de um alto grau de preocupação com a aparência física, o peso e a dieta. Fala-se de um olhar materno intrusivo, traumatizante, que impede a privacidade ou se impõe compartilhando-a. Algo nesse olhar é vivido como indecente, abusivo e, no final das contas, incestuoso (Holcberg, 2001).

A mãe, a quem cabe cumprir, na fase do espelho, o papel de fiadora da relação com a imagem especular, acaba sendo invasora dessa relação, criando uma urgência de separação, simultânea a uma impossibilidade de a menina perceber-se sem ela. Isso dá a ideia de que o corpo da anoréxica não é um corpo plenamente próprio, mas um corpo compartilhado pela mãe (Gorgati, 2002).

Esse peso excessivo do objeto externo, em suas diversas funções nas fases iniciais, dificulta os processos de interiorização e constituição do narcisismo e deixa uma dependência residual que "priva o sujeito de si mesmo", socavando as bases para o desenvolvimento dos processos identificatórios subsequentes.

Os conflitos entre autonomia e dependência próprios da adolescência, envolvendo objetos com os quais não foi possível estabelecer uma diferenciação clara, renovam e agudizam as angústias de intrusão ou abandono anteriores ao período de latência, fragilizando o eu e expondo o sujeito a intensos sentimentos de desamparo, desvalimento e desesperança. Tenta-se anular e compensar essas vivências pela adesão ou fusão com o ideal e pelo controle onipotente sobre o próprio corpo que repete, por meio de uma inversão passivo-ativo, a relação experimentada com a mãe.

Não comer e manter a fome pode corresponder a uma tentativa de criar e preservar um vazio em que o psíquico se torne possível por meio das representações, de sua constituição em rede e do jogo dos deslocamentos. Poder, a partir de uma ausência, abrir um caminho para um continente íntimo em que um desejo possa vir a aninhar-se. A negativa, o "não à comida", busca instaurar essa possibilidade, numa luta da resistência destinada a afirmar uma apetência pela vida.

No entanto, o peso do ideal anoréxico, somado à falta de um outro que compreenda o sentido dessa denegação e possa situar-se fora do circuito ambiental de ação e reação, tende a reinscrever esse movimento nos termos de uma autossuficiência recusatória de toda falta e de toda alteridade que ameace com o retorno do sofrimento. O ideal de magreza e libertação ascética do corpo serve como contracatexia a desejos de incorporação resultantes da urgência introjetiva que o processo mobiliza.

A dimensão narcísica e os ideais

A sujeição e a fusão com o ideal operam uma espécie de triunfo maníaco sobre o objeto. Mas, ao mesmo tempo, contrapõem às vivências de fragilidade narcísica um reforço da representação unitária do eu que impõe uma censura e um bloqueio de sensações e impulsos, bem como de formações de afeto e representação, suscitados a partir das fontes erógenas de estimulação. Como pode ser observado em outras patologias narcísicas, os campos da imagem, da motricidade e da agressividade se prestam particularmente bem à realização desses objetivos, às custas de uma renúncia ou de um subdesenvolvimento erótico-afetivo. Uma vez montada essa conformação defensiva reativa, se tentará regular o que possa ameaçar com uma intrusão, vinda dos outros ou do próprio interior, mediante a indução ou intensificação seletiva de sensações corporais de cheio e de vazio por meio dos comportamentos alimentares.

A dimensão de exaltação e triunfo maníaco, de energia e vitalidade, conhecida desde a Antiguidade, é coadjuvada, ao que parece, pela liberação de endorfinas que acontece quando o jejum atinge um certo limite. Configura-se um quadro que foi caracterizado como uma espécie de toxicomania sem droga.

Do ponto de vista da gestão da sexualidade, a conduta anoréxica implica a assunção triunfante de um ideal ascético. O objetivo da anoréxica é anular o corpo pulsional e sexuado. Seu ideal é um corpo puro, sem libido, sem pulsação; é o ideal de um corpo desencarnado (Gorgati, 2002). O ideal anoréxico opera no repúdio, em particular, de certos aspectos da feminilidade associados à passividade e à dependência e figurados pela imagem de "uma gorda branda, submissa e detestável", ao que se pode contrapor a dureza tônica e autossuficiente do comportamento ativo e do músculo.

A partir dos trabalhos apresentados no encontro de Toronto de 1981 (Raimbault & Eliascheff, 1991), ficou estabelecida de maneira incontestável a existência, nessas pacientes, de uma perturbação na formação da imagem corporal, desenvolvendo-se um debate em torno dessa dificuldade ser primária ou posterior à eclosão da doença.

É possível pensar, a partir do que foi exposto, que uma identificação primária mal resolvida com a mãe, somada às vicissitudes do processo de sexuação (forte fixação materna, distância ou ausência do pai), pode condicionar que, na puberdade, o desenvolvimento de traços corporais femininos seja processado pelo desdobramento projetivo de uma imago feminina rebaixada, contendo aspectos indiferenciados de si e da mãe. Essa é a imagem que se apresenta perceptivelmente para a anoréxica com o signo do horror quando realiza a experiência *Unheimliche* de olhar-se no espelho e ver-se gorda. O que está se operando nessa situação é um *retorno* mais do *recusado* que do *recalcado*, como corresponderia num sintoma neurótico.

Poderia acrescentar-se que a tirania narcísica do ideal, o domínio do idêntico e a onipresença dos mecanismos de recusa impõem um regime de funcionamento em que a tópica intrapsíquica sustentada pelo recalque tende a colapsar. Está impedido o processamento elaborativo de desejos e fantasias por processos introjetivos que envolvem simbolização, pensamento e palavra.

Torna-se vigente uma lógica de funcionamento que está além do princípio do prazer, no regime do traumático, da compulsão de repetição, da suspensão ou abolição da produção de ligação e da emergência de sentido, pelo efeito puro, poderíamos dizer, da imposição de um regime narcísico associado a um ideal absoluto e do fechamento do espaço psíquico. Funcionamento este que é próprio das neuroses narcísicas, em que os estímulos não se processam pela via elaborativa, mas por meio de recursos evacuativos: da projeção paranoica dirigida ao mundo exterior ou da hipocondríaca dirigida ao corpo (Fuks, 2003b).[7]

---

7 Ver o capítulo 8 deste livro.

Vimos anteriormente que, por meio dos comportamentos alimentares de preenchimento e esvaziamento, bem como de outras formas de atuação motora (exercícios atléticos, marcha), se induzem sensações corporais administráveis, erigindo o corpo como uma fronteira que separa um exterior e um interior. Alguns enfatizam que isso constitui uma defesa contra o vazio mental associado à realidade interna desfalecente e ameaçadora, mas que também poderia e tenderia a transformar-se em um fator causal deste. Assim, se instituiria uma tendência ao escoamento de todas as tensões pela via comum e indiferenciada da descarga quantitativa sensório-motora, induzindo um curto-circuito que desvia os estímulos do caminho da ligação com a rede de representações e da consequente transformação de quantidade em qualidade.

Dessa maneira, aplica-se aos transtornos alimentares o modelo explicativo elaborado por Freud para dar conta das neuroses atuais, diferenciando-as das psiconeuroses, modelo que foi retomado pela psicossomática e utilizado também para o estudo das adicções. Trata-se de uma explicação diferente do modelo da neurose narcísica, que parece corresponder a aspectos diferentes do processo psicopatológico, confluindo em um resultado comum, que temos caracterizado como um fechamento do espaço psíquico elaborativo.

No entanto, algumas observações permitem pensar de forma mais complexa e menos unívoca a significação das condutas descritas. Vimos que elas podem constituir o corpo como uma espécie de fronteira. Contudo, como desdobramento do narcisismo, podem vir a constituí-lo como espaço de projeções, assumindo uma função imaginária inconsciente de corpo-privada, em que se pode fazer o objeto sumir, por exemplo, de forma fecalizada.

O recurso a modalidades de expressão hipocondríaca abre novas possibilidades de figurabilidade em termos de conteúdos e

138 O MÍNIMO É O MÁXIMO

perigos corporais, que têm um caráter diferente do medo obsessivo de engordar associado ao ideal que consideramos anteriormente.

Num caso em que o medo das consequências físicas de vômitos praticados persistentemente e jamais revelados a terceiros foi o motivo desencadeante de uma procura de análise, compreendeu--se a importância desses vômitos como índice de que se iniciavam processos de mediação e internalização. Avançado o processo terapêutico, a paciente trouxe sonhos que, por meio de imagens de trasbordamento de esgotos e de associações a elas ligadas, tematizavam essa versão fecalizada do corpo e do comportamento alimentar. Esses sonhos eram comentados com um toque de humor engenhoso e reflexivo que tornava evidente a presença da elaboração introjetiva.

A investigação clínica de pacientes anoréxicos em análise que se habituam a práticas extenuantes de caminhada permite reconhecer, também nelas, uma certa função de ressubjetivação. Segundo Brusset (1990), assim como se observa em certos ataques bulímicos, "esse tipo de comportamento adictivo, além de sua função de descarga, de evitação da atividade psíquica consciente e de exclusão psíquica relativa, pode ter uma função de estimulação, de neorregulação e de ligação: novas ligações parecem fazer-se possíveis pelo desligamento que ele tende a instaurar" (p. 160).

Ao mesmo tempo, a caminhada os constitui como sujeitos de uma ação com finalidade precisa, no contexto de uma inserção do corpo em movimento no espaço circundante. O excesso presente no exercício lhe confere um caráter frequentemente sofrido e sacrificial, graças ao qual podem aceitar os cuidados de outrem, principalmente da mãe, para se repor do esgotamento, se alimentar e tratar das feridas dolorosas nos pés. Trata-se, segundo aquele autor, da erotização masoquista de uma atividade egoica, possibilitando a reintrodução diferenciada do objeto e do desejo. Instaura o acesso a um prazer autoerótico não antagônico com a satisfação narcísica. Enfim, são diversas as funções "metapsicológicas" atribuídas à estruturação complexa dessa atividade.

Pode-se pensar que esse encaminhamento significativo de atos que poderiam funcionar como mero suporte de um funcionamento adictivo dessubjetivante se dá pela presença do analista numa relação de acolhimento e de fala. De fato, durante o período da caminhada, se fazem presentes pensamentos e conteúdos diversos que serão trazidos à sessão.

Assim, a aproximação psicanalítica aos transtornos alimentares, e à anorexia em particular, permite entrever o caráter peculiar e complexo das formações psicopatológicas variáveis que os integram. O reconhecimento de alternativas, associadas a sua incontestável condição de processos que implicam a possibilidade de recriação de significado e sentido na experiência subjetiva desses pacientes, permite encarar com expectativas crescentes, apesar das dificuldades, o trabalho terapêutico que vem sendo desenvolvido com eles.

10. O sintoma na bulimia: psicopatologia e clínica[1]

A aproximação psicanalítica aos transtornos alimentares permite entrever o caráter peculiar e complexo das formações psicopatológicas variáveis que os integram.

O ataque bulímico é, dos comportamentos alimentares, o que apresenta mais claramente as características fenomenológicas próprias do sintoma: sua emergência abrupta, sua característica compulsividade, sua sequência quase automática, sua egodistonia. A questão que se coloca é se sua metapsicologia responde ao modelo do sintoma em psicanálise, ou, em todo caso, a qual dos modelos de sintoma.

A bulimia ganhou autonomia clínica por volta dos anos 1980. Anteriormente, era vista como um momento ou fase em que uma anorexia deixava de ser puramente restritiva, ou como um dos

---

1 Publicado originalmente no livro *O sintoma e suas faces* (Fuks & Ferraz, 2006, pp. 43-56).

142 O SINTOMA NA BULIMIA

modos de chegar à obesidade. Foi a partir dos estudos de Russell (1979) que a atenção se dirigiu a certos aspectos clínicos centrais na bulimia nervosa, que lhe conferem identidade própria, os quais o autor apresenta como uma tríade:

1. episódios de comer compulsivo acompanhados de uma intensíssima e penosa vivência de perda de controle;

2. a utilização de procedimentos purgativos destinados a neutralizar seus efeitos (vômitos, laxantes, diuréticos, dietas);

3. uma preocupação excessiva – ou até mesmo mórbida – com a imagem corporal e o peso.

A significação dos atos bulímicos é complexa. Tentaremos delinear alguns dos caminhos que foram explorados, dentro do campo psicanalítico, para sua compreensão.

Os autores que começaram a trabalhar sobre a bulimia como fase da anorexia aportaram diversos elementos de análise. Ocupei--me deles em um trabalho anterior, aqui apenas explicitando uma ideia central: na anorexia, a sujeição e a fusão com o ideal ascético e autossuficiente de magreza operam uma espécie de triunfo maníaco sobre o objeto. Mas, ao mesmo tempo, contrapõem às vivências de fragilidade narcísica um reforço da *representação unitária do eu* que impõe uma censura e um bloqueio às sensações e aos impulsos, bem como às formações de afeto e representação, suscitados a partir das fontes erógenas de estimulação (Fuks, 2003a).[2]

Para Bernard Brusset (2003),[3] a emergência de episódios bulímicos no curso de uma anorexia, como podem ser estudados no contexto de um processo transferencial, significa paradoxalmente

---

2 Ver o capítulo 9 deste livro.

3 Brusset (2003) afirma: "A meu ver, é a relação com a estrutura da anorexia mental que dá à bulimia sua especificidade mais bem assegurada" (p. 151).

um progresso, por corresponder à ruptura e à reorganização de um funcionamento psíquico ordinário, fortemente dissociado, em que o pulsional parecia inexistente. O gozo bulímico faz existir, assim, um corpo libidinal numa experiência que é mais de dor que de prazer. Torna presente e evidente o pulsional num corpo que havia sido declarado estranho a si (p. 167). As crises bulímicas representarão, no percurso de uma anorexia, uma verdadeira solução de compromisso; por um lado, significam uma perda de controle onipotente dos impulsos e uma ida ao encontro do objeto. Por outro, significam a montagem de uma barreira defensiva cuja lógica de funcionamento tentaremos esclarecer ao longo da exposição.

A fenomenologia das crises

Trata-se de episódios de ingestão compulsiva, desenfreada e desordenada de uma enorme quantidade de alimentos. Acontece em solidão e se inicia frequentemente com um estado estranho de excitação equivalente a uma aura – como nos ataques epilépticos e histéricos –, na qual ainda se pode intentar alguma resistência, seguido de um avanço violento sobre a comida. O ataque conclui porque esta se esgota ou porque a repleção gástrica provoca dor. Ou seja, não são as sensações de fome ou saciedade que balizam para o sujeito o acontecimento bulímico. Não existe fome nem saciedade, só existe esse inefável comer vorazmente. No final, pode produzir-se um desmaio. Ou vômitos. Ou uma queda no sono, da qual se acordará deprimido, envergonhado, culpado ou desesperado pela previsível repetição de um novo ciclo doentio. A repetição do ciclo ataque-purgação acaba se tornando o centro dos investimentos, tendo como consequência o esvaziamento e o empobrecimento de suas relações.

144 O SINTOMA NA BULIMIA

Compreensão metapsicológica e formas clínicas

Se tomarmos como referência o modelo do sintoma neurótico desenvolvido por Freud a partir de 1894, tendo na memória, por exemplo, o sintoma "oral" do asco no famoso caso Dora (Freud, 1905), poderemos nos fazer a seguinte pergunta: os episódios bulímicos podem ser compreendidos como produtos de uma situação conflitiva a partir da qual se desencadeia um processo regressivo, que atinge um ponto de fixação oral a partir do qual se reativa a oralidade primitiva, dando lugar a sintomas cujo significado inconsciente é o de uma atividade autoerótica orgástica e cujo modelo seria o chupeteio ligado à gratificação alucinatória com prescindência do outro, do objeto externo?

A resposta seria: em muitos casos, "sim", em muitos outros, "não". Para alguns autores, o que predomina é o "não".

Zukerfeld (1996), psicanalista argentino que desenvolveu pesquisas sobre transtornos alimentares por mais de 20 anos, distingue três formas clínicas: 1) a bulimia sintomática; 2) a bulimia conflitiva, neurótica; e 3) a bulimia operatória. Tomaremos essa distinção como ponto de partida, selecionando os pontos que parecem mais importantes e acrescentado alguns aspectos pertinentes.

Na *bulimia conflitiva*, o modo de funcionamento psíquico é predominantemente neurótico. É frequente em mulheres jovens, sendo o começo na adolescência. O relato dos sintomas revela capacidade associativa e riqueza metafórica. Coexistem mecanismos de defesa variados: obsessivos, fóbicos, histéricos. Entretanto, constata-se a presença frequente de um componente depressivo que, para alguns autores, está ligado ao comprometimento corporal e associado a fantasias de um dano que se teme irreversível e irreparável, semelhante à angústia desencadeada pelo consumo prolongado de drogas, cigarro etc. É uma depressão que pode adquirir uma tonalidade melancólica, com autorrecriminações, vivência de impotência e sentimentos de culpabilidade.

O relato das crises nos introduz frequentemente numa atmosfera onírica, que permite trabalhá-las como sonhos, permitindo inferir desejos inconscientes descortinando-se numa dramatização de cena primária e seguindo a lógica de uma trama edipiana. Podem ser vistas, assim, como ataques histéricos que consistem numa colocação em cena do corpo que permite decifrar sentidos.

Em geral, sentem-se muito pressionadas a responder a um ideal de beleza magra marcado pela cultura contemporânea, vendo-se, ou sentindo-se vistas, como portadoras de um corpo que está distante desse ideal. O sobreinvestimento narcísico da imagem corporal global, centrado na silhueta e operante sobre as jovens desde a infância, conduz frequentemente ao estabelecimento de uma barreira rígida que isola as fontes erógenas parciais. O recalcamento defensivo acaba interferindo sobre o processamento dos estímulos, sensações, representações e fantasias necessários à elaboração de vivências de interioridade que integram o erotismo feminino. Dada a possibilidade de um desenvolvimento singular, livre de coerções neuróticas, a experiência corporal associada ao processo de sexuação integra uma multiplicidade de registros em que todo o corpo entra em jogo, diferente daquela do "corpo inteiro" que caracteriza a identificação com o falo, própria da histeria.[4]

São interessantes, nesse aspecto, a reflexão do escultor Henri Moore, recolhida em uma exposição recente de suas obras na Pinacoteca do Estado de São Paulo, em relação à etapa em que começa a construir a figura do corpo humano decomposta em dois ou mais fragmentos agrupados no espaço. Ele comenta a vivência de

---

4 Ver o capítulo "Histeria e erotismo feminino" do livro *Histeria* (Alonso & Fuks, 2004).

146   O SINTOMA NA BULIMIA

uma riqueza expressiva e criativa inédita conquistada no momento em que conseguiu liberar-se da coerção produzida pela exigência do espectador de ver o corpo humano figurado em uma imagem unificada. Entendo-a como uma pista valiosa para pensar o lugar do fragmentário, das "parcialidades" pulsionais e objetais na experiência do corpo no campo libidinal.

A dificuldade na elaboração desses aspectos se manifesta nessas pacientes, tanto na insatisfação desmedida referida a sua imagem corporal quanto nas vivências de estranhamento que acompanham as crises. Derrotadas numa competição fálica que de cara as exclui, jogam suas esperanças em dietas investidas fetichisticamente como alavanca propiciatória de realizações amorosas, que frequentemente falham e cujo fracasso as empurra para uma nova série de episódios de ingestão compulsiva. O círculo vicioso bulímico as conduz a um certo empobrecimento psíquico, a uma preocupação monotemática e a autorrecriminações, mostrando as características de uma histeria melancolizada. Vemos aqui a presença dos dois fatores associados que, classicamente, desencadeiam na histeria esse processo: as frustrações amorosas e as situações que envolvem perdas no corpo (pós-parto, cirurgias etc.).

A descrição dessa forma clínica me pareceu importante por oferecer um lugar bastante claro e pertinente para uma forma *histérica* da bulimia, que frequentemente deixa de ser reconhecida. O halo de "nova patologia" que envolve os transtornos alimentares, como se a histeria fosse coisa antiga, somado à ausência do conceito de neurose histérica nos manuais de diagnóstico psiquiátrico atuais e sua dispersão em conglomerados de sintomas fragmentários distribuídos pelos diversos apartados, contribui para o desconhecimento apontado.

A forma clínica denominada por Zukerfeld (1996) *bulimia operatória* corresponde à bulimia nervosa *vera*, clássica. Aquela que descreve Igoin (1986) num livro já clássico sobre o tema, *A bulimia e seu infortúnio*. Também predomina em mulheres, só que os problemas com a alimentação começam já na infância, tratando-se de anorexia infantil ou obesidade. Diferentemente do quadro anterior, essas pacientes apresentam grandes dificuldades associativas, pouca fantasia, nenhuma referência ao prazer e presença de um desprazer centrado quase exclusivamente nos sintomas, no descontrole impulsivo e em suas consequências. Existe nelas a típica busca insaciável de magreza, mas sem a presença de componentes erótico-amorosos que as possam aproximar do quadro anterior. Têm um manejo pobre e desafetado das situações emocionalmente significativas, que se manifesta numa fala pouco implicada subjetivamente (*alexitimia*) e num centramento do discurso sobre o atual e fático (associáveis com o conceito de *pensamento operatório* elaborado pela psicossomática francesa, de onde deriva o nome proposto pelo autor). As depressões são de tonalidade afetiva baixa, predominando a apatia, o cansaço, o vazio, a indiferença, o sem sentido. É fácil reconhecer nesses traços a descrição, hoje em dia familiar, referida a pacientes propensos a "fazer" doenças psicossomáticas

Uma terceira forma clínica é a *bulimia sintomática*, mencionada por Zukerfeld (1996) em primeiro lugar, e que coloco por último porque combina aspectos das outras duas. Aparece também em pacientes mulheres, com antecedentes variáveis de patologia somática, obesidade ou adicções, apresentando principalmente problemas de adaptação diante de situações novas. "Sempre encontramos um episódio desencadeante de características traumáticas: uma perda ou transformação importante na vida, como a entrada na adolescência, casamento, mudanças etc." (p. 117).

Mostram um funcionamento psíquico predominantemente neurótico, mas mal organizado, em que o corpo entra facilmente

148 O SINTOMA NA BULIMIA

em jogo como *buffer*: "a fragilidade das barreiras mentais expõe o paciente a um transbordamento dramático das necessidades corporais, desencadeando *atos-sintomas*, descritos por Joyce McDougall (1987), de características compulsivas e que correspondem ao ataque bulímico" (p. 118).

Sendo habitualmente loquazes e colaborativos, com boa capacidade associativa e de produção de sonhos e fantasias, tendem, contudo, durante os ciclos compulsivos, a adquirir uma certa rigidez e desenvolver atitudes de tipo operatório. Fecham-se em pensamentos circulares ao redor do sintoma e ficam extremamente demandantes na situação de análise, pedindo insistentemente conselhos quanto ao que fazer ou como fazer.

O conceito de ato-sintoma explica, segundo Joyce McDougall (1987), o ataque bulímico, mas também as adicções tabágica, alcoólica, medicamentosa etc., bem como certos desvios sexuais e condutas caracteropáticas. Deriva de uma carência na elaboração psíquica e uma falha na simbolização, as quais são compensadas por um agir compulsivo que procura reduzir a intensidade de uma dor psíquica associada à conjuntura subjetiva que se está atravessando. Tenta-se evitar o pensamento, a reflexão e a angústia em momentos em que estes podem se fazer presentes: ao final da jornada de trabalho, no fim de semana, ou em outros momentos de pausa ou de passagem. Mas não é só isso.

Todo ato-sintoma ocupa o lugar de um sonho nunca sonhado, de um drama em potencial, onde os personagens desempenham o papel de objetos parciais ou até são disfarçados em objetos-coisas, numa tentativa de imputar aos objetos substitutivos externos a função de um objeto simbólico que está ausente ou danificado no mundo psíquico (os alimentos ou a droga que servem como resposta à depressão; o fetiche e as condutas que levam inexoravelmente ao fracasso como resposta à angustia de castração). Deste modo, a exteriorização em um "agir" esconde uma história relacional e passional cujos intuitos, ainda que sua leitura nos seja acessível, estão petrificados num ato alienante. (McDougall, 1987, p. 134)

Coincidentemente, Gérard Pommier (1996) descreve várias situações da análise de pacientes com episódios de bulimia em que justamente a produção e o relato de um sonho precederam, e acabaram sinalizando, o final do ciclo compulsivo, permitindo sua análise identificar alguns dos fatores que tinham incidido no momento do início. Na interpretação do autor, verifica-se um transtorno na transmissão simbólica, por parte do pai, de significantes de suporte e referência das identificações. A regressão oral é a resultante de uma ruptura na triangulação simbólica, de um adernar no campo da onipotência materna. A identificação com o pai transforma-se aqui numa incorporação compensatória real de uma função simbólica falida, num álibi imaginário que pretende capturar os atributos do pai por meio da comida totêmica.

O que revela essa última forma clínica – sendo algo em que insistem muitos autores – é que a crise bulímica é, no fundo, uma crise do sujeito, que pode ter diferentes origens, na qual a voracidade que se põe em jogo não é outra coisa senão uma urgência introjetiva, uma necessidade ávida que o sujeito tem de recompor suas coordenadas, e que acaba sendo suplantada por uma atividade de incorporação.

150 O SINTOMA NA BULIMIA

Em um trabalho anterior sobre as neuroses narcísicas (Fuks, 2003b),[5] considerei as ideias de Abraham e Torok (1995), para os quais a presença da atividade incorporativa testemunha a dificuldade de se realizar o registro psíquico da perda, correlativo ao trabalho do luto concebido como um processo de introjeção. Relacionei essa dificuldade com o predomínio de um regime de funcionamento psíquico baseado na recusa (*Verleugnung*). Segundo esses autores, a fantasia de incorporação aparece em circunstâncias em que uma perda, na medida em que é ratificada, traz consigo a exigência de uma recomposição psíquica profunda.

> A *"cura"* mágica por incorporação dispensa do trabalho doloroso da recomposição. *Absorver o que vem a faltar sob a forma de alimento, imaginário ou real, quando se está enlutado, é recusar o luto e suas consequências; é recusar introduzir em si mesmo a parte de si mesmo depositada no que está perdido; é recusar saber o verdadeiro sentido da perda, aquele que faria com que, sabendo, fôssemos outro; em síntese, é recusar sua introjeção. A fantasia de incorporação denuncia uma lacuna no psiquismo, uma falta no lugar preciso em que uma introjeção devia ter ocorrido.* (Abraham & Torok, 1995, p. 245, grifos meus)

As formas mais graves e crônicas são objeto de uma abordagem metapsicológica, por parte dos autores considerados, que estabelece diferenças significativas com o processo patogenético postulado conforme o modelo da neurose. Elas se tornam mais patentes e explícitas quando se considera o papel dos desejos orais e sua regressão às fases autoeróticas.

---

5 Ver o capítulo 8 deste livro.

Na concepção de J. McDougall, citada por Zukerfeld (1996), como também na de Brusset (2003) e Jeammet (2003), que articulam a compreensão dos sintomas que estamos considerando com a psicopatologia dos transtornos psicossomáticos e principalmente das adicções, reencontra-se o modelo freudiano das neuroses atuais, cujos sintomas sem história de conflitos nem representações inconscientes recalcadas se diferenciam nitidamente dos sintomas psiconeuróticos: o comportamento alimentar atuado ou o ato-sintoma alimentar vem a ocupar o lugar da elaboração psíquica, driblando-a e substituindo-a por meio de um mecanismo de desvio e descarga em curto-circuito, transformando-se no modo predominante de resolver as tensões e as crises que desestabilizam o sujeito. O agir surge *em vez de*, no lugar do que seria o trabalho psíquico de representação. O comer compulsivo, bem como a expulsão da comida são atuações que teriam como efeito evitar o pensamento, a reflexão e a angústia em pessoas cuja fragilidade narcísica não o suporta.

Nessa perspectiva, a regressão – maciça – tende a desembocar não no autoerotismo, mas no comportamento-descarga. As zonas erógenas não conseguem deter o caminho regressivo e reorganizar o processo elaborativo. O que prima não é expressão regressiva da genitalidade, mas recurso a uma função fisiológica e ao caráter operatório de sua estimulação repetitiva, cada vez mais mecânica e pobre em expressão pulsional, podendo vir a transformar-se numa via final comum e indiferenciada para o escoamento das tensões, conduzindo a um colapso da tópica psíquica e a um eclipse geral do sentido.

Isso é o específico da *bulimia nervosa*, diz Jeammet (2003): "Não se trata, nessa perspectiva da expressão oral regressiva, de um conteúdo fálico edipiano, com vestimenta oral ou anal, como em um quadro histérico regressivo, mas do resultado do fracasso das zonas erógenas em seu papel de ligação libidinal e de organização de um autoerotismo que associa intimamente ligação objetal, construção das fronteiras do ego e autonomia narcísica incluindo o objeto em seu funcionamento" (p. 119).

Há, assim, uma volta a um funcionamento correspondente a etapas infantis relacionadas a um autoerotismo mal configurado que conduz, como efeito próprio do comportamento em sua repetição adictiva, a uma evacuação em proveito de uma pura funcionalidade mortífera. As sensações cada vez mais violentas substituem a relação objetal e seu traço libidinal.

O fracasso do autoerotismo em sua função de ligar a excitação pulsional pode estar associado a uma insuficiência de investimento erógeno por parte da mãe, dando lugar a um autoerotismo negativo, desobjetalizante, centrado na sensação e no fatual. Tem efeitos psíquicos: a função antipensamento e anti-introjetiva do recurso ao comportamento. Lembremos que a função de pensamento se origina na possibilidade de representação do objeto de satisfação, como postergação da ação.

A *aposta terapêutica*

Contudo, o sentido poderá ser reconstruído, e é em torno dessa aposta que se desenvolve o trabalho psicanalítico com esses pacientes. É a presença de um outro implicado na situação, crescentemente significativo, o que vem a possibilitar a alteração dessa economia solipsista de descarga e destituição subjetiva conseguinte, que transformou o paciente, em proporção variável conforme o momento, num solitário sem testemunha tomado por uma loucura privada. A entrada de um terceiro, interpondo uma mediação dentro do circuito da descarga, favorece a abertura a uma rede de deslocamentos e dá suporte a um trabalho de diferenciação qualitativa.

Ao longo da terapia psicanalítica, no dizer de Igoin (1986), o ato se "psiquiciza" na forma em que emerge, em seu relato e na ligação com novas facetas que o paciente vai apresentando. "Psiquicizar" significa aqui introduzir possibilidades de representação, significação e sentido, transparecendo por diversas trans-formações do inconsciente: sonhos, sintomas conversivos, atuações. O regime de recusa não implica uma vigência absoluta da abolição simbólica e das operações compensatórias totalmente cindidas das regiões sujeitas a processamento psíquico elaborativo, que começam a sair à luz, ultrapassando a barricada comportamental erigida contra os desejos inconscientes e seus derivados.

Existe uma franja de fenômenos adjacentes ao ato compulsivo: o halo de representações e afetos que precedem, acompanham ou seguem a crise bulímica, tudo aquilo que poderia ser considerado como borda figurável, como representação limítrofe em torno da "lacuna psíquica" provocada pelo ataque bulímico traumático começa a ser utilizado para o trabalho de simbolização.[6] É o caso de uma paciente que sonhou com uma privada da qual transbordavam fezes, e que ela associou, não sem certo humor, ao lugar em que forçava os vômitos depois dos ataques bulímicos. Mas a privada do sonho representava, também, o próprio corpo. Um movimento progressivo, em vez de regressivo e desorganizador, havia constituído o corpo como uma espécie de fronteira assumindo a função imaginária inconsciente de corpo-privada, em que se podia fazer o objeto sumir, em forma fecalizada. Tanto a possibilidade de figuração evidenciada pela produção do sonho como o exercício do humor presente durante o relato e as associações eram

---

6 Utilizo aqui, intencionalmente, conceitos que eram os de Freud nas cartas a Fliess sobre o traumatismo sexual precoce em tempos da teoria da sedução. O modelo traumático manteve sua vigência na elaboração freudiana, associado ao embate pulsional proveniente do interior.

154 O SINTOMA NA BULIMIA

indicadores do desenvolvimento do processo introjetivo e do começo de uma nova etapa da análise.

A abertura do espaço psíquico de elaboração se vê favorecida pelas mudanças que se operam, não sem dificuldade, sobre os sentimentos de culpa. "O interesse que lhe é destinado fora de qualquer julgamento constitui um desmentido às projeções superegoicas que antecipam a reprovação moral e a aversão do outro. Além da desculpabilização, é uma grande gratificação narcísica descobrir que esse ato insensato está carregado de sentido e que este, ou melhor, estes podem ser compreendidos" (Brusset, 2003, p. 168).

Em tudo isso, a relação de palavra tem um lugar fundamental, mas sujeito a vicissitudes associadas à vigência da recusa. Já nos referimos à fala desafetada, automatizada, anulada em sua potência de significação, não implicada emocionalmente, que apresentam esses pacientes. Por momentos, é como se sua fala não ecoasse neles mesmos, faltando o suporte subjetivo da enunciação.[7] Lembram, nesse aspecto, a fala cindida do esquizoide, que requer intervenções em linguagem dramática e até melodramática. Em outros momentos, parecem querer dizer tudo, numa verborragia pouco discriminada, tornando difícil uma comunicação empática.

Entretanto, o fluxo da interlocução e a entrada do sentido retroagem sobre o ato de palavra. Num dos exemplos que me impressionaram particularmente, uma paciente cuja fala era calcada nessas características recebe uma interpretação bastante incisiva do terapeuta apontando-lhe que, pelo conteúdo de seu relato, estava sentindo que seu pai dava mais importância a sua irmã do que a ela, apesar de a primeira ser uma "bunda mole". A paciente tenta continuar a fala na mesma tessitura, mas se interrompe

---

7 Ver Berenstein (2002, p. 81).

em seguida, muda de expressão e comunica um formigamento na boca, bastante desconfortável, que não consegue ignorar e continuar falando tranquilamente. Evidentemente, sua fala tinha sido *afetada* no sentido pleno da palavra, e o fenômeno suscita a ideia de uma conversão instantânea.

Muitas vezes, frente a um relato do paciente que parece passar por alto a significação violenta de certas mensagens vindas dos pais, é na reação do analista que as palavras ganham estado afetivo. É uma espécie de momento catártico que sua subjetividade empresta para superar a recusa do paciente. Falando da impossibilidade de ligação psíquica das representações traumáticas em alguns pacientes sujeitos a compulsões repetitivas, ainda que não especificamente transtornos alimentares, Penot (1992) afirma: "Tudo irá se passar, na prática, como se estes pacientes deixassem a algum 'outro' a tarefa de pensar por eles o impensável, e articular o incompatível. Porém, isso exige, da parte deste outro, um considerável dispêndio psíquico através de uma vivência frequentemente penosa" (p. 62).

Por último, mas não sendo por isso de menor importância, atitudes pertencentes à série bulímica, na forma de um impulso ao vômito ou de uma busca incorporativa (remédios, sonda gástrica etc.), se fazem presentes, não raramente, no contexto das sessões regulares ou em situações emergenciais, compelindo ou suscitando a intervenção do terapeuta. São situações difíceis, cuja significação não é apreensível de forma imediata, nas quais este se vê embarcado sem poder prever se o desfecho será uma passagem ao ato sem apropriação possível de sentido ou uma saída elaborativa.

Nos casos mais favoráveis, um atuar desse tipo, em transferência, é o ponto de partida para um avanço na elucidação da conjuntura subjetiva que desencadeou o sintoma e na rememoração das situações da história que nele se repetem. A análise dessas situações

clínicas no contexto das supervisões e a discussão conjunta realizada pela equipe no marco de projetos institucionais especializados
ajudam a enriquecer a perspectiva sobre cada experiência clínica
singular e são uma fonte de inquietações e desafios propulsora dos
desenvolvimentos na teorização psicopatológica.

11. Construindo a complexidade[1]

Introdução

Em todos os campos do saber – não somente na psicanálise, mas na psiquiatria e nas diferentes especialidades médicas, na biologia, nas neurociências, na antropologia, na sociologia e na história – tornou-se visível, nas últimas décadas, um interesse renovado pela problemática alimentar. Dentro desse âmbito, os chamados *transtornos alimentares* colocam para a psicanálise problemas de grande envergadura teórica e clínica, abrindo linhas de reflexão ligadas a múltiplas perspectivas. Entidades psicopatológicas complexas são elaboradas teoricamente, permitindo definir esquemas que orientam as apostas terapêuticas e impulsionam não somente o *saber*, mas também o *fazer* psicanalítico.

---

1 Publicado originalmente no livro *Atendimento psicanalítico da anorexia e da bulimia* (Ramos & Fuks, 2015, pp. 29-49).

158 CONSTRUINDO A COMPLEXIDADE

A problemática alimentar traz para a psicanálise, assim, a questão da *complexidade*. Qual é a psicopatologia dos sintomas alimentares? Seria a neurose, a psicose, a perversão? Qual é o papel da oralidade infantil? Qual é o papel das vicissitudes das fases iniciais da constituição do sujeito, do autoerotismo infantil, do narcisismo e do processo de sexuação, da construção do corpo erógeno e do erotismo feminino? Que fatores entram em jogo? Determinismos orgânicos? Dinâmicas familiares? Incidência cultural, pressão da mídia, da moda, induzindo a crença numa felicidade conquistável por meio da forma física? Respostas reducionistas, embora existam, já não convencem mais.

Grande parte da elaboração atual dessas questões, dentro da psicanálise, tem se desenvolvido em torno da problemática do narcisismo, da fragilidade subjetiva e das neuroses narcísicas, das alterações do eu e das patologias de *borda*. Ou seja, em torno da temática do ideal, da recusa, da cisão, do fetichismo, das compulsões e adicções e de suas relações com a subjetividade contemporânea.

O desafio clínico e institucional

A anorexia e a bulimia produzem alterações que afetam o corpo físico, a saúde orgânica. Há um ponto de urgência clínico-médico que não pode ser deixado de lado. Nos fundamentos do "Projeto de Investigação e Intervenção na Clínica das Anorexias e Bulimias",[2] afirmamos que:

> *Os transtornos alimentares são patologias que comportam aspectos somáticos e psíquicos e que, portanto,*

---

2 Projeto que desenvolvemos no âmbito da Clínica e do Departamento de Psicanálise do Instituto Sedes Sapientiae (São Paulo).

criam uma demanda dupla naqueles que lidam com esse tipo de paciente: atender ao sintoma e olhar para o conflito psíquico subjacente. Demanda talvez inconciliável em alguns momentos: como priorizar a remissão do sintoma e a exploração psicanalítica do mesmo? O trabalho com o médico torna-se, em muitos momentos, imprescindível. Mas é fundamental que cada profissional compreenda bem e se compenetre na perspectiva pertinente ao seu interlocutor. Isso se consegue não somente por meio da discussão epistemológica, mas também do compartilhamento concreto da experiência de atendimento desses pacientes. (Departamento de Psicanálise do Instituto Sedes Sapientiae, 2007, p. 3)

O trabalho em equipe multiprofissional dentro de um âmbito institucional permite várias ações:

- uma avaliação do estado nutricional, o início da recuperação do peso e a elaboração de parâmetros para a construção de uma margem de segurança quanto ao risco de morte;

- a realização de uma abordagem do caso a partir de uma multidisciplinaridade;

- o início de um trabalho de equipe com ativação de todos os recursos pertinentes a cada função (clínico geral, psiquiatra, nutricionista, psicoterapeutas, acompanhantes terapêuticos, terapeutas ocupacionais etc);

- um movimento inicial de incidência sobre a família (entrevistas familiares);

- o início de um trabalho psicoterapêutico individual;

160 CONSTRUINDO A COMPLEXIDADE

- a construção coletiva de uma inteligibilidade do caso e um respaldo recíproco para o enfrentamento das dificuldades.

Tudo isso contribui para a elaboração daquilo que Pichon-Rivière (1971) denominava *esquema conceitual referencial e operativo* (ECRO), que é uma produção ao mesmo tempo individual e coletiva, de importância fundamental para uma intervenção criativa dentro de um campo problemático, nesse caso o dos chamados transtornos alimentares.[3]

O desafio psicopatológico

Para Charles Lasègue (1873), a evolução clínica de uma anorexia permite distinguir três fases. Na primeira, as pacientes alegam moléstias digestivas e dizem que "não podem comer porque isso as faz sofrer".

Numa segunda fase, consolidam sua obstinação frente à insistência familiar, dizendo que "não comendo, não sofrem; portanto, estão bem". O apetite diminui, mas dão provas de sua boa vontade, experimentando o que lhes é apresentado sem passar do primeiro

---

3 Fruto da construção desse ECRO, ao qual é inerente o pensamento da complexidade nessa área, foi a elaboração, por parte de um subgrupo dos membros da equipe do referido projeto, de um capítulo sobre transtornos alimentares destinado a médicos clínicos, publicado em um livro sobre medicina ambulatorial e escrito em colaboração com Alessandra Sapoznik, Soraia Bento Gorgatti, Denise Achoa Claudino, Issa Mercadante e Liliane Mendonça (Fuks, Sapoznik, Gorgati et al., 2006). Vale acrescentar que diversas experiências interinstitucionais, incluindo supervisão e discussão clínica com Philippe Jeammet, foram de grande significação para o Projeto. Devo ressaltar o valor da experiência pessoal que significou o trabalho de supervisão de psicoterapia realizado junto ao Programa de Orientação e Assistência a Pacientes com Transtornos Alimentares (PROATA), da Universidade Federal de São Paulo (Unifesp), e o que venho realizando no Projeto do Instituto Sedes Sapientiae.

pedaço. A partir da insistência da família na ideia de que sua força de vontade venceria sua própria resistência, torna-se impossível, para a paciente, fazer qualquer concessão. Ela passa a renunciar a toda argumentação e a encastelar-se em sua negativa, apesar dos oferecimentos sedutores, dos pedidos suplicantes ou das ameaças que lhe são dirigidas. Nessa fase a família começa devagar a tomar consciência de que a filha está doente.

A terceira fase mostra um estado caquético instalado, provocando uma astenia que a obriga a estar de cama. A paciente se reconhece doente e em estado de risco, sendo um momento propício, segundo o autor, para uma intervenção médica destinada a separar a paciente, em seu benefício, do ambiente familiar.

É interessante observar que não havia, nessa descrição inaugural de 1873, nenhuma queixa das pacientes referida a um medo de engordar.

Lasègue permitiu entender, no pano de fundo desse jogo de pressões e reações, a interdependência quase estrutural entre paciente e familiares presente na anorexia. Coincidentemente, Charcot (1882) julgava terapêutica a internação, como separação da paciente da família, para interferir sobre uma interação circular que incide na manutenção da doença. Está aí o germe de um tipo de pensamento clínico presente nas práticas psicoterapêuticas atuais, em especial nas terapias familiares.

Essas observações eram importantes pelo que significavam em termos de estratégia da intervenção: manter-se fora do circuito de ação e reação, "observar e calar para não desgastar sua autoridade", reservando seu potencial de intervenção para o momento preciso. Uma questão de *timing*, poderíamos dizer, pensada em termos de uma determinação e uma significação situacionais, incidindo em um campo psicológico atravessado por dinâmicas peculiares. O momento de intervenção era marcado por uma claudicação das

162 CONSTRUINDO A COMPLEXIDADE

defesas frente ao sofrimento, por parte dos sujeitos implicados, que torna possível pedir e aceitar a ajuda de um outro.

No campo médico-psiquiátrico do fim do século XIX, dinamizado pelo pensamento clínico inovador de Lasègue e Charcot, estavam dadas as condições para a entrada da psicanálise. Freud introduziu uma nova concepção do sintoma e do funcionamento psíquico. O sintoma tentava expressar algo recalcado, inconsciente, articulado à história de vida e ao sexual infantil, que pode ser decifrado e posto em palavras pela fala do paciente e pela interpretação de suas associações.

Freud faz inúmeras referências a sintomas alimentares em seus casos de neurose histérica, explicando-os pela psicopatologia própria desse quadro. Entretanto, em carta a Fliess de 1895, no "Manuscrito G: Sobre melancolia" (Freud, 1895a), há um parágrafo curto, mas muito significativo que se refere especificamente à *anorexia nervosa*. Ele admite que "a famosa anorexia nervosa das jovens parece ser uma forma de melancolia em presença de uma sexualidade ainda inacabada, não plenamente desenvolvida. A paciente assegura não comer simplesmente porque ela não tem fome. Perda de apetite é, no domínio sexual, perda de libido" (p. 240).

Mas ele não se refere aqui aos problemas libidinais derivados de um conflito que conduz a um recalque defensivo, seguido da produção de um sintoma conversivo – que ele entende como uma erotização neurótica da função alimentar devida a fixações libidinais infantis. O que está jogo são vicissitudes do investimento-desinvestimento libidinal em termos de libido do eu/libido do objeto, que acontecem como consequência do enfrentamento de acontecimentos penosos: mortes, abandonos ou perdas de outra ordem, afetando frequentemente relações narcísicas idealizadas, que exigem recomposições subjetivas muito difíceis. Não se consegue elaborar essa perda por meio de um trabalho de luto, e o mecanismo defensivo acionado não corresponde ao *recalcamento*, como nas neuroses, mas a operações de *cisão* e *recusa* da perda resultando em *incorporações* de objeto (identificação narcísica) que empobrecem o eu.

Esse é um eixo teórico que, no Departamento, utilizamos há anos nos trabalhos com pacientes graves, psicóticos ou *borderline* nos hospitais-dia: o conceito de recusa. Esse processo defensivo se põe em ação quando alguma percepção ameaça socavar as crenças e ilusões que dão suporte ao narcisismo das pessoas (indivíduos, grupos ou coletivos maiores), produzindo efeitos dissociativos favoráveis à formação de sintomas diferentes do sintoma neurótico.

Há formações defensivas como os fetiches, certo tipo de escolha de objeto, certas crenças e, também, comportamentos alimentares, uso de drogas etc., que têm uma significação compensatória equivalente. Podem adquirir um viés adictivo. Enfocamos a recusa principalmente sob o ponto de vista dos bloqueios e alterações que ela produz nos processos de subjetivação.

Elaborar um luto significa realizar um avanço subjetivo muito relevante. Um objetivo importante da investigação clínica é poder identificar os episódios e processos intrafamiliares que o dificultam ou bloqueiam, bem como os dispositivos que poderiam ser montados e acionados para superar a recusa e iniciar um processo de ressubjetivação.

O que desencadeia a desestabilização narcísica que caracteriza os transtornos alimentares é, geralmente, a *puberdade* e a *adolescência*, com tudo o que implicam de transformações do corpo e da relação com os outros, desenvolvimento de autonomia, novos papeis sociais, vinculares, de trabalho, sexuais, exigindo transformações psíquicas que envolvem trabalhos de luto.

164 CONSTRUINDO A COMPLEXIDADE

Esse processo fica bloqueado, precipitando o quadro anoréxico na medida em que, sobre *um fundo de fragilidade narcísica prévia*, o mecanismo utilizado para compensar os colapsos da autoestima consiste na adesão a um *ideal absoluto de magreza extrema*. Isso é o que podemos ver na clínica das anorexias de hoje. Esse ideal se incorpora a partir do lugar hegemônico que ocupa na cultura contemporânea, não estando presente nos tempos de Lasègue, como já foi assinalado, nem nos tempos das santas anoréxicas da Idade Média.

Mas que significa "um fundo de fragilidade narcísica" na anorexia? Na década de 1960, Hilde Bruch (1978), analista europeia radicada nos EUA, descreve que, num primeiro encontro, as anoréxicas – que rejeitam qualquer sugestão de comer ou de reduzir sua atividade física – produzem a impressão de serem orgulhosas, de grande resistência e enorme força de vontade. Mas, aos poucos, e na medida em que se possa estabelecer um contato mais próximo, vai se descobrindo a profunda fragilidade existencial que subjaz a essa fachada. Ela considera que o transtorno fundamental está na imagem do corpo, mas que é algo secundário a dificuldades em relação às percepções interoceptivas e ao desenvolvimento de autonomia, presentes desde a infância.

O enigma da anorexia nervosa poderia resumir-se no modo como essas famílias fracassam na hora de transmitir um sentido de autoconfiança a suas meninas. Elas crescem confusas a respeito de seus corpos e suas funções. Seu sentido de identidade, de autonomia e de controle é deficiente. Em muitos aspectos se sentem e se comportam como se não tivessem direitos independentes, como se nem seu corpo nem suas ações fossem autodirigidas, como se nem sequer fossem delas. Como se não tivessem nenhum desejo próprio. Sofrem pela sensação de que são inúteis, de que não têm controle sobre sua vida e sobre suas relações com os demais. (p. 66)

A fachada narcísica e o ideal de magreza

A negativa a comer parece estar fundada em um princípio implícito ou explicitado: "eu sou dona, única, de meu corpo". Apoiadas nesse pressuposto de base, mostram-se excessivas nas dietas, nas purgações, no próprio modo de afirmar-se frente aos outros, na forma totalitária de aderir ao ideal ascético de magreza que cultuam e que as transforma em seres únicos, especiais e diferenciados, não submetidos nem escravos das necessidades como os outros. O *corpo autossuficiente* da anoréxica serve para recusar toda alteração e toda alteridade. Recusa-se a diferença sexual, a castração e a morte; a alteridade do objeto, a passagem do tempo e as mudanças que ele produz no corpo (Fuks, 2003a).

É possível que a anoréxica tenha sofrido falhas bem precoces no jogo de se fazer representar por seu corpo, sob a forma de uma imagem. Do ponto de vista metapsicológico, o lance crucial da partida não se joga no terreno das identificações secundárias, mas no da identificação primária. Tendo essa fragilidade como substrato, precisará levar longe demais a proposta ontológica da cultura da imagem. Afirmando-se no direito a um corpo magro e alongado, pretenderá tê-lo atingido, porém nunca o bastante.

O ideal anoréxico opera o repúdio, em particular, de certos aspectos da feminilidade associados à passividade e à dependência, figurados, com frequência, pela imagem de "uma gorda branda, submissa e detestável", à qual se pode contrapor a dureza tônica e autossuficiente do comportamento ativo e do músculo. O *corpo hiperativo*, capaz de performances cada vez mais ambiciosas no

166 CONSTRUINDO A COMPLEXIDADE

campo motor, funciona como ego ideal, como baluarte narcísico erigido contra qualquer ameaça de falha ao equilíbrio alcançado.

É possível pensar que uma identificação primária mal resolvida com a mãe, somada às vicissitudes do processo de sexuação (forte fixação materna, distância ou ausência do pai), pode dificultar na puberdade a elaboração psíquica (introjetiva) dos traços corporais femininos em desenvolvimento. Eles são processados por meio do desdobramento e da cisão, que separa e localiza, em um espaço de exclusão psíquica, uma imago feminina rebaixada, contendo aspectos indiferenciados de si e da mãe. Essa é a imagem que se apresenta perceptivamente para a anoréxica, com o signo do horror, quando realiza a experiência *Unheimliche* de olhar-se no espelho e ver-se gorda. O que está se operando nessa situação é o retorno de algo recusado, não recalcado como acontece em um sintoma neurótico.

A armadilha da fome

A anorexia está muito longe de ser aquilo que o nome poderia indicar, "não *orexis*", ou seja, falta de fome. A fome está sempre presente, já que a anoréxica faz um investimento intensificado de sua fome, transformando-a em um gozo fetichista. O sobreinvestimento e a intensificação da fome são considerados por Hilde Bruch (1978) uma calamidade que afeta a vida psíquica, o pensamento, as sensações e as percepções. O recurso sistemático ao vômito compensatório constitui também um coadjuvante fundamental para que o quadro se torne crônico.

Diante disso, a autora insistia na necessidade de pôr fim ao estado de fome, considerado o principal responsável pelo *círculo vicioso* maníaco e onipotente: o pensamento dicotômico, a corrida em direção à magreza extrema, a distorção da percepção corporal e a negação da doença.[4] Tudo isso poderia ser mudado com a realimentação, podendo-se acrescentar psicotrópicos, mas sem prescindir, em nenhum caso, da psicoterapia. A intervenção precoce, a instauração da psicoterapia, a internação e a alimentação parenteral, realizada com os maiores cuidado e delicadeza, serão, assim, fundamentais para retirar a paciente do episódio agudo e poder realizar um trabalho psicoterapêutico consistente.

Bruch (1978) desaconselha, entretanto, forçar a realimentação por meio de ameaças de internação, bem como dar uma conotação punitiva à passagem da sonda ou recorrer a terapias de condicionamento do tipo prêmio-castigo. Ela denuncia as falhas frequentes das experiências de eliminação do sintoma, principalmente compulsórias ou behavioristas, de reforços positivos e negativos, não acompanhadas de uma abordagem mais integral. Relata, inclusive, casos de tentativas de suicídio após experiências de realimentação forçada. Duas afirmações alcançam o valor de princípios na sua abordagem da anorexia: a) é o estado de fome, e não necessariamente a desnutrição, o que mantém a regressão narcísica e todas as características psicopatológicas do quadro; b) não se pode considerar que o processo psicoterapêutico tenha realizado um avanço verdadeiramente consistente enquanto não se abandone o ideal de magreza como única possibilidade de existência. Isso envolve, também, a luta contra as convicções familiares que favoreçam a valorização da magreza.

---

4 "Considera-se, muitas vezes, impossível tratar uma pessoa cujo corpo está reduzido à pura imagem, destituído de interioridade, desconectado de sua vertente simbólica e, portanto, esvaziado de linguagem" (Thalenberg, 2010, p. 131).

168 CONSTRUINDO A COMPLEXIDADE

Determinismo familiar e fragilidade subjetiva

Com o controle onipotente que exerce sobre seu próprio corpo, a anoréxica repete, de forma ativa, o que sofreu passivamente na relação com a mãe.

A mãe pesou demais nas etapas iniciais, por excesso de ausência ou de presença, pautando-se na resposta à demanda pela provisão funcional da necessidade alimentar, muitas vezes antecipada, dificultando os processos de interiorização necessários para as funções psíquicas de ligação pulsional e simbolização. As consequências disso vão além de uma falha no registro de sinais; geram uma dificuldade na administração da tensão por meio da elaboração psíquica, da adjudicação de qualidade às intensidades, da nomeação dos sentimentos, e da produção e do enunciado de sentidos.

Ficou uma dependência residual que *priva o sujeito de si mesmo*, socavando as bases para o desenvolvimento dos processos identificatórios subsequentes.

Tanto uma presença quanto uma ausência suficientes são necessárias para o desenvolvimento da confiança e da capacidade criativa e autônoma do bebê e para a criação do espaço de ilusão e dos objetos transicionais, servindo para firmar e estabilizar a delimitação eu-não eu, a elaboração da perda do objeto materno e a abertura para a alteridade (Fuks, 2012; Winnicott, 1971).

Faltou uma presença paterna diferenciada e investida – um terceiro – que se faz coadjuvante na construção de uma distância e de uma diferenciação entre mãe e filha, permitindo assim a instauração de uma triangularidade.

Na instauração desse lugar do terceiro se apoia toda a estratégia terapêutica:

- Instaurando a palavra como mediadora, bem como as regras reguladoras das diversas abordagens terapêuticas dentro da equipe. A instauração do dispositivo psicanalítico requer uma diferenciação clara de funções com as dos outros profissionais.

- Compreendendo a importância dessa dimensão terceira (simbólica) em todos os dispositivos que se implementem, desde o diário alimentar introduzido pela nutricionista, até o trabalho de historicização realizado na terapia familiar.

- Estando atentos, desde o começo, para não ser "absorvidos" na dinâmica circular de enfrentamento entre paciente e família, causando sua repetição inconsciente no contexto da instituição.

A procura do desejo

Percebe-se um lugar paradoxal na subjetividade da anoréxica, que se insinua como abertura para a entrada de um terceiro, adiantando outra compreensão possível do sintoma anoréxico: não comer corresponde a uma tentativa, por parte do sujeito, de criar e preservar a todo custo um vazio em que uma vida psíquica própria, capaz de processos elaborativos, torne-se possível. Trata-se de uma tentativa de instaurar uma distância, com a comida e com o outro, que permita abrir um oco, isto é, um caminho para um continente íntimo em que um desejo possa vir a aninhar-se. O "não à comida" é uma luta da resistência destinada a afirmar uma apetência pela vida. Isso se corresponde com as observações e deduções de Hilde Bruch (1978) e com as reflexões de Lacan (1966) quanto à expressão de um *desejo de nada*: a anoréxica não quer comer para alimentar-se, ela quer comer "nada".

170 CONSTRUINDO A COMPLEXIDADE

Por isso, qualquer tentativa de controle de sua alimentação pode ser sentida como algo que a impeça de passar por essa experiência que ela não teve, que sempre lhe faltou e para a qual nunca se animou até o começo dessa empreitada louca que é a anorexia, tentativa de iniciar um processo de ressubjetivação menos dependente e, paradoxalmente, menos alienado, em que possa ser reconhecida como sujeito.

Às vezes esse processo assume a forma da criação de um mito de viagem para a morte, como no caso Sidonie, paciente crônica com várias internações psiquiátricas, relatado por Maud Mannoni (1981). A autora foi procurada pelos pais para uma consulta, em que se relataram as vicissitudes da doença. Mannoni propôs uma análise. O momento era de calma, os pais tinham se proposto a sair de férias e temiam deixá-la sozinha sem cuidados especiais. Mannoni propõe à filha que diga o que ela quer. Ela responde que quer fazer análise, e que ficará em casa cuidando de si mesma e indo pontualmente às sessões. Combina com os pais que venha um familiar morar temporariamente na casa. O começo da análise coincide assim com um período de vida independente (fazer compras, cozinhar, cuidar da casa). Ao aproximar-se a volta deles, tem início uma espécie de enlouquecimento que demonstra a presença de uma identificação massiva com a mãe. Procede-se uma internação num estabelecimento de clínica geral, no qual emerge imediatamente a fantasia persecutória de uma conspiração para matá-la, algo que nos faz lembrar o *assassinato da alma* no historial de Schreber (Freud, 1911). Emergem sentimentos de vazio, de estar prestes a ficar louca, as angústias persecutórias incluindo vozes superegoicas ameaçadoras.

Mannoni avança em uma interpretação crucial: tanto o enlouquecimento inicial quanto o delírio persecutório são produtos do sentimento de culpa desencadeado pelo movimento de diferenciação e autonomia, tanto em relação aos pais como ao destino traçado de doente psiquiátrica. Entra-se, assim, numa fase nova, com a encenação de um mito de morte acompanhado de rituais expiatórios, ao longo do qual vai se produzindo um alívio da ansiedade e, pela primeira vez, começam a surgir identificações secundárias, com as atendentes da instituição, que sinalizam avanços num processo de ressubjetivação.

Entretanto, para acompanhar esse movimento é necessária a presença de um outro, que, reconhecendo a subjetividade do paciente e situando-se fora do jogo ambiental de poderes, possa instaurar um dispositivo analítico, implicando sua própria subjetividade no trabalho de simbolização das marcas alienantes de uma história e criação de um sentido.

Vemos, então, que uma série de elementos devem ser considerados na trama subjetiva dos quadros de anorexia, importantes para a abordagem clínica: 1) a fragilidade narcísica; 2) o investimento narcísico massivo do ideal; 3) a dupla interpretação possível do rechaço de alimento: operação de recusa *versus* abertura a um desejo possível; 4) a incidência de um sentimento de culpa diante dos movimentos de diferenciação e de construção da autonomia; 5) o papel das fantasias de morte no trabalho de simbolização, que correspondem a algo diferente de um desejo de morte; 6) a importância da função do analista, no lugar de terceiro, dando suporte ao processo de ressubjetivação.

Será fundamental, para a implantação do dispositivo analítico, estabelecer claramente uma diferenciação de funções, tanto no contexto da internação como fora dele, como parte da formulação e da combinação do contrato e do enquadre do trabalho. Em geral, o analista explicita que não se ocupará das decisões práticas em relação à alimentação da paciente, acrescentando às vezes, diante dos pedidos da paciente, que não atuará como facilitador ou mediador

172 CONSTRUINDO A COMPLEXIDADE

com os profissionais encarregados, e que ela deve discutir a respeito diretamente com eles.

O dispositivo analítico inclui regras técnico-metodológicas como a denominada regra fundamental de associação livre para o paciente e de atenção flutuante para o analista, bem como a de abstinência e neutralidade. Tais regras técnicas, junto com as demais regras contratuais (tempo, espaço, pagamento), estruturam a situação analítica e permitem que se desenvolva o processo psicanalítico. O trabalho de Mannoni (1981), considerado anteriormente, toma como referência importante o conhecido artigo de J. Bleger sobre "Psicanálise do enquadre psicanalítico" (1971), que tece reflexões fundamentais sobre a articulação entre enquadre e processo (o dispositivo psicanalítico é visto como instituição), a psicopatologia dos quadros que estamos considerando e as possibilidades de cronificação ou de transformação ao longo dos processos.

Os pontos desenvolvidos em relação à presença da psicanálise no espaço clínico-institucional comportam um modo de posicionar-se "em campo" que tem a ver com a especificidade de seu *fazer*, em termos de teoria, método, técnica e ética terapêutica. Mas o campo dos transtornos alimentares é atravessado por diversas práticas, discursos e tecnologias que vão além dele. A intervenção da psicanálise significa, hoje mais ainda, uma tomada de posição ética e política, dado o papel dominante de determinadas tendências da medicina e da psiquiatria na sociedade e na cultura contemporâneas e nos modos de subjetivação, e de dessubjetivação, que elas promovem e efetuam.

MARIO PABLO FUKS 173

Adolescência e contemporaneidade

É interessante a proximidade do que acabamos de delinear com algumas reflexões sobre a adolescência desenvolvidas por Laurent Bove (2010). Os adultos sentem a adolescência dos seus filhos, frequentemente, como a idade da ingratidão, quase da traição. Como já não reconhecem seus filhos – ou não *se* reconhecem neles –, não percebem nessa alteridade outra coisa que não uma falta de reconhecimento, de sensibilidade, de amor. Para os adultos, esses jovens não sabem o que querem e nada lhes interessa. São indiferença pura. Entretanto, diz Bove, "a melhor definição *positiva* que creio poder dar da adolescência é que ela designa um 'tempo', o do desejo de coisa alguma (*désir de rien*). Ou, o que é a mesma coisa, o tempo do 'desejo sem objeto'" (p. 42).

Uma inquietude, uma tensão extrema e vibrante da vida, um impulso a tomar o mundo nas mãos e o movimento de refundação são próprios da adolescência, em sua nova abertura para a vida. "A extrema dificuldade para o adolescente é ser afirmativamente presente no tempo do desejo sem objeto. Tempo que, para Pascal, é a proximidade absoluta da morte . . . mas que é, positivamente também, na afirmação imanente da positividade do finito, o ser-tempo da regeneração contínua, . . . na tensão extrema de um desejo de viver" (p. 43).

Afirmação imanente da positividade do finito, que faz lembrar o belo escrito "Sobre a transitoriedade" (Freud, 1915-1916). Mas, também, afirmação imanente e não transcendente, como seria o caso de um engajamento religioso. Em "O futuro de uma ilusão", Freud (1927a) afirma que, diante do sentimento de *Unheimliche*, causado pelas forças poderosas que põem em xeque seu narcisismo, a ilusão do adolescente de reencontrar o pai protetor da infância pode ser o ponto de partida para sua adesão à crença religiosa

174 CONSTRUINDO A COMPLEXIDADE

(Fuks, 1997b). Nesse sentido, Bove (2010) afirma que toda sociedade inventa seus procedimentos iniciáticos de absorção que cap-
turam e canalizam, codificam e transformam o devir adolescente
no sentido da produção do sujeito da obediência própria dessa sociedade.

Mas nossa sociedade, frente à demanda de sentido e de valor,
por um lado, já não oferece mais que incerteza e desesperança; e,
por outro, como nenhuma outra sociedade, tenta submeter a vida
adolescente, sistemática e minuciosamente, a seus controles, esfor-
çando-se para ocupar, tanto no imaginário quanto no real – pela
produção de uma multidão de objetos – todas as linhas de abertura possíveis que a adolescência desenvolve. Não oferece caminhos
simbólicos estruturantes fortes e diferenciados, direcionando-se
exclusivamente ao desejo infinito de seu consumo. Trata-se, diz
Bove (2010, p. 45), da aptidão mercantil para açambarcar, engolir e
comercializar tudo o que é real.

O familiar e estranho corpo desamparado

Sandra Russo (2007), jornalista argentina, fala sobre o transtorno
alimentar de sua filha adolescente. Voltando do trabalho, sem que
estivesse sendo esperada, ela surpreende a filha sozinha em casa,
ajoelhada no chão, com meio sanduíche ao lado e uma bacia na
frente, em pleno vômito. Na semana seguinte escreve, no jornal de
domingo:

> *Eu a vi como nunca a tinha visto antes. Envolta no
> emaranhado da doença, que atua como um manipula-
> dor de marionetes infame, como um ventríloquo voraz,
> como um estelionatário da consciência, como um fun-
> damentalista islâmico das percepções, como um verme*

que parece de seda e está cheio de merda. Não qualquer merda. A merda que segregam as imagens e mulheres que caem do helicóptero do mercado. A merda dos corpos que, pela primeira vez na história humana, associam, há décadas, a beleza com a morte. (p. 1)

A frase é forte. Fala uma verdade presente em nossa época, mas que tem, sem a menor dúvida, antecedentes na história da cultura. Está presente, de forma latente ou entremeado na memória cultural contemporânea, um corpo particular e também mais geral, um corpo associado de alguma maneira a situações traumáticas coletivas que impuseram um empobrecimento à experiência subjetiva. Há de se colocá-lo na perspectiva da decepção, da queda dos ideais compartilhados, e associá-lo com a imagem da qual falava Walter Benjamin (1936b), referindo-se aos soldados que voltavam das frentes de batalha: "Uma geração que ainda fora à escola de bonde puxado a cavalos ficou sob o céu aberto numa paisagem onde nada permanecera inalterado a não ser as nuvens e, debaixo delas, num campo magnético de correntes e explosões destruidoras, o minúsculo, frágil corpo humano" (p. 57).

A isso deve-se acrescentar que, em muitos trabalhos, relaciona-se a figura da anoréxica com a das vítimas dos campos de concentração, dos desnutridos de Biafra ou da Etiópia. Não somente as anoréxicas, mas o próprio ideal de beleza magra e retilínea presente na moda Chanel tem sido interpretado por historiadores da moda como buscando sobreimprimir-se às imagens dos corpos dos combatentes emaciados sobreviventes da guerra. A historiadora Eliana Matoso (2001) dizia justamente que já está na hora de se libertar da vigência desse modelo e criar outras modas possíveis para outros corpos possíveis; que é necessário desamarrar dessa moda o corpo das mulheres.

176 CONSTRUINDO A COMPLEXIDADE

O agonístico: as mulheres

Há uma dimensão de conflito, na anorexia, que tem um caráter agonístico e confrontador. Entre a anoréxica e sua mãe, entre ela e sua família, muitas vezes unida aos médicos, aos poderes e aos discursos instituídos. Há um mal-entendido trágico e persistente entre o discurso da anoréxica e o do médico e da sociedade que ele representa. São importantes, nesse sentido, as ideias desenvolvidas por G. Raimbault e C. Eliascheff (1991).

A anoréxica constata o vazio de sua existência, um vazio que não deixa espaço para viver. E o rejeita. Ela se nega a reconhecer-se como enferma, porque fazê-lo seria aceitar uma definição de seu sintoma em termos de doença, quando se trata de um certo modo de existir: aquele que encontrou como resposta a uma busca de sentido e como possibilidade de um desejo vivo.

O que lhe contraofertam é um discurso formal, a partir do qual toda vez que se reconhece algo da ordem de uma subjetividade desejante, é interpretado, já que supõe um perigo: *ela quer é morrer.* Por isso a insistência dos analistas de que pulsão de morte é gozo repetitivo e não desejo de morte. Isso não significa, por outro lado, que a morte, como significante, não esteja fortemente presente em cena. Freud (1927a) demonstrou amplamente sua função simbólica de limite para o narcisismo onipotente na vida psíquica. Os rituais sociais de morte são tão importantes para o laço social como os rituais alimentares.

Antígona quer ser reconhecida como cumprindo uma função simbólica. Ela enfrenta Creonte não só porque é valente, mas também porque é mulher. E as mulheres se ocupam do cuidado com os mortos. Por que as mulheres? Porque são uma encruzilhada: de vida e de morte; de infância e de idade adulta; de natureza e de cultura. Tudo isso está ligado ao desenvolvimento da puberdade e à passagem para a procriação. A função que assume Antígona – seu papel no cuidado do sepultamento de seu irmão – dá respaldo à função da sepultura como marca do corte entre natureza e cultura, entre o animal e o humano. Negar-se a enterrar os mortos, como pretendia Creonte com o corpo de Polinices, é negar-lhes humanidade.

Ocupar-se dos mortos é uma atividade que se atribui, nas tradições europeias, às mulheres, como se vê nas cenas iniciais no cemitério do filme *Volver*, de Pedro Almodóvar (2006). O que as anoréxicas, assim como Antígona, procuram denunciar, por meio do caráter perturbador de sua forma de manifestar-se diante dos outros, é precisamente o fato de haver furos na transmissão e no respeito à lei e à memória; é que há mortes e perdas não elaboradas, transgressões fundamentais não processadas; é que a lei está mancando; é que os ideais coletivos que dão sustento ao laço social estão periclitando.

A clínica nos mostra que existem, em toda história individual de transtorno alimentar, segredos de família. Histórias individuais que se entrecruzam com mitos familiares. Destinos oraculares: "Alguém vai ter que morrer!", respondia o pai de uma paciente anoréxica, com pretenso humor negro, quando ela estava lhe pedindo ajuda econômica para aumentar a frequência de suas sessões, haja vista que o dinheiro não seria suficiente para todos os filhos.

A anorexia envolve dimensões associadas à *feminilidade*, o que está sinalizado por sua incidência muito maior em mulheres. Nesse ponto, diferenciando-se seu mecanismo de produção daquele que corresponde à neurose histérica, ambas se aproximam no nível de sua significação pelo que escondem e pelo que revelam no campo da relação entre sexualidade e cultura.

Houve anoréxicas na Idade Média, no século XIX, e há anoréxicas na atualidade. Segundo Raimbault e Eliascheff (1991), que

178 CONSTRUINDO A COMPLEXIDADE

recuperam essa dimensão presente em figuras míticas e históricas, como Antígona, Catalina de Siena, a imperatriz Sissi, Simone Weill e outras, trata-se sempre de anorexia, e da mesma anorexia. Essas autoras tomam posições bem precisas a esse respeito: a anorexia é a mesma, ainda que a rotulação e a instância de demarcação sejam diferentes. Em um caso, está a Igreja com seu discurso sobre o divino e o demoníaco; em outro, está a medicina com seu discurso sobre saúde e doença. Mas o feminino estará sempre em jogo. Com manifestações anoréxicas típicas, uma jovem será considerada uma enferma, uma mística ou uma bruxa segundo a época e o contexto cultural em que viva.

No plano individual, trata-se sempre de uma jovem que se inscreve em uma história particular, e que luta por expressar o que julga que deve ser a vida de um ser humano utilizando os valores sociais femininos dominantes: espiritualidade, castidade e jejum, na cristandade medieval; magreza, idealização do corpo sadio e controle de suas manifestações, nos séculos XX e XXI.

Cabe sublinhar o que essas autoras dizem: as anoréxicas usam valores femininos para expressar o que pensam que deve ser a vida de *todos* os seres humanos. Elas são Antígonas, lutadoras heroicas que sacrificam sua existência e enfrentam a possibilidade da morte em prol de uma vida menos submetida, menos alienante e menos injusta; em prol de uma vida que tenha sentido.

12. Trauma e dessubjetivação[1]

O trauma psíquico

As situações traumáticas se caracterizam pela emergência de um montante importante de angústia real, devida a acontecimentos que implicam uma ameaça para a vida da pessoa e uma fonte de enorme sofrimento psíquico. O efeito traumático é produzido pelo excedente de angústia não passível de simbolização e não representável por meio da palavra. Sendo transbordadas as defesas, uma

---

[1] Apresentado em 29 de maio de 2010 no evento "Herança e Transmissão: Trauma e Narrativas nos Espelhos da Cultura", organizado pelo Grupo de Psicanálise e Contemporaneidade do Departamento de Psicanálise do Instituto Sedes Sapientiae, em São Paulo. Da mesa-redonda, realizada após exibição do documentário Sobreviventes, participaram o psicanalista uruguaio Marcelo Viñar, a diretora do filme e psicanalista Miriam Chnaiderman, a jornalista Eliane Brum e o autor. Publicado, em primeira versão, na primeira edição da revista digital Tolerância, do Laboratório de Estudos sobre a Intolerância (LEI) da Universidade de São Paulo, e reproduzido na revista Percurso, XXVI(52), 95-102, 2014.

180 TRAUMA E DESSUBJETIVAÇÃO

angústia automática, catastrófica, avassala o eu, impondo um estado de estupor, paralisia, inermidade, desvalimento e desamparo. Impõe-se um padecimento impossível de suportar, incompreensível, impensável e indizível.

Não podendo ser transformadas em representações suscetíveis de recalcamento, as impressões traumáticas ficam submetidas à compulsão de repetição, podendo alcançar certa figurabilidade por meio de sonhos penosos, que reproduzem a situação, e de vivências de vigília de tipo alucinatório, por meio dos quais se tenta restaurar as barreiras pára-excitações. Diante da impossibilidade inicial e duradoura de apropriar-se do acontecimento na produção de um sentido, o acontecimento não pode ser introjetado – no sentido ferencziano do termo –, o que inviabiliza sua inscrição psíquica. O psiquismo se defende por meio da clivagem.

A impossibilidade de introjeção e a clivagem das marcas da situação traumática determinam a formação de lacunas psíquicas, que podem ser concebidas como "não lugares". Algo parecido com a amnésia lacunar no plano da memória, mas que remete não ao recalque, mas ao não inscrito, ao bloqueio dos processos de simbolização – o que também se manifesta nas falhas da relação com a realidade e da produção de sentido, em um não fluir do tempo, na fragilização da continuidade e da ipseidade, no não saber, por momentos, quem sou, ou se estou vivo ou morto.

O material da lacuna, não processado, ativa-se por situações que corresponderiam ao tempo da ressignificação, no caso de um trauma neurótico em dois tempos,[2] porém produzindo sintomatologia de borda, de desfecho penoso, e de certo modo novamente traumático.

---

2 Ver "A *próton pseudos histérica*", no "Projeto para uma psicologia científica" (Freud, 1895b, p. 400).

Muito se apreendeu a partir da clínica e da teorização dos casos de abuso sexual infantil. O papel jogado pelo outro e pelos outros adquire, a partir dessas pesquisas, um lugar preponderante na conceitualização do trauma, deslocando para um segundo plano o fator quantitativo. Nessas situações traumáticas de abuso, a imposição da submissão corporal, a cumplicidade forçada, a transgressão de normas, o desconcerto e a humilhação induzem, em conjunto, a vivências confusionais em que é difícil estabelecer a diferença entre dentro e fora. Esse estado se caracteriza por uma percepção sem consciência e por uma sensorialidade sem registro representacional. As vítimas parecem não se lembrar da aproximação abusiva e tentam se convencer de que não aconteceu (Fuks, 2008).

Se conseguirem revelar o ocorrido para outro adulto, e se esse adulto puder reconhecer o vivido, abre-se a possibilidade, para as crianças, de dar sentido ao acontecimento e introjetá-lo. Para isso é preciso contar com o investimento libidinal do outro, de um adulto capaz de empatia, de se sintonizar com as angústias infantis.

Para Ferenczi (citado em Moreno, 2009) e para os analistas que deram continuidade à sua linha de trabalho, o impacto patógeno principal no trauma advém deste segundo tempo, de recusa da realidade dos fatos por parte do objeto de confiança. Se o entorno, necessário como fiador da vivência, responde com indiferença, não acolhe e ratifica os fatos, ignora-os ou os desmente parcialmente, culpabilizando a vítima, tornando-a suspeita e desvalorizando-a, o acontecimento não será passível de um registro que possibilite sua elaboração. Isso toca a questão da impunidade e seu efeito – o estado trágico de solidão desamparada da vítima – diante da ausência de instâncias confiáveis de reconhecimento e apelação.

Há um ponto nuclear em relação ao papel do outro na gênese e na manutenção da vida psíquica e da subjetividade. O outro materno não apenas torna possível a vida do recém-nascido com

182 TRAUMA E DESSUBJETIVAÇÃO

a resposta a seu chamado, acudindo-o com a ação específica para satisfazer a necessidade. Cria-o como semelhante por meio do investimento libidinal, possibilitando a construção de um envelope narcísico que será fundamental para o sentimento de existência e continuidade. Oferece-se como objeto de amor, registra, nomeia e valida suas vivências, instala a confiança na relação de objeto.

Constituímos nosso eu, sua imagem, sua forma e seu valor a partir do olhar do outro, do outro em sentido amplo. O outro materno cumpre uma função de acolhimento e validação nessa experiência de autorreconhecimento que constitui a identificação com a imagem especular. Ponto de apoio para a instauração do supereu, este estará sobredeterminado pela herança arcaica da figura ou, mais precisamente, do olhar do pai despótico da horda primordial (Freud, 1921), onipotente no poder de reconhecer ou ignorar, constituir ou destituir, valorizar ou desvalorizar, incluir ou excluir da horda, sendo decisivo para o destino de sobrevivência ou de aniquilação: nos agrupamentos humanos primitivos, a expulsão da tribo pode significar por si só uma condenação à morte. Este parece ser um núcleo duro presente no mais íntimo do psiquismo individual e coletivo, lugar de uma ambivalência nodal entre qualquer consistência identitária e essa mesma instância, exterior ou interior, de potencialidade aterrorizadora e destrutiva. Toda fragilização ou ruptura dos laços sociais nos deixa mais expostos a sua ação destruidora.

Os traumas históricos afetam invariavelmente a autoconservação e a autopreservação identitária. Quanto mais adverso é o contexto relacional, maiores são a impossibilidade elaborativa, a clivagem e a instauração de defesas de tipo incorporativo. Frequentemente, a autoconservação carrega como preço o sacrifício da autopreservação identitária, resultando na submissão a uma identificação com o agressor (Bleichmar, 2005).

Totalitarismo e catástrofe

Essa lógica complexa do traumático se magnifica nas catástrofes sociais históricas. Seu conhecimento pareceria ter sido a base da estratégia desenvolvida por todas as estruturas totalitárias e, no que nos toca de perto, pelas ditaduras latino-americanas. Os traumas naturais e as enfermidades tendem a solidarizar o conjunto social. Os regimes totalitários o fragmentam para melhor controlá-lo e massificá-lo. O que se buscou nas ditaduras locais foi uma homogeneização massificante por meio do terror. Seu objetivo foi operar a limpeza ideológica, silenciar todo discurso crítico e todo dissenso político.

Justificando-se no combate à violência, o Estado criou a violência. Transgrediu a lei e a ordem. Impôs um medo sinistro, a ameaça de um perigo catastrófico, ao mesmo tempo que produzia um discurso centrado na paranoia e na culpa coletiva, que atormenta de fora e de dentro, promovendo processos de autodepuração.

A brutalidade exercida sobre as vítimas operou um efeito multiplicador sobre a totalidade do tecido social. Buscou produzir vivências impossíveis de compartilhar, que não pudessem ser faladas, que anulassem toda possibilidade de significação ancorada sobre marcas de experiências de vida, projetos e valores referidos ao conjunto social, decretados como inadmissíveis (Galli, 1991). Fabricou uma representação imaginária desse conjunto como se se tratasse de um corpo orgânico, biológico, ameaçado por seres estranhos e infecciosos, que pretendiam contaminá-lo e destruí-lo e que deviam ser aniquilados.

Marcelo Viñar (2007) afirma que, em seu modo de operar, a tortura vai muito além da crueldade e do mau trato físico e moral ao detento. Está cuidadosamente desenhada para destruir a constelação identificatória que constituiu, até então, a singularidade

184 TRAUMA E DESSUBJETIVAÇÃO

de um sujeito. Em trabalhos que deixaram uma marca decisiva na elaboração teórica e na abordagem clínica, ele produziu o conceito de *demolição subjetiva*. Demolir o outro é arrancá-lo de si mesmo, destruir toda resistência que seja indício de um pensamento que lhe pertence; é introduzir-se compulsivamente no mais recôndito e quebrá-lo, destruir algo que é mais profundo que seu pensamento, que é o núcleo de sua intimidade e de sua identidade. Em tudo isso é difícil encontrar a justificativa alegada – desde os tempos da repressão colonial sobre os movimentos de libertação – de obter informação, de obrigar a falar. A tortura é usada para produzir o silêncio.

Proibiu-se a associação em grupos, isolou-se o indivíduo, destruíram-se os vínculos. Mas o que se impunha, em primeiro lugar, era o silêncio, a ordem a obedecer era a de calar-se. Procurou-se promover novas concepções e valores na vida social. Recusar a existência de conflitos sociais. Entregar-se ao efeito anestésico do consumo. Anular todo sentimento de empatia com o sofrimento do outro, cultivar um cinismo pragmático. Convalidar a impunidade. Esquecer o passado, desinformar os filhos, obturar suas perguntas. Mentir, recalcar, recusar. Mecanismos que se usaram também para acobertar a difusão da corrupção no manejo dos negócios privados e da coisa pública.

Heranças, transmissão e resistência

Na subjetividade dos filhos, esses fatos que afetam as figuras parentais como referência valorativa e identitária tornam-se inelaboráveis em virtude da impossibilidade de esclarecê-los ou de comunicá-los, não só pela proibição de tratar deles, mas principalmente pela vergonha que produzem. Isso afetará também a transmissão geracional ulterior.

MARIO PABLO FUKS 185

Nicolas Abraham e Maria Torok (1995) mostraram como a tendência à dissociação e à recusa originada na vergonha conduz à formação de certas inclusões tópicas paralelas denominadas "criptas". Essas criptas contêm, incorporadas, tanto as marcas dos acontecimentos recusados quanto os pensamentos e afetos que não puderam ser formulados ou abrangidos pelo sujeito; os gritos, protestos e impugnações sufocados e os prantos que tiveram de ser engolidos, e cuja recusa se reforça por meio de fantasias de incorporação. Os espaços crípticos funcionam como lacunas psíquicas no discurso, como não lugares, influenciando inclusive a geração subsequente, sobredeterminando sintomas inexplicáveis, fenômenos alucinatórios isolados ou episódios delirantes impossíveis de reconstituir na análise, a menos que se faça um trabalho sistemático de rememoração familiar ou grupal conjunta (Tisseron, 1997).

A estratégia política sustentada pela resistência contra a ditadura foi desmontar a distorção da verdade, opor-se ao esquecimento, unir-se, desafiar a repressão, encontrar aliados, dentro e fora do país, e criar dispositivos que permitissem transcender o trauma das perdas devastadoras e reencontrar a alegria ante vitórias muitas vezes pequenas, mas reconfortantes, na reconstrução de espaços mais humanos. Principalmente falar. Solidarizar-se com as vítimas, ouvir a dor, resgatar a dignidade.

O Instituto Sedes Sapientiae foi um desses espaços de resistência.[3] Em plena ditadura, conseguiu albergar encontros organizativos para a defesa de presos e sequestrados; um lugar em que se podia pensar e falar, mesmo que fosse em surdina. Um lugar em que se podia superar a vivência do indizível, transmitir, intercambiar, fazer chegar denúncias ao exterior; e pôr, dessa maneira, um limite ao poder, começar a libertar-se da cultura do medo. Madre Cristina Sodré Dória pode ser vista, em um filme gravado no

---

3 Ver Cytrynowicz e Cytrynowicz (2006).

186 TRAUMA E DESSUBJETIVAÇÃO

comício das Diretas Já, dirigindo para a multidão as seguintes palavras: "Fala, Brasil! Fala com o voto! Fala denunciando os culpáveis, fala para que recebam o castigo que merecem!". E foi ovacionada.

O papel do Instituto Sedes Sapientiae foi fundamental para mim e para meus colegas argentinos, como grupo de acolhimento e reciprocidade. O exilado trata de elaborar, com as referências que traz consigo, algum sentido ligado a sua história pessoal. Concede-lhe, às vezes, a forma de um destino. No meu caso, os vínculos fortíssimos de solidariedade e amizade que pude estabelecer com outros exilados me faziam recordar uma palavra que meu pai usava em alguns encontros casuais, com certas pessoas frente às quais lhe sobrevinha uma afetividade e uma expressividade pouco conhecidas por mim: eram os *schifs-brider*, os irmãos de navio, daquele navio em que haviam vindo da Europa para a América.

Lembrando-me disso, percebi também o sentido metafórico da expressão "estar no mesmo barco": no Instituto Sedes Sapientiae, encontrei companheiros que "estavam no mesmo barco", com os quais foi possível unir-me para juntos iniciarmos outra etapa de nossa história, uma etapa que tinha continuidade com a anterior, mas que era nova.

Para o cuidado das vítimas e de suas famílias foi fundamental a constituição de grupos solidários, que incluíram psicanalistas. Grupos que visavam possibilitar a recuperação da confiança e proporcionar um acolhimento afetivo que, ao falar sobre o acontecido, as tornasse aptas a reconstruir o revestimento narcísico necessário à salvaguarda do eu de uma rememoração traumática (Hollander, 2000).

Muitos dos trabalhos sobre a problemática da representação da catástrofe, especialmente a partir da literatura testemunhal sobre os campos de concentração, iniciam-se com uma afirmação bem dramática: não é possível narrar o terror, ele é irrepresentável, inenarrável. Primo Levi (1988) dizia que nossa língua não possui palavras para expressar a ofensa que significa a aniquilação de um homem. Ao mesmo tempo, é imperioso fazê-lo. Viñar (2007) afirma que quem viveu o horror tem de percorrer um difícil caminho de ressignificação que torne narrável sua experiência. Por muito tempo o sobrevivente desses traumas não consegue pensar. Só lambe suas feridas numa queixa interminável. Só poderá pensar caso se torne um narrador dessa experiência. E o narrador precisa de uma testemunha que o reconheça. Estamos na mesma linha de Miriam Chnaiderman,[4] quando a cineasta explica o que procura fazer com seus filmes. Propiciar, por meio do depoimento, uma quebra do assujeitamento da vítima à situação traumática.

Todas as situações e ações institucionais, sociais, clínicas – em que o narrador e a testemunha se façam presentes e a fala aconteça – têm um efeito de reparação simbólica, psíquica e social, pacificando a dor, abrindo novas vias para a elaboração.

No campo da justiça, a possibilidade de testemunhar se transforma em um direito que dá um respaldo fundamental para a passagem do sofrimento íntimo privado para o reconhecimento público, por meio de um ato de palavra que desemboca na produção de um ato de justiça.[5] Essa passagem é reparatória porque restitui ao menos uma parte da trama interna e intersubjetiva que foi lesada pelo trauma. Quando se efetiva um ato de justiça, abrem-se recursos novos para a elaboração do trauma histórico, tanto para a vítima como para a comunidade. Torna-se possível sair do estado

---

4 *Sobreviventes.* Documentário de Miriam Chnaiderman e Reinaldo Pinheiro, 2008. 52 min. DVCAM.

5 Em 29 de abril de 2010, o Supremo Tribunal Federal (STF) rejeitou o pedido da Ordem dos Advogados do Brasil (OAB) por uma revisão da Lei da Anistia (Lei nº 6.683/1979), mantendo o perdão aos representantes do Estado acusados de praticar atos de tortura durante o regime militar, em decisão que contraria o Sistema Interamericano de Direitos Humanos.

188 TRAUMA E DESSUBJETIVAÇÃO

jurídico danoso de falência das instâncias de apelação de efeito tão traumatogênico, gerado e perpetuado pela impunidade (Guilis & Equipo de Salud Mental del CELS, 2005).

René Kaës (1991) afirma que não há luto estritamente privado, porque, embora qualquer trabalho de luto envolva a intimidade e a singularidade de cada sujeito, ele se dá sempre sobre uma inscrição coletiva, social, cultural ou religiosa. Para isso estão os rituais e os enunciados sobre a origem, sobre a morte ou sobre a relação entre gerações, que servem de apoio para o trabalho do luto. Só que certas figuras da morte – a do assassinato, a do desaparecimento de pessoas – não podem ser tratadas pela psique como um luto normal. Implicam também a espécie, os vínculos genealógicos, os conjuntos trans-subjetivos, ou seja, os fundamentos narcisistas da continuidade da vida mesma.

Poder começar a falar das perdas, pensar na morte dos seres queridos, possibilitará dar processamento a lutos que haviam ficado congelados. Inventar ritos íntimos de passagem da vida para a morte, e da morte para a vida, bem como outras formas de figuração, instaura a dimensão simbólica no fluir da existência. Instaura uma posição ética: a que se expressa pela vergonha e pela culpa dos sobreviventes.

Entretanto, os relatos de vários desses sobreviventes mostram como eles vão mais além do trabalho de rememoração e processamento das marcas dos traumas. Recriam-se a si mesmos por meio da escrita, da criação literária, teatral, da ação política em saúde mental, fundamentalmente, na relação com os outros em práticas coletivas que incidem sobre a realidade e a transformam. Recriam-se como narradores e constituem um grupo em seu entorno, uma comunidade de ouvintes. No dizer de Kaës (1991): "Uma rememoração compartilhada e comunicada é necessária para o esforço requerido para a criação da história. Para que essa experiência ocorra é necessário que se estabeleça a confiança. O traumatismo sofrido nas catástrofes sociais destrói a confiança e, pior ainda, transforma suas vítimas em estrangeiras de uma história da qual não podem apropriar-se" (p. 162).

Trauma e subjetividade contemporânea

O que acontece com as novas gerações? As novas gerações não conheceram o terror militar. Nasceram e cresceram, ou estão crescendo, dentro de um marco democrático que implicou grandes momentos de construção da cidadania que contribuíram para o restabelecimento da confiança – momentos como o das Diretas Já ou do processo coletivo que culminou no impeachment de Fernando Collor de Mello.

Conheceram algo do terror econômico, mas também nesse terreno se produziram avanços que garantiram períodos prolongados de estabilidade. Entretanto, coube a eles viver, como todos nós, os efeitos do mundo neoliberal, cheio de mazelas e ilusões de papel machê. O laço social que predomina hoje está ancorado subjetivamente no fetichismo consumista, no fascínio midiático e na recusa tecnologizada da dor e do sofrimento. Acrescenta-se a esse quadro uma modalidade de gestão tecnocrática indiferente e desafetada no que se refere à chamada "questão humana",[6] bem como processos de medicalização crescente, de impacto igualmente dessubjetivante.

Um dos traços peculiares desse tipo de gestão da subjetividade coletiva é que prescinde de toda temporalidade e de toda história. Tudo isso sobre o pano de fundo de uma exclusão social que se

---

6 Referência ao filme *A Questão Humana* (França, 2007), dirigido por Nicolas Klotz e premiado na Mostra de Cinema de São Paulo do mesmo ano.

190 TRAUMA E DESSUBJETIVAÇÃO

começa a debelar, não sem dificuldades, e um grau crescente de violência cotidiana que tem, por momentos, toda a cara de uma herança ditatorial não resolvida.

Torna-se urgente, desse ponto de vista, um trabalho de reconstrução da memória e de historicização que dê apoio à transmissão geracional e que seja, ao mesmo tempo, um fator de resistência contra a opressão dessas novas formas do poder.

Uma das questões que estão em jogo – e que esse contexto social tende a facilitar – é uma redução do que se costuma denominar "vida interior", bem com uma retração e um empobrecimento da intersubjetividade que lhe é inerente. Em *Infância e história*, Giorgio Agamben (2007) nos lembra que, já em 1933, Walter Benjamin havia diagnosticado com precisão essa "pobreza da experiência" da época moderna; este assinalava as causas da catástrofe na I Guerra Mundial, de cujos campos da batalha

> *as pessoas regressavam emudecidas . . . não mais ricas e sim mais pobres em experiências compartilháveis . . . Porque jamais há havido experiências tão desmentidas como as estratégicas pela guerra de trincheiras, as econômicas pela inflação, as corporais pela fome, as morais pelo tirano. Uma geração que havia ido à escola em bondes puxados por cavalos ficou de pé sob o céu numa paisagem na qual somente as nuvens continuavam sendo iguais e em cujo centro, num campo de forças de correntes destrutivas e explosões, estava o frágil e minúsculo corpo humano. (citado em Agamben, 2007, p. 20)*

Contudo, continua Agamben, "hoje sabemos que, para efetuar a destruição da experiência não se necessita em absoluto de uma catástrofe; basta perfeitamente para isso a pacífica existência cotidiana em uma grande cidade" (p. 20).

No relato do primeiro dos sobreviventes, que no filme de Miriam Chnaiderman se transforma em narrador e testemunha do massacre do Carandiru,[7] perguntei-me o seguinte: não aparece de novo a figura desse frágil e minúsculo corpo humano do texto de Benjamin, submetido agora, em sua nua concretude, a todo tipo de humilhações e crueldades? E esse mesmo corpo não é o que reaparece, anos depois, nas fotografias que vazaram de Abu Ghraib? Mas que corpo é esse? É um corpo sobre o qual não pousam nem as normas estabelecidas pelas leis internacionais de guerra, nem os dispositivos que regulam a convivência coletiva numa sociedade democrática. É o corpo do *Homo sacer*, da "vida nua" (Agamben, 2002; Endo, 2005).

Existem traumas e traumas. É o que explica com toda a lucidez Elio Ferreira, nosso narrador. "Todo mundo tem um fracasso na vida. Eu fiz uma besteira e fui parar na cadeia, condenado a cinco anos de reclusão em regime semiaberto". Um fato penoso, algo duro de engolir, de elaborar. Mas só quando entra na prisão é que começa "a desgraça". "Desgraça" é a palavra que, em seu relato, designa o trauma maior, o da catástrofe social, o trauma histórico.

A desgraça começou quando entrou na Penitenciária do Carandiru, porque a norma estabelecida pela lei – reclusão em regime semiaberto – não se cumpria para ele nem para muitos outros. Em lugares assim, em espaços onde, ao que parece, está suspensa toda

---

7 Elio Ferreira, autor de um assalto, foi condenado a 5 anos e 4 meses de prisão em regime semiaberto, sofrendo no entanto reclusão no Carandiru. Durante a invasão da Polícia Militar, foi ferido de bala no peito, mas pôde sobreviver escondido entre os corpos de companheiros mortos. Relata também haver sido submetido, junto aos outros presidiários, a experiências humilhantes, como serem obrigados a ficar todos nus e a encenar contatos sexuais entre eles.

192 TRAUMA E DESSUBJETIVAÇÃO

lei e toda norma em referência a essa mesma lei – o que Agamben chama de "estado de exceção" –, tudo pode acontecer. E aconteceu. E, pelo que vem aparecendo nos jornais, volta a acontecer dia sim, dia não.

A palavra que designa hoje, no discurso cotidiano do poder disciplinar, na cidade em que vivemos, o indivíduo que pode ser tratado como *Homo sacer* é a palavra "vagabundo". Com um "vagabundo", qualquer policial militar, chame-se coronel Ubiratan Guimarães[8] ou o quer que se chame, pode fazer "soberanamente" o que bem entender. Pode matá-lo se for o caso, um por um como costuma acontecer, ou 111 de uma vez como aconteceu, por "desgraça", aquela vez no Carandiru.

---

8 Responsável pela invasão da Polícia Militar de São Paulo ao Complexo Penitenciário do Carandiru em 1992. Acusado de homicídio, foi condenado, em junho de 2001, por 102 das 111 mortes. Julgado recurso por Órgão Especial do Tribunal de Justiça de São Paulo, em 16 de junho de 2006, houve revisão do falho condenatório por conter equívoco, sendo em consequência absolvido.

13. Frente à morte, frente ao mar[1]

Começo por perguntar-me: como encarar esse livro de Althusser?[2] Poderia sintetizar o que penso dizendo: procurei ver o livro como uma tentativa de elaboração de um fato traumático. Elaboração

---

1 Apresentado no simpósio "O assassino, o louco, o pensador, o homem: a clínica do caso Althusser", realizado na Pontifícia Universidade Católica de São Paulo em 1993; publicado originalmente nos *Cadernos de Subjetividade*, Número Especial, 59-58, 1994.

2 Trata-se do livro *O futuro dura muito tempo* (1985b), em que filósofo Louis Althusser reflete sobre o fato de ter assassinado sua mulher, Hélène Rytmann, a quem conhecera em 1946 e de quem fora companheiro até que, num surto psicótico, estrangulou-a no dia 16 de novembro de 1980. Na ocasião, Althusser alegou não se recordar com clareza do momento em que isso acontecera. Argumentou que se dera conta de que havia matado a mulher enquanto massageava seu pescoço. Considerado inimputável pela justiça francesa, foi inocentado em 1981. Cinco anos depois, ele publicou o livro em questão (*L'avenir dure longtemps*), refletindo sobre o fato e procurando assumir alguma responsabilidade pelo ocorrido, o que repercutiu fortemente nos meios intelectuais, reacendendo as disputas entre seus aliados e seus detratores. Embora não tenha sido preso, Althusser foi internado no Hospital Psiquiátrico Sainte-Anne, ali ficando até 1983. Depois disso, retirou-se da vida pública, vindo a falecer, aos 72 anos, no dia 22 de outubro de 1990.

194 FRENTE À MORTE, FRENTE AO MAR

que assume – e o faz com força – o propósito de explicar o que se passou. Escrever o que se passou, estabelecer relações, abrir falas possíveis, coisas que, em alguns momentos, tomam a forma da indagação: "Como é que fui matar Hélène? Como foi que cheguei a isso?". Nesses momentos, apesar de não aparecer a culpa, tem-se a impressão de um pesar enorme, de um grande sofrimento pelo que aconteceu. Por que é problemático situar-se diante do que se passou? Perguntei-me isso de diversas maneiras.

Consideremos, por exemplo, o caráter de extrema crueldade e de sadismo que tinha a relação de Althusser com sua mulher. Era de uma violência suficiente para transformar a relação em um fato traumático, em algo que poderia chamar a atenção de todos, de modo que não houvesse a necessidade de se chegar ao assassinato. Perguntei-me: que relação tem essa violência específica com toda a violência, ligada a diversas situações, que vão percorrendo a trama do texto?

A começar, a violência das guerras. Althusser é filho de uma guerra, da primeira das guerras de massacre do século XX, que se caracteriza como um século de guerras de massacre. Por outro lado, a relação com Hélène se estabelece no fim da II Guerra Mundial, naquele terrível pós-guerra, e finalmente, como para completar o quadro, quando ele fala de sua situação de *impronúncia*, diz que se considera um tipo de *desaparecido*, com o qual ele está evocando uma das últimas guerras, que nos toca muito de perto, por uma das características mais "massacrantes" dessa guerra, que é o desaparecimento de pessoas.

Justamente pensando nisso é que fui ligando os efeitos que tinham produzido em mim algumas coisas, digamos, alguns fenômenos *a posteriori* dessa guerra e desses desaparecimentos. Porque percebi que a leitura do livro, em alguns momentos, afetava-me de uma forma muito parecida ao momento em que, na Argentina, se começou a falar publicamente dos desaparecidos. Começou-se de uma forma tremendamente traumática. Saíram, em Buenos Aires, rapidamente e de uma vez, todos os corpos das tumbas, dos túmulos "N.N.",[3] à vista, à luz. Então, todos os jornais e os canais de televisão se encheram de ossos, de corpos, de mortos; o efeito que tinha era o do *macabro* aí presente.

E me disse, e me convenci disso, que o macabro não é a forma de elaboração, não é "este" mostrar os corpos dos outros o que permite ir elaborando e ir sabendo o que se passou. A forma como as coisas aparecem desveladamente expostas quando tratam da morte, às vezes, tem esse efeito macabro; quando tratam de sexo tem um efeito obsceno; esse efeito subjetivo, enfim, que estou vendo associado a algo que funciona dentro do regime do traumático, sem possibilidade de uma elaboração metafórica, simbólica, outra.

Em relação a isso, e concordando com o que se postula a respeito da mania de saber (de clarividência) de Althusser quando começa a falar de si, de sua infância, de sua mãe, de sua história, vejo que existe alguma coisa em relação à *visibilidade* que choca, até mesmo que irrita, poderia dizer. Como sabe tanto, como entende tanto, como *vê* tanto? Ele se vê atravessado visualmente por sua mãe – que não o vê, mas o que está atrás dele – e simultaneamente, com essa descrição, atravessa a mãe permanentemente, como se houvesse uma transparência total dela e fosse absolutamente possível chegar a entender seus desejos e a origem destes, seus temores, sua sexualidade etc. Ele vê tudo! Isso é impressionante. Isso é... paranoico. Aparecem até ataques de irritação do tipo: "e que ninguém venha dizer, disso que estou falando, tal coisa ou tal outra!". Desse ponto de vista não deixa de ser um texto bastante vivo, de bastante movimento. Só que esse movimento produz efeitos, por momentos, muito duros, muito pesados.

---

3 "*No-name*": pessoa não identificada.

À medida que o livro avança, Althusser fala já de relações mais deslocadas, nas quais fantasias e imagens sexuais são referidas a figuras adultas de seu entorno. Em relação a uma amiga do pai, a sensual e sedutora Suzy, aparece um elemento muito interessante. Lembra-se de um tempo em que ficou hospedado na casa dela. Uma certa manhã ele acorda tarde, percebe que o marido não está e se dirige para a cozinha: "Aproximando-me com cuidado, ouvi atrás da porta da cozinha, Suzy, que estava atarefada (o café ou a louça?). Não sei como eu soube, mas soube que ela estava nua na cozinha. Impelido por um desejo irresistível, e com a certeza – vá saber como! – de que não corria nenhum risco, abro a porta e a contemplo longamente: jamais tinha visto um corpo de mulher nua" (p. 62).

Isso, que se apresenta como realização de uma fantasia de curiosidade, já com uma porta no meio, não deixa de mostrar, em sua formulação, uma espécie de acesso imediato, de clarividência delirante.

Na continuidade da narrativa – e justamente quando já se encontra num marco diferente e na situação de segurança, de amor e de abertura ao mundo que significa a vida dele com os avós (em que o avô aparece como uma figura presente, acompanhante, que ensina etc.) – observa-se uma coisa muito interessante: as "cenas primárias" mudam, metaforizam-se verdadeiramente, de um modo que me resulta muito engraçado; são como "cenas vegetais", também animais, mas predominantemente vegetais. E aí não há um acesso direito. Para chegar a um tanque que o atrai intensamente, onde há água, peixes, flores e espécies aquáticas, ele precisa ascender, elevar-se com os braços e olhar por cima da borda. É como se aparecesse um véu que abre a possibilidade de claros e escuros, de matizes, em que a possibilidade de metaforização começa a se desenvolver.

Aponto com isso que há passagens de regime, formas de passagens ao longo da vida e ao longo do texto que fala da vida. E o texto toma formas, de alguma maneira, mais atraentes. Algumas descrições de suas relações com o Partido Comunista têm as mesmas características. São elementos que aparecem num regime de elaboração mais próprio do edípico que do pré-edípico. Aquele peso, aquela chatice, ou, mais que chatice, aquele efeito violentamente letárgico de alguns momentos é próprio do contato com o regime que processa elementos fortemente recusados, ou psicóticos. Trata-se de vivências reconhecíveis na experiência da análise.

São muito interessantes essas cenas primárias objetais. Faziam-me lembrar de algumas sequências de D. H. Lawrence (1921) em *Mulheres apaixonadas*, por exemplo, quando fala do acesso à sexualidade numa cultura repressiva passando pelo sexo das plantas. Surge a partir daí um caminho associativo que nos aproxima daquilo que poderíamos denominar o campo da mãe. A mãe era vegetariana. O pai fazia oposição ostensiva. Talvez as elaborações venham por esse lado: meu pai tal coisa, minha mãe tal outra, as plantas tal coisa, os "bichos" tal outra. Esses talvez sejam os recursos míticos, totêmicos, com os quais a elaboração opera.

Vejam o seguinte: quando aparecem animais, e isso é um pouco sinistro, todos sofrem. Gatos que ficam presos e podem morrer afogados no tanque, pavões e perus que são preparados para serem sacrificados para a ceia de Natal etc. E quando ele descreve, depois, Hélène, seu modo de ser, seu corpo, sua sexualidade, a apresentará como um animal obscuro, pequeno, violento etc. Parece que são elementos pelos quais se produz um certo tipo de processamento, por meio de certos códigos de referência, sistemas de imagens etc.

Algo me pareceu interessante também na oposição vegetal *versus* animal que poderia associar-se à dificuldade de Althusser para *sair* dos lugares. Os vegetais são seres vivos fixados, sem locomoção própria. E ele tinha um tremendo problema com a locomoção, associado, em parte, com a mãe que não o deixava andar pela rua, que o levava correndo da casa para a escola. Ao longo de sua vida, ele teve uma dificuldade enorme para sair à rua. Por isso fica tão feliz quando, nas manifestações, no meio da multidão, consegue fazê-lo.

Quando ele fica em cativeiro, o que se dá é uma circunstância bastante trágica, também, sob o ponto de vista dos ideais. Filho de um combatente de Verdun, sobrinho e monumento vivo de outro combatente morto nessa batalha heroica em que os franceses resistiram e não deixaram passar os alemães na I Guerra Mundial, ele é obrigado, na II Guerra, junto com todo o contingente de tropas do qual faz parte, a se entregar sem lutar porque os generais franceses preferem a ocupação dos alemães ao perigo do desenvolvimento da Frente Popular na França, que implica a ameaça do comunismo. Ele vai a um campo de concentração. Uma vez ali, e ao longo da guerra, mesmo tendo chances, não consegue fugir. Fica preso e se acostuma. Inclusive gosta. Esta é uma confissão terrível. Como podia dizer que gostava de estar preso num campo? Como ele pode gostar de estar preso, depois, num monte de outras situações?

Não é que ele não faça tentativas. Só que, quando tenta, por exemplo, se utilizar de sua capacidade para a impostura fazendo--se passar por enfermeiro para conseguir ser reformado e voltar para a França, acaba estragando tudo, nessa única tentativa válida, ao colocar dentro dos papéis, de modo inconsciente, as provas de sua identidade real. Porque nas outras situações, até nas chamadas imposturas permanentes que efetua, por exemplo, com os estudos, trata-se de coisas que ele, justamente, poderia conseguir (pela inteligência ou por sua capacidade de estudar) sem necessidade de recorrer a nenhum tipo de artifício. São movimentos que ele poderia realizar sem problemas. Quando o que precisa, realmente, é encontrar um caminho para sair do cativeiro, e a impostura o tornaria factível, ele o estraga.

É interessante, nesse sentido, que essa dificuldade de sair se verifica também em sua relação com o Partido Comunista. Ou com a *École Normale* Supérieure, na qual ele mora. Penso no momento em que ele entra numa crise, de certa maneira traumática, que lhe apresenta uma possibilidade de sair de lá. Isso coincide com o início do período final da doença que conduz ao desastre que conhecemos e em razão do qual é obrigado a deixar esse domicilio, uma vez que já não pode estar lá nem em outro lugar desse tipo.

Com tudo isso, gostaria de chegar ao seguinte ponto: estão dadas mais ou menos as coordenadas subjetivas mínimas para apontar o que mais me interessa desenvolver, que é o que se passou com Hélène.

Acaba a guerra e ele sai do campo de concentração, um lugar que, como vimos, lhe dá segurança. E, tão logo sai – isto está muito claro no texto e aparece muito bem descrito na literatura sobre o assunto – sente-se deprimido, despersonalizado, "estranhado", sem encontrar seu lugar (nesse pós-guerra que representa uma situação assim para muitas pessoas), e, imediatamente, apresenta sintomas hipocondríacos. Começa com o temor de estar com alguma doença venérea... Isso abre um bom interrogante: que doença venérea pode ser esta que se produz em alguém que afirma não ter tido jamais relações sexuais? Há momentos em que ele está prestes a ficar cego. Viaja para se encontrar com os pais, e a mãe hipocondríaca, também, por sua vez, se queixa de estar "cheia de amebas". Finalmente chega a Paris, consegue entrar na École e se acalma; organiza-se e conhece Hélène.

Penso que o tempo todo Althusser não sabia bem quem era. Andava às voltas com a sua identidade chamando-se de diversas maneiras, todas elas tendo um sentido bastante especial. Algo

200   FRENTE À MORTE, FRENTE AO MAR

estava sendo elaborado em relação a isso. Coloco isto porque me parece que um momento não menos interessante que trágico é aquele em que ele começa a ser mesmo *Louis Althusser*: quando entra na Escola Normal, quando entra para o Partido Comunista, quando, ao mesmo tempo, conhece Hélène.

A hipótese que eu tenho é que, com Hélène, constitui-se uma *relação simbiótica* na qual ele fica preso, amarrado; é uma relação que contém os aspectos mais destruídos – menos elaborados – de sua personalidade e de sua subjetividade. É simbiótica no sentido de que implica um cruzamento recíproco de depositações e um estabelecimento de papéis fixos, em que o projetado coincide com a conduta real do depositário dessa projeção.[4] Essa relação sobre a base de uma ilusão de unidade é uma renegação do reconhecimento dos aspectos diferenciados. É uma espécie de relação indiferenciada, mas que cumpre a função de garantir, de uma forma significativa, a saúde mental e física de seus membros. Digo física, explicitamente, porque, quando se produzem rupturas e mobilizações no seio de uma simbiose, a possibilidade de aparecer uma doença associada ao corpo é muito frequente, seja ela psicossomática ou tendo uma forma hipocondríaca.

Que tipo de vínculo é este que se constitui?

Quando se conhecem em 1946, Hélène é uma "morta-viva". Mal sobrevive, de fato, às custas da venda do que lhe resta de relações valiosas que ficaram destruídas: livros de Aragon, de Paul Éluard etc. Com uma autoestima em frangalhos, ele se prenderá, adorando-a, à imagem de heroína da resistência. Fala-se, no primeiro encontro, na casa de amigos comuns, dos horrores da guerra, principalmente dos

---

4   Bleger (1967), que trabalhou amplamente o tema da simbiose, utiliza o conceito de *identificação projetiva*, de Melanie Klein (1955). Já o conceito de *depositário* é de Pichon-Rivière (1971).

"sinistros" pesadelos da deportação. "Realmente não se podia sequer *imaginar*" (Althusser, 1985b, p. 107).

Um aparte sobre essa ideia de "não poder imaginar", destacado pelo próprio autor: Althusser tinha uma imaginação formidável, mas ao mesmo tempo não podia ser usada, ficava impedida, ou devia ser neutralizada. É algo espantoso e tem a ver provavelmente com essa posição filosófica em que se colocou. Por exemplo, e voltando um pouco atrás, a certa altura do livro, numa das sequências mais intensas, ele tenta transmitir a significação que teve sua infância na casa dos avós, principalmente do mundo camponês ligado ao avô. Ele se lembra de uma situação e a descreve com imagens muito emotivas. Estava junto com um grupo de camponeses, num grande aposento da fazenda. Tinham feito uma pausa no meio do trabalho e estavam tomando vinho, comendo, descansando, começando a cantar. E ele participava de tudo isso, com um copo na mão, sentindo-se um homem entre os homens. A evocação é interrompida abruptamente:

> *Que me permitam, diante da verdade, uma confissão cruel. Essa cena dos cantos caóticos . . ., do copo de vinho, não a vivi dentro do grande aposento. Portanto, sonhei, ou seja, desejei apenas vivê-la intensamente. Por certo, ela não era totalmente impossível, mas devo à verdade conservá-la e apresentá-la como foi através de minha lembrança: uma espécie de alucinação de meu intenso desejo. Aliás, faço questão de me ater, ao longo de todas essas associações de lembranças, estritamente aos fatos: mas as alucinações também são fatos.* (p. 77)

202 FRENTE À MORTE, FRENTE AO MAR

O problema, a partir do ângulo em que o estou considerando, parece ser como preservar o potencial elaborativo de algo que não é nem mais nem menos que um devaneio retroativo. Já sabemos que o imaginário, no hegelianismo e no jovem Marx, fica condenado: não deve ser elaborado, mas superado e abolido com um gesto iconoclástico e radical. De qualquer maneira, o "não se podia imaginar" aponta para um reconhecimento e, talvez, para uma abertura possível sob a forma da negação.

Voltando à situação, Hélène, idealizada, mal pode compensá-lo ou encobrir a quebra de ideais que a guerra significou. Essa guerra e as anteriores, de que falei.

> *Hélène, totalmente atenta às palavras da senhora Lesèvre, depois de minhas poucas palavras políticas, não disse quase nada. Nada de sua própria miséria, nada de seus amigos fuzilados durante a guerra pelos nazistas, nada de sua filiação desesperada. Ainda assim, percebi nela uma dor e uma solidão insondáveis.* Desde aquele momento fui assaltado por um desejo e uma oblação exaltantes. Salvá-la, ajudá-la a viver! Nunca em toda nossa história e até o final desviei-me dessa missão suprema que não cessou de ser minha razão de viver até o derradeiro momento. *(p. 108, grifos meus)*

Ou seja, ele assume um compromisso, uma missão de ser o salvador de Hélène. Salvá-la de quê? De tudo isso que ela contém, e que pouco a pouco se irá pondo à luz, abrindo possibilidades de que, quase ao fim, ela se "safe" dessa posição, mas se feche da forma mais trágica. O salvador da vida pode ser o dono da vida.

Lembro-me de um paciente que, justamente, acabava de sair do fundo de uma crise depressiva, e que me dizia: "O doutor me salvou a vida, e no Oriente, quando algo assim acontece, o salvado fica escravo do salvador". Fiquei contratransferencialmente aterrorizado com a frase. Isso significava um pacto de ferro que se estabelece, nos dois sentidos. Vemos o lugar assumido por Althusser. Os papéis se inverteram, nas suas depressões, numa rotação característica das configurações simbióticas.

Nas tenebrosas relações entre Hélène e o Partido, ambos idealizados por Althusser, não há possibilidade de "salvação" sem prejuízo de uma das partes. O conflito é de tal ordem que não é possível processá-lo, e esse é o momento em que ele cai numa depressão com ameaças e tentativas de suicídio. Uma definição implica, enfim, uma perda. Ficam sozinhos e, como ele diz, começam o caminho do deserto. Trata-se de um pacto de sobreviventes.[5] Ele mostra como se gesta esse pacto, que tem papéis semelhantes no seio de histórias diferentes por meio de uma ilusão unificadora: "Imaginem aquele encontro: dois seres no auge da solidão e do desespero que por acaso se encontram cara a cara e que reconhecem um no outro a fraternidade de uma mesma angústia, de um mesmo sofrimento e de uma mesma solidão, e de uma mesma expectativa desesperada" (p. 108).

Foi conhecendo Hélène pouco a pouco. Uma menina não amada pela mãe, precisamente por ser mulher, e que, por um processo

---

5 No texto *Freud e Lacan, Marx e Freud* (Althusser, 1985a), encontra-se também uma presença fortíssima dessa figura do *sobrevivente*: "Qual é o objeto da psicanálise? Não a cura, mas os 'efeitos' prolongados no adulto que sobrevive desta extraordinária aventura que, desde o nascimento até a liquidação do Édipo, transforma um pequeno animal, concebido por um homem e uma mulher, numa criatura humana. Que este pequeno ser sobreviva, e sobreviva como criança humana (e que sobreviva de todas as mortes da infância, tantas das quais são mortes humanas)" (p. 50). Num outro fragmento, diz: "Marx, Nietzsche e Freud foram obrigados a pagar a conta, por vezes atroz, da sobrevivência: preço liquidável em exclusões, condenações, injúrias, misérias, fome e mortes ou loucura" (p. 55).

identificatório com esse lugar, acaba propensa a se sentir horrorosa como mulher, uma megera. Também fora frequentemente humilhada em conjunturas em que devia funcionar a serviço de um homem que tinha de atender aos desejos de outra mulher. Parece que era maltratada, posta para fora, porque não cumpria o que se esperava nessas situações. Precisamente com essa mulher, a Althusser não ocorre nada melhor que desenvolver a irresistível compulsão de apresentar-lhe outras mulheres para que as aprove como escolhas amorosas dele.

Ele tinha um enorme medo das mulheres. Atirava-se sobre elas querendo o máximo de confissões e de ternura, mas com muito medo de suas demonstrações esperadas. Medo de ficar à sua mercê, pois então a iniciativa teria mudado de campo. E o terrível perigo de soçobrar em suas mãos "fazia com que de antemão meu (*seu*) rosto empalidecesse de angústia". Em meio a uma das suas chamadas crises de hipomania, monta uma cena na qual, na praia, diante de Hélène – que não sabia nadar –, convida a despir-se uma jovem que acabava de conquistar.

> *Nós dois entramos, totalmente nus, nas ondas violentas. Hélène já grita de medo. Nadamos um pouco ao largo onde praticamente fazemos amor, em pleno mar. Vejo ao longe Hélène, numa absoluta aflição, correr de medo pela praia, gritando. Na hora de voltar, verificamos que estamos presos numa forte correnteza que nos arrasta para longe. Devemos ter feito esforços alucinantes, durante algo como uma ou duas horas, para finalmente voltar à margem. Foi a jovem mulher que me salvou. Nadava melhor do que eu, e me sustentou em meus esforços desesperados. Quando chegamos à praia, Hélène desaparecera. Não havia nenhuma casa*

durante vários quilômetros. Em desespero, Hélène teria
partido para buscar socorro. (p. 108)

Após intermináveis corridas, ele a encontra totalmente enco-
lhida, irreconhecível, tremendo, numa crise quase histérica e com
o rosto de uma mulher muito velha, devastado pelas lágrimas.

Tento tomá-la nos braços para tranquilizá-la. Di-
zer-lhe que o pesadelo acabou, que estou ali. Nada
adianta. Não me ouve nem me vê. Finalmente, não sei
quanto tempo, abre a boca, mas para me rechaçar vio-
lentamente:

— Você é nojento, você está morto para mim, não que-
ro mais vê-lo, não quero mais viver com você, é um
covarde, um safado, desapareça!

Compreendi muito bem que não havia em seu pavor
o medo de que eu morresse na correnteza das ondas,
mas outro medo mais terrível: de que eu a matasse ali
mesmo em virtude de minha horrível provocação de-
mente. (p. 108)

Penso que aí está outro medo: o de ser morto por Hélène por
meio do abandono. O medo de que ela se feche para ele para sempre. Isso que, afinal, ele provocou. Mas o que é muito impressionante, na perspectiva que estou propondo, é o que diz depois: "O
fato é que, pela primeira vez, minha própria morte e a morte de
Hélène eram uma só. Uma só e mesma morte . . .". Então se afirma
a ilusão de unidade quando a frase continua: "não tendo a mesma
origem, mas a mesma conclusão" (p. 108).

Ou seja, toda essa sequência terrível fala da possibilidade de
uma ascensão ao limite, de uma violentíssima tentativa de ruptura,

ou de acesso a uma diferenciação. Mas acaba sendo uma cerimônia macabra de religação. Acaba sendo isso, como se a possibilidade de uma abertura acabasse num fechamento. E este acaba sendo o destino final da relação com Hélène. Como costuma acontecer nas "melhores" tragédias, tudo acaba mal, justamente quando estava começando a ficar bem.

Por quê? Por diversas razões. Em parte, talvez, pelo próprio processo de análise, os dois pareciam estar melhores, independentes, mais diferenciados, mais discriminados. Hélène estava tendo sua própria vida, seus próprios amigos, seu trabalho. Não ficavam o tempo todo na casa em que viviam, viajavam para fora do país. Ele estava produzindo grandes projetos em seu trabalho, ao mesmo tempo que – coisa interessante – estava com dificuldades para dar aulas, o que poderia ser um indicador sintomático que prenunciava um abalo na relação dependente (talvez simbiótica, também) com a instituição.

Tinha estabelecido vínculos novos, importantes e discriminados, com reconhecimento do outro e menos impulsividade, em relação a outras mulheres. Abria-se a possibilidade, realmente, de uma reelaboração de fundo dessa relação simbiótica, ou de uma ruptura, em última instância, *a possibilidade de sair...*

Aí é onde "o diabo mete o rabo", digamos. Por meio do corpo, de uma cirurgia, de uma anestesia, das quais ele sai muito deprimido e angustiado. É internado e recebe um tratamento com um medicamento de tipo IMAO (inibidor da monoamina oxidase), que avaliam que lhe causou uma reação paradoxal. Entra num estado confuso-onírico que, segundo consta, é próprio desse tipo de reação; pelo caráter persecutório que é descrito e pela modalidade dos desejos suicidas, me lembra da primeira fase do surto delirante de Schreber (Freud, 1911), quando foi internado pela segunda vez.

Impressiona-me esse fato. Pelo que se lê em Bleger (1967) e outros autores, episódios psicóticos com elementos epileptoides confusionais ou de tipo paroxístico, com tendência a qualquer tipo de atuação, são bem possíveis em estruturas simbióticas desestabilizadas. Então, uma hipótese que se haveria de considerar é a de que houve uma simbiose encaminhada para uma ruptura, com efeitos que, não fossem esses, poderiam ser outros. Mas a morte, como já vimos, andava por perto: poderia ser o suicídio, de um ou de outro.

O que ele descreve desse tempo em que ficaram os dois sozinhos, trancados dentro do apartamento da Escola Normal, é um inferno! Lendo essa passagem, não consegui deixar de associá-la com um filme de Bergman, *O Ovo da Serpente* (1977), no qual há uma cena de uma mãe submetida ao pranto de uma criança que não para de chorar em razão de um problema congênito incurável. Fechada com ela, e sem possibilidade de sair, sem escapatória, acaba matando-a. É uma situação extremamente cruel, tudo isso sendo filmado, investigado pelos alemães. Perto dali, no mesmo filme, aparece um casal submetido a uma situação, em todos os sentidos, parecida. O pano de fundo era a situação de caos hiperinflacionário na Alemanha dos anos 1930 e a emergência do nazismo.

Gostaria de comentar algo a respeito da situação de análise. Penso que foi problemático que o analista de Althusser, a partir de certo momento, tenha tomado a Hélène, simultaneamente, em terapia individual. Penso que isso foi problemático porque às vezes dizemos algo como: "Bom, foi ruim porque foi um ato heterodoxo, uma infração aos códigos etc. Então, necessariamente, se algum mal aconteceu é por isso". E também porque, se existe a fantasia de uma unidade indiscriminada, a análise com o mesmo analista a alimenta. Não abre a possibilidade de ter espaços, referências, escutas ou universos simbólicos diferentes, que são necessários. A outra coisa que facilita, e que é precisamente o que na análise se

208 FRENTE À MORTE, FRENTE AO MAR

tende a evitar, são repetições de situações em que o analista (pelos mesmos mecanismos descritos para a simbiose, que não falta em alguma medida em qualquer análise) tende a atuar de forma a "fixar" os pacientes nos seus papéis narcísicos.

Então, quando ele acaba por aceitar Hélène em terapia, porque Althusser estava insistindo, ele podia estar "embarcando" na missão de Althusser de salvar Hélène a qualquer custo. Isso possibilita que ele se afirme no papel de salvador por meio daquilo que dá para ela. Reciprocamente, Hélène, ao mesmo tempo que é ajudada, reedita situações de submissão a papéis de sacrificada, de mártir, de ter que fazer mais e mais coisas por ele, para que possa ser tratado, possa sair das depressões etc. Aí o analista, segundo o relato, acaba decidindo por internar Althusser numa determinada clínica para poupar Hélène, que já sofria tanto, das viagens até lá.

Bem, se a situação significa tudo o que significa, não teria sido melhor que não fosse ela que se ocupasse, ou que o analista não tivesse de se "ocupar" dela, que entrassem outras pessoas? Também havia amigos. Enfim, eu não sei, imagino, invento. Hoje tendemos a pensar em diversificação de papéis, entrada de acompanhantes terapêuticos, diferenciação de analistas, mesmo num trabalho conjunto, quando indicado, com o casal. Acaba-se sentindo também que é injusto falar desse modo sem ter tido acesso às pessoas que foram protagonistas desse drama que foi terrível e deixou loucos a todos.

Penso também no aspecto problemático de uma situação em que, havendo "todo este mundo", não pode haver uma intervenção terceira que opere um corte. Por que ninguém pode tentar forçar a abertura daquela porta trancada? O que estaria se passando "em volta"?[6] São coisas difíceis de encarar, mas que, se quisermos fazer sobre elas um trabalho de análise, a partir de uma perspectiva clínica, temos de levar em consideração também.

---

6 Seria possível considerar o suicídio de Poulantzas e o "acidente" de Barthes, da mesma época, como elementos que indicavam uma crise profunda da intelectualidade francesa naquele momento.

14. Um capítulo da história da psicanálise na América Latina[1]

No começo da década de 1970, em função dos ventos de libertação que percorriam o mundo inteiro, muitos psicanalistas começaram a questionar o apoliticismo e a alergia contra as questões sociais que, em nome de uma suposta e mistificada neutralidade científica e valorativa, dominavam a mentalidade das sociedades psicanalíticas dependentes da Associação Psicanalítica Internacional (IPA). Mas não só isso: começaram também a questionar sua estrutura hierárquica, seu sistema de formação sustentado na análise didática, sua rigidez normativa, a fronteira igualmente rígida estabelecida entre o intra- e o extrainstitucional, a dogmatização das teorias, a ritualização das práticas e a reivindicação monopólica da herança freudiana.

Tudo isso, formando um todo articulado, fez com que muitos de nós repensássemos nossa pertinência a essas instituições.

---

1 Conferência de abertura do II Encontro Mundial dos Estados Gerais da Psicanálise; Rio de Janeiro, 30 de outubro de 2003.

212 UM CAPÍTULO DA HISTÓRIA DA PSICANÁLISE NA AMÉRICA LATINA

Na América Latina, mais precisamente na Argentina, onde a inserção e a incorporação da psicanálise à vida das cidades são tão importantes, esse movimento de questionamento adquiriu tal força, originalidade e organicidade que protagonizou, por meio dos grupos Plataforma e Documento, a primeira ruptura político-ideológica na história da IPA, fundada por Freud em 1910 (Langer, 1971, 1973). O movimento recebeu a adesão e a participação crescentes de analistas formados e em formação, tanto periféricos como distantes da instituição oficial, além de intelectuais e trabalhadores da cultura e das diversas profissões presentes no campo da saúde mental.

Muitos desses profissionais que constituíram as bases desse movimento tinham iniciado sua formação em um espaço extramuros da Associação Psicanalítica Argentina (APA), nas faculdades de psicologia, em espaços alternativos como escolas de psicoterapia ou de psicologia social e, notadamente, em instituições de saúde mental de destaque no campo da saúde pública. No desenvolvimento desses espaços tinham protagonizado um papel ativo, bem antes da ruptura, alguns psicanalistas com grande criatividade, formação cultural, interesse pelo social e desenvolvimento autônomo que atravessaram os muros ideológicos da oficialidade psicanalítica para investir ou criar esses novos âmbitos e essas novas práticas.[2]

Esse perfil de analista autônomo, aberto ao mundo da cultura e compromissado ética e politicamente impulsionou, anos depois, o desenvolvimento e a expansão da psicanálise aqui no Brasil, fora do âmbito oficial e compassado com os processos de democratização, criação da cidadania e construção de projetos de transformação social. Contribuíram a criação e o fortalecimento de projetos

---

2 Ver o livro *Não conte a ninguém...: contribuição à história das Sociedades Psicanalíticas do Rio de Janeiro* (Besserman-Viana, 1994).

psicanalíticos formativos de fôlego, promovendo uma colegialidade sem hierarquias e ligando-se a instituições comprometidas com as lutas sociais. Além disso, e vale aqui a menção à minha experiência pessoal, idêntica à de muitos outros que me são próximos, a acolhida generosa aos analistas argentinos obrigados a exilar-se criou laços fortíssimos de trabalho e amizade que permitiram que todos nós, migrantes, crescêssemos juntos.

Assim, a participação de todos esses analistas nos projetos assistenciais públicos e nos movimentos de trabalhadores de saúde mental, em particular a luta antimanicomial, e o desenvolvimento inventivo de práticas alternativas ao modelo hospitalocêntrico – além da presença forte e expansiva no mundo acadêmico e nos espaços culturais em geral – conferem uma riqueza particular ao movimento psicanalítico brasileiro.

No entanto, vale agora perguntarmo-nos sobre o papel que coube no início desse movimento, começado já o processo de abertura democrática, ao questionamento ideológico e político das instituições oficiais, nos termos que já apontei, pelo controle vertical de vida, ideias e obras de seus membros, exacerbado pelo medo de perder o monopólio da psicanálise, e principalmente pela cumplicidade dessas instituições com o poder e a mentalidade totalitária da ditadura militar.

Penso que estamos respondendo a essa pergunta com a presença de analistas de todo o mundo, hoje, aqui no Rio de Janeiro, reunidos no II Encontro Mundial dos Estados Gerais Psicanálise, espaço cuja convocatória, por iniciativa de René Major,[3] foi deflagrada a partir da publicação do livro *Não conte a ninguém...*, de Helena Besserman-Viana (1994), denunciando a cumplicidade flagrante e grosseira de uma dessas instituições, somada à omissão da

---

3 Ver *Convocação*, de René Major (2000).

214 UM CAPÍTULO DA HISTÓRIA DA PSICANÁLISE NA AMÉRICA LATINA

IPA na investigação e no esclarecimento dos fatos. Essa presença de todos é, certamente, a melhor homenagem para a memória de Helena Besserman-Viana, por sua vida, sua luta e seu papel decisivo na criação dessa instância, também de luta, que são os Estados Gerais da Psicanálise.

Entre um movimento e outro – o da Argentina e o do Brasil – que acabo de delinear, aconteceram, com alguns anos de defasagem, as ditaduras militares que irromperam na América Latina, implantando em quase todo o sul o terror de Estado, galvanizadas pela doutrina da segurança nacional funcional ao regime de dominação e exploração continental.

A partir da década de 1980, uma série de analistas latino-americanos (em geral brasileiros, uruguaios e argentinos) produziram trabalhos referentes ao efeito, na subjetividade, dessas catástrofes sociais de alto impacto traumático. Demonstraram como a perda de vínculos, a deterioração e a quebra do sistema de ideais, bem como o fim de projetos coletivos impõem uma subjetividade fragilizada, quadros de verdadeira "demolição" da identidade e uma cultura de violência, entre outros efeitos.[4]

É evidente que essa linha de trabalhos apresenta uma continuidade do espírito de intervenção e combate no campo político, cultural e social que caracterizou o trabalho de Freud. Surge um empenho para construir elementos conceituais que, sendo instrumento de luta contra o poder totalitário dos regimes de fato, ao mesmo tempo ampliem a totalidade do campo psicanalítico expandindo a elaboração do despotismo e da crueldade, relegados tantas vezes à estante dos trabalhos de Freud chamados de "sociais". E o papel dos analistas franceses – não podemos esquecer, em particular, de René Major – na acolhida e difusão desses trabalhos foi

---

4 Ver *Le psychanalyste sous la terreur* (O'Dwyer de Macedo, 1971).

antecedente marcante para respondermos prontamente a sua convocatória para Paris em 2000.

Nos últimos anos surgiram trabalhos que mostram como foi possível resistir, combater o esquecimento, recriar a coragem de sustentar as convicções, unir-se a outros, enfrentar a repressão, e transcender os traumas das perdas devastadoras. Redescobriu-se, enfim, a alegria nas conquistas mais ínfimas na luta pela justiça social. Mostrou-se como, no trabalho com as vítimas do terror de Estado e no campo da afirmação dos direitos humanos, criam-se grupos solidários, capazes de oferecer um suporte amoroso que permita restaurar uma envoltura narcísica, ao mesmo tempo que se protege o eu e se evita que a necessária rememoração se torne traumática (Hollander, 2000).

O retorno à vida política e à ação coletiva favorece a recriação da vida psíquica, da temporalidade e do sentido histórico, a partir da construção de projetos e de utopias em que o futuro se mostra capaz de reparar as injustiças do presente A atividade do ideal do ego possibilita a ativação dos sistemas de fantasmatização e simbolização, reinstalando-se, assim, os processos de subjetivação elaborativa.

Abre-se aqui um novo capítulo dessa história. Como prêmio por sermos tão diligentes e esforçados na recuperação de nossos percalços, e lambendo ainda nossas feridas, os latino-americanos recebemos, como para animar nossa convalescência, embrulhado para presente, nada mais nada menos que o bolo neoliberal, que prometia a realização de todas as promessas, com saborosa cobertura de confete pós-moderno. Não vou detalhá-lo para não estragar o desfrute. Só vou colocar umas poucas observações para ver se conseguimos situar em algum lugar a cereja da psicanálise. Não é fácil.

216 UM CAPÍTULO DA HISTÓRIA DA PSICANÁLISE NA AMÉRICA LATINA

Em "O futuro de uma ilusão", Freud (1927a) postulava que a subjetividade própria de sua época estava sustentada por um laço social que reunia três elementos: a ilusão religiosa, a lealdade política ao monarca e a proibição de pensar a sexualidade. Podemos considerar que as políticas de globalização neoliberal procuram instituir um tipo perverso de laço social constituído por outros três elementos articulados: a compulsão consumista, a fascinação midiática e a desmentida tecnológica do sofrimento humano. Essa composição subordina, com suas lógicas específicas, todos os recursos que o desenvolvimento tecnológico põe à sua disposição. Sabemos que a tecnologia neuroquímica e seus megamonopólios ocupam um lugar de vanguarda e promovem práticas que se encaixam milimetricamente na lógica do consumo.

O consumidor tem de ser um sujeito que varia sistematicamente de objeto de consumo sem alterar sua posição subjetiva. O elemento novo da série é melhor porque é novo. "O anterior não cai por já se ter feito a experiência subjetiva da relação com este objeto particular, mas pela pressão do novo, que vem a desalojar o anterior sem inserir-se em nenhuma história. Assim, tanto o sujeito como o objeto se mantêm inalterados e o mercado pode expandir-se ampliando a oferta de objetos" (Lewkowicz, 1998, p. 74). Isso se inscreverá como mal-estar por meio da figura do toxicômano, sinalizando a produção generalizada de uma subjetividade adictiva.

Na função de remendar e recuperar dos colapsos narcísicos os sujeitos que sentem a ameaça da exclusão na sociedade do espetáculo, a psiquiatria tende a ficar sobredeterminada por estas lógicas. O contato interpessoal se reduz ao mínimo, a interlocução tende a ser evitada. Toda a operação se destina a identificar os signos e os enunciados que possam corresponder aos itens de uma classificação construída, tomando como referência os efeitos esperados do fármaco. Se o primeiro remédio não satisfaz, substitui-se por outro, ou agrega-se a outro, ou se combina um terceiro e se retira o primeiro, num automatismo que não tem fim. Dessa maneira, não só a reflexão psicopatológica, mas até os traços próprios de uma clínica e seus historiais estão se evaporando, dessubjetivando o próprio médico, agente dessa operação.

A psicanálise, uma "psiquiatria-que-aceita-as-lágrimas" – numa definição de Rickman recuperada por Pichon-Rivière (1971) –, e muitas práticas socioculturais, notadamente as artes – capazes de promover processos de subjetivação elaborativa e criativa –, operam um corte e uma subversão nessas lógicas alienantes. Partem da disposição para uma experiência subjetiva que implica a "alteração" recíproca dos sujeitos da experiência, abrindo a possibilidade de um percurso imprevisível que permita ir desenhando a "patologia contemporânea singular" de cada um deles.

Eu entendo que, qualquer que seja o âmbito institucional, o enquadramento técnico ou o marco contratual em que se insira, a psicanálise tem uma lógica específica e um tipo de andamento que lhe é próprio, pelo qual, e em relação às lógicas derivadas do tripé anteriormente mencionado, fica situada, necessariamente, em posição de resistência.

Isso não a deixa imunizada contra os efeitos do mercado, o que exige uma consideração muito cuidadosa. Como diz a Bíblia, sem farinha não há Torá. E farinha custa dinheiro. O mercado coloca os analistas em situações complexas em que não fica ausente uma dimensão de crueldade, para retomar um conceito que foi reintroduzido no I Encontro Mundial dos Estados Gerais da Psicanálise.[5]

A formação, no entanto, pode ser fortemente impregnada pelas ilusões e pelas operações do marketing. Não penso, contudo, que possa existir um caminho pré-traçado para a formação de um

---

5 Realizado em Paris, em julho de 2000.

218 UM CAPÍTULO DA HISTÓRIA DA PSICANÁLISE NA AMÉRICA LATINA

psicanalista crítico, interessado na construção de um outro mundo possível.

Mas, voltando às ilusões coletivas contemporâneas de que falava anteriormente, começa a produzir-se hoje com elas o que dizia Freud (1927a) a respeito da religião: há perda da coerência, há decepção com os resultados, há um mundo que não responde nem corresponde à vontade do deus neoliberal. Há perda da credibilidade por parte das próprias elites. Não conseguindo velar o fundo de exclusão e violência que elas produzem, tenta-se agora voltar a pôr em cena o laço paranoico da guerra, com um componente de má fé e irracionalidade que supera todas as versões anteriores.

Qual está sendo a experiência dos analistas frente a esse mundo em transformação e a seus efeitos na subjetividade é precisamente a questão que nos propusemos encarar e analisar neste II Encontro Mundial dos Estados Gerais da Psicanálise[6]. Estabelecemos, com essa finalidade, uma agenda extensa de questões com diversos ângulos de abordagem, buscando traçar um quadro global, ampliar o campo da análise e perfilar melhor os caminhos a percorrer nas nossas intervenções.

Os problemas são grandes, mas o contexto e a paisagem nos animam. Não falo somente da beleza da cidade de Rio de Janeiro. Falo do Brasil e da América Latina, onde vêm acontecendo processos sociais e políticos de uma envergadura e uma riqueza éticas, políticas e jurídicas que fazem a democracia crescer e tornar-se mais verdadeira.

---

6 Ver Major (2000) e Comitê Executivo do II Encontro Mundial dos Estados Gerais da Psicanálise (2003).

15. Wilhelm Reich e a relação entre psicanálise e política[1]

Em novembro de 2016, o Departamento de Psicanálise do Instituto Sedes Sapientiae de São Paulo convocou seus membros para um encontro interno sobre psicanálise e política. Acabava-se de produzir o impeachment de Dilma Rousseff e vários indícios permitiam prever desenvolvimentos fascistas no Brasil. Um dos temas sugeridos foi "A luta contra o fascismo durante a Segunda Guerra Mundial". Este trabalho apontou desde o início como Wilhelm Reich defendeu a psicanálise como instrumento de compreensão e transformação dos conflitos políticos, bem como seu impacto na história institucional do movimento psicanalítico.

---

1 Apresentado no Congresso da Federación Latinoamericana de Asociaciones de Psicoterapia Psicoanalítica y Psicoanálisis (FLAPPSIP), cujo tema era "Configurações atuais da violência: desafios à psicanálise latino-americana", realizado em Montevidéu em maio de 2019, por meio de gravação em vídeo. Publicado no *Boletim Online*, (63), jun. 2022; uma versão anterior foi publicada na revista *Percurso*, XXXII(63), 35-42, 2019.

220 WILHELM REICH E A RELAÇÃO ENTRE PSICANÁLISE E POLÍTICA

Proponho-me, assim, a trabalhar a relação entre psicanálise e política a partir da prática psicanalítica e política de W. Reich e de sua obra *Psicologia de massas do fascismo*, apontado as ligações possíveis de serem estabelecidas com alguns dos aspectos mais inquietantes da realidade conjuntural brasileira.

A presença marcante e conflitiva de Wilhelm Reich no movimento psicanalítico foi processada institucionalmente pela via de sua expulsão da Associação Psicanalítica Internacional (IPA), em 1934. Esse acontecimento coincide com o início de um longo período de fechamento ideológico e doutrinário dessa associação e de suas filiais em diversos países.

Nos anos 1970, com os ventos de libertação que percorrem o mundo, a relação política-psicanálise volta a movimentar a psicanálise e o "caso Reich" (Rodrigué, 1995) é retomado como um analisador dessa problemática e dos processos de institucionalização. A instituição psicanalítica "oficial" é questionada, e se produzem movimentos de inovação, ruptura e criação de novos projetos coletivos, entre os quais a cisão da Associação Psicanalítica Argentina (APA), em 1973, a criação do Centro de Docência e Investigação da Coordenadoria de Trabalhadores de Saúde Mental em Buenos Aires e a criação do Curso de Psicanálise do Instituto Sedes Sapientiae, em São Paulo, em 1976 e, posteriormente, em 1985, do Departamento de Psicanálise desse mesmo instituto, como espaços psicanalíticos autônomos e politizados.

Marie Langer (1971), psicanalista argentina de origem austríaca, nos fala sobre esses dois momentos históricos: "Nos anos 1930 em Viena, a juventude intelectual era atraída intensamente pela psicanálise e pelo marxismo. Hoje em dia, em Buenos Aires, a juventude que conheço se dedica com igual interesse a esses grandes temas" (p. 251).

Freud e Marx haviam criado duas ciências que traziam uma nova consciência ao homem. Um grupo significativo de analistas austríacos e alemães compartilhava esse interesse. O mais destacado entre eles foi Wilhelm Reich, para quem a aproximação e a complementação entre ambos os pensamentos enriqueceriam cada um deles. Para o historiador Rodrigué (1995), bem como para Roudinesco e Plon (1998), não resta dúvida de que a expulsão de Reich foi uma decisão política, e não científica, decisão ditada, em grande medida, pelo pânico diante de uma situação de grande risco real.

Langer (1971) aporta seu testemunho direto sobre as reais circunstâncias político-institucionais. Ela, que tinha na época 24 anos, era médica e estava iniciando sua formação psicanalítica em Viena, relata que esteve em 1932 em Berlim, ouviu Hitler falar diante de uma concentração multitudinária de nazistas e tomou a decisão de militar na esquerda. Sentia que era absurdo entregar-se sem lutar. Freud – diz ela – negava o perigo, idealizava a Alemanha de Goethe, que achava avessa às extravagâncias bélicas. "Nós, os jovens politizados, pensávamos diferente", diz a autora.

Na Áustria todos os partidos de oposição foram proibidos; a metade da população pertencia a eles, e muitos militavam clandestinamente. Frente a isso, as autoridades da Associação Vienense decidem que, para preservar a psicanálise, era necessário proibir seus integrantes de exercer qualquer atividade política ilegal e de atender a pessoas que estivessem em tal situação. Precisavam optar.

Frente à circulação de rumores quanto ao engajamento político de Langer, o analista lhe colocou as seguintes possibilidades: ou ela escolhia a militância política e abandonava a análise, ou ficava na psicanálise e renunciava à prática política. Havia uma terceira possibilidade, manter as duas coisas, mas evitar falar muito disso na análise. Solução obviamente problemática desde o ponto de vista

222 WILHELM REICH E A RELAÇÃO ENTRE PSICANÁLISE E POLÍTICA

dos princípios do método e da ética da psicanálise. Ficou nessa situação por um tempo, então decidiu sair dela e exilar-se. Foi para a Espanha e se engajou como médica nas Brigadas Internacionais, que lutavam contra o franquismo.

As posições ideológicas e políticas assumidas pelos analistas de esquerda,[2] principalmente por Reich, entram em uma dinâmica de debate e, posteriormente, de oposição e antagonismo em relação às posições dominantes na instituição psicanalítica, o que desembocou na formulação, pela primeira vez, de uma política oficial. Rodrigué (1995) afirma que Wilhelm Reich foi o primeiro sintoma, no sentido analítico do termo, da institucionalização da psicanálise. O próprio Reich (1946) utilizava o conceito de sintoma institucional. Para ele, por exemplo, a teoria da pulsão de morte, introduzida por Freud em *Mais além do princípio do prazer*, era um sintoma do conflito criado entre a potência crítica e criativa de Freud e as tendências conservadoras e regressivas, que chegavam até a dessexualizar a teoria psicanalítica.

O processo de afastamento institucional de Reich começa na Sociedade Psicanalítica de Berlim e culmina no Congresso da Associação Internacional em Lucerna, em 1934. Sobre as vicissitudes da instituição psicanalítica na Alemanha após a ascensão do nazismo, a "limpeza étnica" de analistas judeus e de teorias e linguagens psicanalíticas, considerados "ciência judaica", e sua concomitante uniformização doutrinária (*Gleichschaltung*) não falaremos neste trabalho.

Com o início da guerra se produz a diáspora para diversas regiões do mundo, e a psicanálise torna-se não só apolítica, mas também acrítica, adaptativa, tendendo ao isolamento e ao encapsulamento intrainstitucional. As instituições psicanalíticas se

---

2 A. Reich, S. Bernfeld, E. Jacobson, O. Fenichel, K. Friedlander, G. Gero etc.

transformaram em corporações profissionalistas, verticais, burocráticas. Segundo Roudinesco e Plon (1998), os analistas da esquerda freudiana, bem como muitos outros da chamada segunda geração internacional, tiveram de enfrentar o exílio e a integração numa nova cultura. "Encontraram na IPA uma nova pátria freudiana, e foram então os artífices do legitimismo ou, ao contrário, contestaram o aparelho freudiano, chegando até a cisão, o exílio interior, ou ainda a mudança de prática" (p. 230).

Continuando com o analisador, Marie Langer, depois da luta nas Brigadas Internacionais, abandona a Europa, vai para o Uruguai e acaba por radicar-se finalmente em Buenos Aires, onde retoma o trabalho psicanalítico. Junto a colegas argentinos e outros analistas, também imigrantes, funda em 1946 a APA, a primeira associação psicanalítica na América do Sul a ser reconhecida pela IPA.

Em 1971 ela escreveu, para um encontro da IPA, um artigo intitulado "Psicanálise e/ou revolução social" (Langer, 1971), em que relatou essa história, afirmando que nos anos 1930 os analistas da geração jovem foram convencidos pelo grupo de analistas mais velhos a optar por uma ou pela outra. Já naquele momento, em 1970, os analistas mais velhos acompanharam os jovens que decidiram questionar a instituição e construir um caminho que não excluísse essas possibilidades.

Langer se tornou porta-voz do Grupo Plataforma, que, junto com o Grupo Documento, também da APA, protagonizou a primeira cisão por motivos ideológicos e políticos na história do movimento psicanalítico. Além dos analistas europeus ligados ao Plataforma, já existiam, na América Latina, outros grupos, como aqui em São Paulo, que questionavam o funcionamento da Sociedade Brasileira de Psicanálise de São Paulo (SBPSP), tentando resistir ao processo de centralização de poder e isolamento ideológico e técnico que nela se instalara desde a década de 1960. Um

224   WILHELM REICH E A RELAÇÃO ENTRE PSICANÁLISE E POLÍTICA

desses grupos organizou-se em 1976, formado por psicanalistas extra- e intrainstitucionais, como Regina Schnaiderman, Roberto Azevedo, Fabio Herrmann e Isaías Melsohn, entre outros, e começou a desenvolver uma proposta de formação psicanalítica, fundando o Curso de Psicanálise do Sedes Sapientiae, ao qual psicanalistas argentinos que emigramos para o Brasil viemos a nos incorporar (Cytrynowicz & Cytrynowicz, 2006). O Sedes era um lugar de acolhimento e apoio aos movimentos que lutavam contra o arbítrio, pelo retorno da democracia e a favor da transformação social.

Na América Latina, ao longo da Guerra Fria, em diversos graus e formas, as instituições oficiais estiveram submissas aos regimes ditatoriais e até, por vezes, sintonizadas com eles, fato do qual no Brasil existiram exemplos flagrantes, como o relatado em *Não conte a ninguém...*, de Helena Besserman-Vianna (1994), e também os analisados recentemente por Marilucia Melo Meireles (2016) em resenha do livro *Ditadura civil-militar no Brasil: o que a psicanálise tem a dizer*, organizado por Maria Auxiliadora Arantes e Flávio Carvalho Ferraz em 2016.

Do ponto de vista político-ideológico, as atitudes, principalmente dos dirigentes e de muitos membros das sociedades psicanalíticas ligadas à IPA – que naquela ocasião congregavam um número bem expressivo de membros –, foram de ausência e ambiguidade, disfarçando tácito apoio ao regime autoritário.

Solicitados por organismos federativos regionais, omitiram-se de solidarizar publicamente com o analista uruguaio Marcelo Viñar, por exemplo, alegando que os estatutos da instituição proibiam pronunciamentos sobre assuntos políticos, mas não deixaram de expressar, por carta, seu desejo de que o colega afetado (preso e sob tortura) "estivesse gozando de saúde, esperando que seu caso se resolvesse satisfatoriamente" (Besserman-Viana, 1994,

p. 2). Vemos que os sintomas institucionais identificados por Rodrigué (1995) se reproduzem ao longo do tempo, ganhando feições tão absurdas quanto trágicas.

Os acontecimentos na Sociedade Psicanalítica do Rio de Janeiro (SPRJ) referidos ao "cordeiro-lobo" se revestem de uma gravidade sem comparação; descobre-se aí que um candidato em formação, o dr. Amílcar Lobo, atuava, paralela e clandestinamente, como tenente-médico das equipes de tortura, com o codinome de "dr. Cordeiro". Este permanecia na instituição como candidato, mesmo que já fosse conhecida sua participação criminosa.

Helena Besserman-Vianna, a analista carioca que denunciou o fato por meio de uma carta anônima dirigida a Marie Langer, foi identificada por uma investigação grafológica de perfil claramente policial, encomendada pelas autoridades locais. "Não conte a ninguém", foi a orientação dada para a autora de dita carta, em 1993, por um alto diretor da IPA, frente ao relato dessa série de acontecimentos. É o contrário da posição assumida publicamente por Langer (1973), junto a Armando Bauleo, no livro *Cuestionamos II*: "Enviamos a denúncia a diversas sociedades psicanalíticas, esperamos que sejam tomadas as medidas correspondentes . . . O que mais pode se dizer frente a esta denúncia? O que sentir senão horror e indignação? . . . Sem nenhuma dúvida a sobrevivência institucional pode implicar um altíssimo preço" (p. 251).

A psicanálise institucionalizada havia silenciado mais uma vez. Publicado em 1997, o livro sacudiu o *establishment* psicanalítico com a denúncia desse encobrimento, tendo diversos desdobramentos dentro do movimento psicanalítico. Quando perguntam a René Major, em 2003, por que criou os Estados Gerais da Psicanálise, ele responde: "O principal motivo veio do esquecimento, do recalcamento e mesmo da ignorância intrínseca da política no movimento psicanalítico. A história da psicanálise no Brasil teve

226 WILHELM REICH E A RELAÇÃO ENTRE PSICANÁLISE E POLÍTICA

um papel desencadeador nessa tomada de consciência" (citado em Duarte-Plon, 2003, p. 30). Foi durante o lançamento do livro de Besserman-Vianna em Paris, do qual ele fez o prefácio, que foi decidida a convocação dos Estados Gerais.

Tivemos de tomar conhecimento dos sintomas que podem produzir na realidade a implicação desconhecida da dimensão política na transmissão da experiência analítica e nas instituições psicanalíticas. Os sintomas que se manifestaram no Rio não eram apenas locais ou regionais, mas internacionais, pois diziam respeito a todo o movimento desde a Segunda Guerra (Duarte-Plon, 2003).

A ideologia fascista involucrada em processos institucionais que davam sustentação a poderes autoritários e ditatoriais já havia sido denunciada e analisada nos debates europeus dos anos 1970. Em um colóquio sobre psicanálise e política em Milão, Philippe Sollers (1976) valorizava a posição de Reich, pondo ênfase na questão do fascismo: "Quem pode afirmar que o fascismo seja um perigo descartado, quando se implanta em toda a América do Sul, está vivo na Europa e carcome os países revisionistas? . . . É preciso ter do fascismo um conhecimento preciso, claro, sem pudor. Uma política sem psicanálise e uma psicanálise sem política constituem hoje o risco mesmo do fascismo nos países capitalistas industrializados!" (p. 30).

Qual era o panorama teórico institucionalizado no qual se inseriu a geração que encarava a formação psicanalítica entre os anos 1960 e 1970, quando a política voltou a se fazer presente? Na concepção psicanalítica da vida psíquica estava ausente a dimensão do social, a significação da exploração econômica e a dominação política. Não havia sido excluído somente Reich. Havia sido excluído também o Freud que revolucionou a cultura, o que tinha contribuições importantes a fazer sobre o social e sobre a política.

Assim o testemunham vários de seus trabalhos, como *Psicologia das massas e análise do eu, Por que a guerra?* e *Moisés e o monoteísmo.* Era o Freud que afirmava que uma cultura que não satisfaz um número tão grande de seus integrantes e os impulsiona para a rebelião não tem a possibilidade de conservar-se definitivamente. Nem o merece.

Para nós, analistas dos anos 1970, tinha sentido a aproximação entre Marx e Freud. Estudávamos os dois. Na reflexão teórica sobre a ideologia, Althusser, com sua forte presença da psicanálise, nos atraía enormemente. Havia algo no tipo de pensamento que tornava Marx e Freud próximos e afins.

Este caráter conflitual e provocador de cisões é, por natureza, constitutivo de sua cientificidade, de sua objetividade. Em uma realidade assim, necessariamente conflitual, não dá para ver tudo desde toda parte. Não se pode ver a não ser ocupando uma determinada posição no conflito e não outra, não se deixando arrastar pelas ilusões da ideologia dominante. É preciso desenvolver posições filosóficas materialistas, dialéticas, que são posições de classe, para poder conhecer o que é encoberto, o que é velado pela ideologia.

Maquiavel (citado em Althusser, 1978) dizia que há de ser povo para conhecer os príncipes. Althusser o parafraseia: para compreender o capital, há de ter reconhecido sua existência, ter compartilhado suas lutas. Não existe nenhum outro meio além da prática para que esse deslocamento aconteça. E sublinha: *"para um intelectual não existe nenhuma outra maneira que ser povo, que converter-se em povo por meio da experiência prática da luta desse povo"* (p. 117, grifos meus).

Cabe questionar esse conceito de conversão, que tem ressonâncias tanto psicanalíticas como históricas, as conversões religiosas. Esta palavra – *povo* – mexia com muitos de nós, pois nos víamos integrando o campo popular. Nós éramos parte do povo,

228 WILHELM REICH E A RELAÇÃO ENTRE PSICANÁLISE E POLÍTICA

e de povos em luta. Há algo para pensar, nessa linha, quanto aos processos de ressignificação e ressubjetivação envolvidos nas experiências transformadoras, que operam rupturas. Freud teve de deslocar-se subjetivamente de uma posição de superioridade médica e de gênero para poder escutar as pacientes histéricas. Teve de deixar que se fizessem ouvir, acolher suas ideias, reconhecer e teorizar a "limpeza da chaminé" proposta e sustentada por elas, mudar sua técnica inicial: assim pôde ver a sexualidade infantil falando em seus sintomas corporais. Porque é necessário um deslocamento do ponto geográfico de observação, dentro de um sistema, para poder desvelar uma realidade encoberta.

Foi preciso também sair para as ruas nas manifestações para reconhecer a cidade e começar a entender a política do espaço, da circulação e da não circulação, da rebeldia latente e seu sufocamento permanente, as ruas só para os carros, a falta de espaços públicos, até que algo se quebrasse, acionando o sufocar agudo por parte da tropa de choque. São acontecimentos associados à violência da repressão policial ou militar contra movimentos de protesto, contra injustiças, os que levam à assunção de um compromisso político e um engajamento na luta.

Para Reich, foi a experiência da greve que aconteceu em Viena em 16 de julho de 1927. Ele *estava* lá. "Se me dediquei ao movimento de higiene mental, não foi precisamente para curar algumas pessoas ou melhorar sua saúde: comecei depois desse dia, quando foram mortas cem pessoas na rua e feridas umas mil" (citado em Langer, 1971, p. 9). Já na Argentina o movimento surgiu como reação à repressão no Cordobazo, em 1969, que deslanchou uma greve geral à qual os analistas aderiram.

Nos diversos casos trata-se de observações e interrogações impregnadas de uma inquietante estranheza. Reich (1974) se pergunta sobre essa inibição submissa, essa passividade por parte dos manifestantes. Por que os repressores são tão violentos e indiferentes ao sofrimento, tratando-se de pessoas de sua própria classe social?

Marcelo Freixo (2016) fala da mesma coisa no artigo "Extermínio": policiais militares, muitas vezes negros, pobres e favelados, matando meninos negros, pobres e favelados. Matando e morrendo em número crescente.

Ser afetado pelo sofrimento dos outros desloca o observador implicado dos lugares "naturais", e esse deslocamento é político; desloca-nos dos lugares instituídos, de nosso pertencimento ao estabelecido, de nossas identidades fixadas, em função de um reconhecimento solidário frente à injustiça, ao desamparo que nos demanda, nos convoca, nos induz a uma responsabilidade.

Foi preciso, como destacam quase todos os autores, que Reich saísse do consultório clínico para as manifestações de rua em 1927 para que decidisse se engajar na luta política. Mas foi preciso, também, passar pela indagação prática sobre a articulação entre as condições subjetivas (para a revolução social) e o questionamento da moral sexual burguesa, por meio da experiência multiplicadora de Sex-Pol[3] – ou seja, deslocar-se para outros lugares, outras parcerias e outros modos de interlocução e agir sobre uma realidade –, para se lançar em outro modo de ação em 1933: a escrita do livro sobre psicologia de massas do fascismo.

---

3 Movimento surgido em 1931, no primeiro congresso da Associação Alemã para uma Política Sexual Proletária, com amplas ramificações nos centros industriais, baseado em exposições e debates com foco em temas cotidianos e prementes: problemas de moradia, dilemas religiosos e atitude negativista dos educadores em relação à sexualidade e às dificuldades emocionais e sexuais vivenciadas por crianças e adolescentes. (Cf. Bedani e Albertini, 2009, pp. 4-5).

A psicologia de massas do fascismo

São novas perguntas emergindo também de novos acontecimentos políticos o que leva Reich a escrever uma de suas obras mais importantes: a *Psicologia de massas do fascismo*. Por que a proposta socialista, com seus ideais de liberdade e igualdade, foi derrotada nas urnas, subjugada pela ideologia nacional-socialista? Hitler chega ao poder pela via eleitoral e esse é o fato mais inquietante, o fato maldito, para as forças de esquerda, e que requer novas respostas.

Foi a prática em Sex-Pol que lhe possibilitou ver, por exemplo, a crise em que estava imersa a juventude. Ver de que maneira e até que ponto a moral autoritária implantada desde a infância, por meio da repressão sexual inerente ao patriarcado, entrava em choque com novos valores morais, formas de vida e concepções de mundo que irrompiam na cena social, sinalizados pelos movimentos artísticos de vanguarda: as revolucionárias descobertas científicas, a onda de impacto produzida pela Revolução Russa, a luta pelos direitos sociais da mulher, as formulações da psicanálise e a franqueza maior com a qual as questões sexuais começavam a ser abordadas. O jovem, carregando em sua estrutura uma moral autoritária, milenarmente patriarcal e sexo-negativa, diante de tudo isso entrava em um conflito axial, que o tornava apático e temeroso de se responsabilizar por seu próprio destino. "As massas, frustradas sexualmente, tornam-se neuróticas, e o neurótico sabe sofrer, mas não sabe lutar", dirá mais tarde Marie Langer (1971), comentando as conclusões de Reich: "Na verdade Hitler nada mais representava do que a expressão da trágica contradição entre o anseio por liberdade e o medo real da liberdade" (p. 9).

É nesse campo ideológico contraditório que o nazismo vai explorar e manipular a ideologia nacionalista, racista, da honra e do dever, da disciplina e da exaltação da virilidade.

Mas há um ponto importante a destacar de começo: a análise que faz Reich da psicologia de massas da classe média, em função do papel determinante que lhe coube naquelas eleições. O sucesso de Hitler não está em sua personalidade nem em sua ideologia objetiva, tampouco se explica por uma "mistificação" das massas induzida desde fora. A questão central é saber o que acontecia no seio das massas para que elas se unissem a um partido cujos chefes perseguiam uma política oposta aos interesses dos trabalhadores. O nacional-socialismo pôs a descoberto o conjunto de contradições que caracterizam a psicologia de massas da pequena burguesia.

Reich (1974) produz uma análise detalhada e penetrante de cada um dos elementos dessa complexidade e de como eles operam de modo diverso diante do agravamento da crise. Destacamos a seguir alguns aspectos.

O pequeno burguês não pode solidarizar-se com a própria camada social, tampouco com o proletariado; com a própria camada social porque nela reina a concorrência, e com o proletariado industrial porque o que ele mais teme é precisamente a proletarização (p. 46). O nacional-socialismo é o que lhe trará a possibilidade de um sentimento de união. Como se forma e se sustenta dito sentimento? O fato de que o movimento fascista tenha podido unificar a pequena burguesia se explicará pela psicologia de massas.

A posição das classes médias é determinada pela sua posição no modo de produção capitalista, pela sua posição no aparelho do Estado capitalista e pela situação familiar particular, que é determinada diretamente pelo processo de produção, mas fornece a chave para compreender a sua ideologia. "Podemos comprová-lo

232 WILHELM REICH E A RELAÇÃO ENTRE PSICANÁLISE E POLÍTICA

no fato de que os pequenos camponeses, funcionários e comerciantes médios mostram diferenças econômicas entre si, mas se caracterizam por uma situação familiar, em seus grandes traços, idêntica" (p. 44).

A consciência social do funcionário do Estado e do empregado médio não se caracteriza pela consciência de uma comunidade de destino com seus colegas de trabalho, mas por sua posição em relação à autoridade e à nação. "Essa posição consiste no funcionário público *numa completa identificação com o poder de Estado*; no empregado, numa identificação com a empresa que serve" (pp. 46-47, grifos do original). Tudo se resume a uma fórmula: "Eu sou o estado, a autoridade, a empresa, a nação"; essa identificação "representa uma *realidade psíquica* e constitui um dos melhores exemplos de uma ideologia transformada em força material" (p. 47, grifos meus).

Trata-se, então, de algo da ordem do ser, que o coloca acima do proletário e no meio, entre ele e a autoridade. Reich explicita claramente o sentido do conceito de identificação na psicanálise, que, conforme sabemos, foi amplamente trabalhado por Freud (1921) em *Psicologia de massas e análise do eu* como determinante constitutivo da estrutura de uma massa psicológica, pela dupla identificação dos membros com o líder e consequentemente entre seus eus.

Essa identificação vertical não daria lugar a uma identificação solidária lateral com seus colegas, com sua classe, não só em razão da concorrência, mas também porque o que galvaniza o sujeito é a posição intermediária que ocupa entre a autoridade e o trabalhador manual ou proletário. É um subalterno com respeito a essa autoridade, e um representante desta em suas relações com seus subordinados, gozando, por esse motivo, de uma especial proteção moral (não material). Poderíamos dizer que se trata de um halo protetor, de uma investidura emblemática, de um efeito fetichístico, resultado de um processo que começa com buscar parecer-se com seus superiores idealizados, para ir transformando-se em algo à imagem e semelhança da classe dominante. "Com o olhar constantemente virado para o alto, o pequeno burguês forma uma forquilha entre sua situação econômica e sua ideologia" (p. 47). Vive em condições de penúria, mas se preocupa antes de mais nada com a aparência, o chapéu alto e a casaca, como manifestação visível desse olhar.

Não aparece no texto uma referência explícita ao conceito de fetichismo, introduzido por Freud no trabalho com esse título de 1927, mas não é difícil reconhecer sua possível pertinência nesse valioso estudo sobre a ideologia da pequena burguesia, bem como a ressonância da ideia de "forquilha" ou de "fossa que é cavada" com o conceito de cisão ou clivagem vertical do eu, entre o reconhecimento, em uma parte, de uma realidade fatual, mas recusada (*verleugnen*) em sua significação angustiante, e regiões em que domina a aderência a uma crença narcísica onipotente à qual não se renuncia, sustentada pelo investimento perceptual repetitivo e estereotipado do fetiche.

Reich (1974) estuda, assim, modos de subjetivação associados a determinadas formas de vida a partir de uma observação muito detalhada, de um mergulho na vida social e política, de um "pôr a mão na massa". Como a pequena burguesia é o pilar principal da ordem autoritária, esta atribui grande importância à "integridade dos costumes" e à eliminação de toda "influência inferior", sendo a família o pivô da política cultural.

Assim se verá até que ponto ser portador de uma moral de honra e dever, originada na família, implicará possuir uma diferença essencial, uma superioridade ligada a uma identidade nacional e racial, que servirá de suporte a movimentos massivos de estigmatização xenófoba e moralista focada em determinados indivíduos e grupos inferiores ou propiciadores da decadência da sociedade – primeiro e principalmente judeus, negros, indígenas, doentes mentais, comunistas, pervertidos sexuais, doentes crônicos. Esses movimentos serão impulsionados por estratégias discursivas e práticas de controle, associadas aos diferentes poderes instituídos – socioeconômicos, políticos, religiosos, jurídicos, policiais, militares, médico-higienistas etc. –, com forte apoio educacional e midiático, o que desembocará em políticas de segregação e aniquilamento, tanto em território alemão como nos países anexados e dominados pela expansão militar imperialista.

Este é o eixo em torno do qual se organiza a ideologia fascista alemã e sua teoria racial: "A tarefa mais nobre de uma nação consiste em salvaguardar a pureza da raça, e salvaguardá-la da mestiçagem, que a conduz sempre à decadência da raça superior" (Reich, 1974, p. 47). Essa ideologia se apoia em razões "naturais" (seleção natural, sobrevivência do mais forte), mas Reich destaca que *mescla de sangue* (*Blutschande*) também implica pecado, contrariar a vontade do Criador eterno. Há em jogo uma ideologia política nacionalista e imperialista, mas também fantasias inconscientes de forte carga afetiva: a outra acepção de *Blutschande* é incesto.

A estruturação subjetiva do fascista se caracteriza, assim, por: pensamento metafísico, sentimento religioso, submissão a ideais abstratos e morais, e crença na missão divina do Führer, sobre um subsolo de adesão submissa a um ideal de líder e de nação.

Na relação que estabelece a massa com o líder está presente também essa identificação profunda e fusional com ele e com a pátria, a nação, que ele encarna, que ele é. O líder constrói seu discurso sem necessidade de argumentos, baseado num apelo afetivo direto, de modo a propiciar essa identificação. Isso nos lembra uma declaração, em julho de 2015, do deputado Jair Bolsonaro,[4] referida ao povo, em ocasião de responder se adequaria seu discurso à situação de pré-candidatura: "Costumo dizer que não falo o que o povo quer. *Eu sou* o que o povo quer" (grifo meu). Trata-se aqui, novamente, de algo no sentido de um ser: um ser todo completo, autossuficiente, que não representa – haja vista a existência de uma crise de representatividade –, que não precisa de mandato, que é propriamente o soberano absoluto, ao modo do pai primevo onipotente e despótico da horda primitiva postulado por Freud.

Essa figura política, que vinha obtendo números significativos nas pesquisas, já havia protagonizado diversos episódios de ressonância com esse. Sua homenagem pública, durante o impeachment da presidenta Dilma Rousseff, ao coronel Brilhante Ustra, torturador que chefiou um dos maiores órgãos de repressão da ditadura, suas tomadas de posição sexistas, homofóbicas e de justificação da violência contra a mulher, com forte implicação pessoal, bem como suas manifestações depreciativas para com a imagem dos membros das minorias étnicas mostram claros sinais do perfil fascista descrito. Somam-se a isso as ameaças condenatórias e de punições armadas dirigidas aos marxistas, promovendo um retrocesso em relação ao pacto civilizatório por meio da liberalização das normas de armamento da sociedade civil e da permissão de matar com menos justificativas para as forças militares.

O *fato inaudito* dessas evidências de fascismo é que um pré--candidato, em ascensão em novembro de 2016, se transforma no *fato maldito* em novembro de 2018, ao vencer o primeiro e o segundo turnos das eleições presidenciais. As perguntas sobre o motivo, sobre como isso foi possível, voltam a colocar-se com toda

---

4 Cf. https://www.infomoney.com.br/politica/bolsonaro-eu-nao-falo-o-que-o-
-povo-quer-ouvir-eu-sou-o-que-o-povo-quer-veja-o-video/

a força e urgência: não dá para dizer que não se sabia do que se tratava. Como explicar essa adesão? A classe média voltou a desempenhar seu papel. Igual ao candidato da ultradireita, é uma classe "ferida". Revoltada com o desempenho estrutural, sob o perigo real de proletarização, ameaçada pelo sentimento de fracasso derivado de sua ideologia de desempenho e sua mentalidade de carreira, tem despejado sua culpa autoagressiva e autodestrutiva majoritariamente sobre um bode expiatório: o PT esquerdista e corrupto. A ideologia fascista serviu para projetar para fora essa agressão, configurando um laço paranoico que impregna o ambiente político-cultural, incrementa a hostilidade e empobrece a reflexão e o debate.

O antipetismo é incentivado pela campanha midiática a serviço das elites, como meio de colonizar o sentimento antipopular de sua classe aliada e tropa de choque de seus interesses. Ódio e desprezo pelo povo, encobertos por ódio e desprezo pela política, destinados a impedir – e isto é o fundamental – a identificação das classes médias com os mais pobres, que "precisam", esses sim, da política. O medo da proletarização de que sofrem essas classes médias é um dos elementos mais importantes das ideologias totalitárias e agressivas; a própria sensibilidade moral demonstra a superioridade moral que falta às pessoas inferiorizadas, que aceitam a corrupção seletiva porque, supostamente, sobrevivem às custas do Estado. Por aí é que medra o bolsonarismo, que se expressará no ódio ao pobre e à sua representação política, a esquerda, abrindo o caminho para sua criminalização.

Quem os odeia mostra que não é um deles, transfigurando seu desapreço antipopular em virtude moral. "Se não me dei bem foi por causa deles": esse parece ser o conteúdo crucial da prédica neofascista de Bolsonaro. Sem explicitar qualquer tipo de proposta política, ela expressa o ódio e a frustração de classe dos ameaçados pela decadência social (Souza, 2018).

Uma parte menor, porém importante da classe média apoiava o candidato petista e se sentiu representada, configurando a base potencial para constituir uma frente antifascista entre o primeiro e o segundo turnos eleitorais. Os psicanalistas brasileiros comprometidos na luta apoiaram ativamente este movimento em defesa dos direitos conquistados e em apoio à democracia – e continuam a fazê-lo – por meio da criação de diversos espaços de articulação e expressão. Formaram amplas redes organizativas, emitiram declarações coletivas, difundiram-nas dentro e fora do Brasil, publicaram-nas na FLAPPSIP. Também se manifestaram individualmente, em duplas e pequenos grupos, em entrevistas nas redes sociais. Criaram em seus âmbitos institucionais dispositivos como as rodas de conversa, horizontais e espontâneas, abertas a uma escuta ampla, solidária e reflexiva das demandas emergentes.

Entretanto, a frente política antifascista não prosperou. Acabou por ser consagrado um político de ultradireita, negacionista da ditadura militar, autoritário e fascista como presidente do Brasil.

Jessé Souza (2018), intelectual e sociólogo brasileiro de cujo livro *A classe média no espelho* podemos extrair muitas ideias que permitem continuar e aprofundar as análises iniciadas por Reich, afirma o seguinte:

> *Medo e agressividade é o verdadeiro ar que todo fascismo respira. Foi a ausência histórica de um contradiscurso que se opusesse à narrativa dominante do que ele denomina o liberalismo vira-lata o que jogou a classe média no colo da elite conservadora. A classe média rompeu o pacto democrático para abraçar a ideia de que a corrupção do Estado é a fonte de todos os males*

do Brasil, e não o assalto "legalizado" realizado pelos bancos e as grandes corporações.... A elite econômica conseguiu consolidar, junto a seus intelectuais e sua imprensa, a ideia de que o empobrecimento da população teria sido causado pela corrupção política. O vínculo orgânico entre empobrecimento e corrupção política é uma mentira. É óbvio que a corrupção política é recriminável, mas não foi ela que deixou a população mais pobre. Esta é a grande questão que ficou fora do quadro. E era o que importava nas eleições. (p. 74)

O privilégio da classe média, que corresponde a 20% da população brasileira, é principalmente o acesso ao capital cultural, ou seja, conhecimento, cursos, línguas, universidades etc. Isso explica, por exemplo, a raiva de parte da classe média ao ver pobres entrando na universidade, que era seu *bunker*, que garantiria salários melhores, reconhecimento e prestígio.

A análise do papel desempenhado pelo fascismo em suas diversas formas, nos começos da Modernidade e na época dos regimes totalitários do século XX, bem como do papel que lhe cabe hoje no capitalismo contemporâneo, já vinha adquirindo relevância no debate pormenorizado em torno dos acontecimentos políticos dos últimos tempos no continente, nos Estados Unidos e na Europa. Entretanto, depois dos últimos acontecimentos no Brasil, impõe-se a necessidade de instaurar esse debate na América Latina, por tudo o que atravessamos, por tudo o que nos irmana, por tudo o que nos une, aprofundando e ressignificando juntos, a partir de conjunturas novas, a relação entre psicanálise e política.

16. Psicopatologia psicanalítica, construção de subjetividade e neoliberalismo[1]

Faz parte do caminho seguido pela psicanálise não só a expansão das fronteiras clínicas, mas o perguntar-se reiteradamente sobre a relação entre o psíquico e o social ou, mais precisamente, o sociocultural. Freud nunca deixou de considerar os determinismos sociais, as marcas que deixam no psiquismo as diversas épocas históricas. Nisso ele não esteve sozinho: contou com apoios e teve aliados. Apoiou-se nos cientistas de sua época, nos poetas e nos escritores. Juntou-se a filósofos e humoristas, figurando-os como um grupo de "companheiros de descrença" no qual se incluía, dando assim sustentação imaginária e simbólica aos seus ensaios referidos às origens, à história da cultura e ao papel da religião (Freud, 1927a).

Falar de muitos dos quadros que se fazem presentes hoje na clínica como patologias da contemporaneidade implica valorizar, em

---

1 Publicado originalmente no *Boletim Online*, (41), abr. 2017.

um recorte particular, suas conexões com o espírito e a configuração social da época. Conexões que explicam uma historicidade das formações psicopatológicas, o que não invalida o reconhecimento de aspectos invariantes, se bem que sujeitos a discussão, balanço e reavaliação por parte dos psicanalistas. "Nos lapsos, nos sonhos, nos sintomas de nossos pacientes revela-se a eficácia do inconsciente fazendo parte de uma divisão subjetiva, que subsiste além do câmbio histórico. Porém, os modos como se manifestam os sofrimentos psíquicos não são alheios aos códigos culturais. O sintoma é uma formação de compromisso, mas também é um apelo ao outro e este apelo se formula dentro dos códigos compartilhados" (Rojas & Sternbach, 1994).

Mas retomo nossa pergunta: certo tipo de quadros que vemos hoje na clínica expressam novos modos de produção de subjetividade ou apenas vicissitudes de formas conhecidas de subjetivação, novas roupagens para problemáticas já estudadas pela psicanálise? E antes disso, como apropriar-nos dos conceitos de subjetividade e de modo de produção de subjetividade? Na exposição – em boa medida esquemática – que me proponho a fazer, tomo ideias de Silvia Bleichmar (2009), em seu livro *El desmantelamiento de la subjetividad*, e Pierre Dardot e Christian Laval (2016), respectivamente um filósofo e um sociólogo franceses, no livro *Uma nova razão do mundo: ensaio sobre a sociedade neoliberal.*

Subjetividade e produção de subjetividade

Subjetividade e produção de subjetividade são conceitos inicialmente sociológicos. Produção de subjetividade diz do modo como as sociedades constituem sujeitos plausíveis de integrar-se em sistemas que lhes outorgam lugar. Segundo Silvia Bleichmar

(2009), trata-se da produção instituinte, no sentido de Castoriadis, de um sujeito histórico, socialmente pertinente e necessário.

Ela esclarece que, quando se fala de subjetividade, em geral há diversos eixos que devemos considerar. Em primeiro lugar, aqueles que abarcam aspectos que podemos chamar de universais, próprios do sujeito psíquico: os enigmas das origens, a angústia da perda de amor e de reconhecimento, o impulso à conservação biológica e à preservação identitária, a angústia de desamparo (*Hilflosigkeit*) e de falta de auxílio por parte do outro. Em segundo lugar, o que pode ser chamado de subjetividade em sentido estrito: o posicionamento do sujeito de cogitação (do sujeito pensante do *cogito ergo sum*), que implica um pensamento reflexivo, como o sujeito se posiciona diante de si mesmo e diante dos outros.

A partir da psicanálise, diz Bleichmar, sabemos que esse sujeito é atravessado pelo inconsciente, mas está articulado por uma lógica que permite a consciência de sua própria existência. Em cada período histórico, esta relação entre o inconsciente e o eu está sujeita a mudanças. O eu se constitui a partir de uma matriz imaginária, mas tem uma dimensão instituída pela cultura própria.

É fundamental, neste recorte, a ênfase colocada no sentido de que o conceito de subjetividade não recobre totalmente o conceito de psiquismo, de aparelho psíquico. Este tem a ver com o conceito de inconsciente, com o para-subjetivo, o não reflexivo, o que é materialidade psíquica *stricto sensu*. A subjetividade implica categorias ordenadoras de tempo e espaço que não se encontram no inconsciente. A produção de subjetividade é o lugar onde se articulam os enunciados sociais relativos ao eu. O aparelho psíquico implica certas regras que excedem a produção de subjetividade, por exemplo, o recalque.

Sabemos que o reconhecimento da existência de regiões inconscientes do psiquismo envolve resistências narcísicas contra algo que Freud (1917b) definiu, em "Uma dificuldade no caminho da psicanálise", como uma afronta psicológica ao narcisismo do homem, significada pelo descobrimento do inconsciente. A consciência, tão valorizada pelo homem moderno, não recobre a totalidade de sua vida anímica, nem se encontra no centro desta nem domina seu funcionamento. O homem não é senhor em sua própria casa, ignora muito do que acontece dentro dela.

Mas não se trata somente de narcisismo, e sim de relações de poder que tendem a produzir certo tipo de subjetividade e a naturalizá-la. O que se chama de produção de subjetividade é de ordem política e histórica, tem a ver com o modo como cada sociedade define aqueles critérios que possibilitam construir sujeitos capazes de se integrar à sua cultura de pertinência. Há um projeto de produção de subjetividade em cada sociedade.

Passo agora para as ideias de Dardot e Laval (2016), no *Ensaio sobre a sociedade neoliberal*, centrando no capítulo 9, "A fábrica do sujeito neoliberal", mais precisamente no ponto que se refere ao sujeito plural e à separação das esferas.

No começo da Modernidade, e durante muito tempo, o sujeito ocidental moderno era um sujeito plural, dado que pertencia a regimes normativos e políticos heterogêneos: a esfera dos costumes e da religião, a esfera da soberania política e a esfera mercantil das trocas. Esta foi sempre uma divisão movediça e implicava um desafio para as relações de força e as estratégias políticas quanto a como estabelecer as fronteiras. Contudo, dentro de certos limites, respeitava o funcionamento heterogêneo do sujeito, assegurando a separação e a articulação das diferentes esferas da vida. Eu acho que isso pode ter aspectos que se ligam, também, com a divisão do trabalho e com a separação entre público e privado.

Essas sociedades que nasciam na modernidade foram atravessadas e tensionadas por dois movimentos paralelos e de alguma maneira disjuntivos: a democracia política e o capitalismo. O homem moderno precisou dividir-se em dois: o cidadão, dotado de direitos inalienáveis, e o homem econômico, guiado por seus interesses; ou seja, como dizem Dardot e Laval, o homem como "fim" e o homem como "instrumento". E eles dizem, com razão, que a história dessa modernidade consagrou um desequilíbrio a favor do segundo polo: o desenvolvimento de uma lógica de relações humanas submetida à regra do lucro máximo.

Sob o ponto de vista da criação instituinte de subjetividade, a grande obra da sociedade industrial foi a fabricação do sujeito produtivo, capaz de inserir-se no grande circuito da produção e do consumo; esta foi levada a cabo por um conjunto de práticas de treinamento e vigilância de corpos e mentes que começou pela invenção dos contratos. Foucault o denominou dispositivo de eficácia. Esse dispositivo permitia, entretanto, a existência do sujeito plural, sujeito assujeitado a diversos discursos: religioso, político, econômico, moral.

No século XIX surgem certas misturas, certas hibridações muito importantes. Nas relações econômicas começam a ser incluídas considerações "sociais", direitos sociais e políticas sociais que passam a limitar – e a contrariar seriamente – a concepção estritamente contratualista das trocas sociais. Ou seja, a norma da eficácia econômica passa a ser limitada e contida por discursos sociais heterogêneos a ela. O momento de auge dessa configuração será o Estado de Bem-Estar Social instaurado pela política keynesiana do presidente Roosevelt, após a Grande Depressão dos anos 1930. Podemos acrescentar que, segundo alguns historiadores, desde fins do século XIX surgiram, no continente europeu, posições de economistas conservadores e liberais com a finalidade de funcionar como uma alternativa contraposta aos ideais socialistas que cresciam entre os trabalhadores, promovendo sua união e fortalecimento, e acabaram aportando fundamentos para o Estado de Bem-Estar Social.

Já avançado o século XX, e como reação à crise dos anos 1970, uma nova orientação tomou corpo em dispositivos e mecanismos econômicos que mudaram as "regras do jogo" entre os diferentes capitalismos nacionais, as diferentes classes sociais e o interior de cada uma delas. Os programas de Margaret Thatcher, na Inglaterra, e de Ronald Reagan, nos Estados Unidos, protagonistas centrais da grande virada, foram apresentados como resposta a uma situação "impossível de gerir" desde o ponto vista econômico, dada a diminuição da margem de lucro, o desemprego, a estagflação. Este resultado foi atribuído ao mau governo da economia, ao chamado pacto social-democrata, que procurava estabelecer um manejo equilibrado entre os ganhos de produtividade, preços e salários.

As mais ressonantes medidas adotadas foram a privatização das empresas públicas e a desregulamentação da economia, que deram liberdade de ação para os atores privados. Instaurou-se a concorrência geral como norma suprema universal de governo. Criou-se um sistema disciplinar mundial, expresso no Consenso de Washington, que estabelece regras de adaptação à globalização para os Estados que querem conseguir empréstimos e auxílios das financeiras internacionais – vejam só quais: comprimir salários, reduzir gastos públicos, tirar direitos adquiridos de proteção social, enfraquecer mecanismos de solidariedade que escapam à lógica assistencial privada, estabelecer condições fiscais e sociais mais favoráveis para atrair investimentos e valorizar o capital.

Retomando a análise iniciada em torno do sujeito plural e da separação das esferas nos começos da modernidade e da industrialização, o momento neoliberal aponta para uma homogeneização do discurso do homem, tendo como eixo exclusivo a economia, girando em torno da figura da empresa. "Isto foi obra, em grande parte, de técnicas e dispositivos de disciplina, ou seja, de sistemas de coação, tanto econômicos, sociais e administrativos, cuja função era obrigar aos indivíduos a governarem a si mesmos sob a pressão da competição, segundo os princípios do cálculo maximizador e uma lógica de valorização do capital" (Dardot & Laval, 2016, p. 358).

A ideia de construir uma subjetividade neoliberal era clara e explícita. Há uma frase famosa de Margaret Thatcher em um discurso pré-eleitoral: "A economia é o método, mas o objetivo é a alma".[2]

Começa a ser fabricado um novo sujeito, não mais plural, mas unitário, que pode ser chamado de sujeito empresarial, empresário de si mesmo, sujeito neoliberal ou neossujeito. Trata-se de produzir e governar um ser cuja subjetividade deve estar inteiramente envolvida na atividade que ele cumpre. A motivação, a vontade de realização pessoal, o projeto que o sujeito se propõe desenvolver, "enfim o desejo, com todos os nomes que se queira dar a ele, é o alvo do novo poder" (Dardot & Laval, 2016, p. 327). É possível delimitar a existência de um novo dispositivo, o chamado dispositivo de desempenho-gozo, cujo objetivo é produzir o máximo rendimento unido ao máximo gozo.

Tanto desejo como gozo são conceitos que os autores do ensaio tomam da psicanálise. O conceito de gozo tem seu ponto de partida em Freud, mas é amplamente reelaborado por Lacan, sendo reconhecido como uma contribuição importante pela maior parte dos psicanalistas.

Esse "neossujeito" deve funcionar em regime de gozo de si, a partir de um mandato internalizado de ser ele mesmo. Trata-se de

---

2 Cf. "Margaret Thatcher and her legacy". *The Guardian*, 8 abr. 2013. https://www.theguardian.com/politics/2013/apr/08/margaret-thatcher-legacy

246 PSICOPATOLOGIA PSICANALÍTICA, CONSTRUÇÃO DE SUBJETIVIDADE...

uma aspiração mítica a uma plenitude impossível, que a própria instituição empresarial – como todas as instituições – se ocupa de limitar, mas mantendo nesse caso uma recusa que facilita a constituição de uma crença onipotente. As conquistas alcançadas por esse empresário de si mesmo são apresentadas como uma decisão individual que não deve nada a ninguém. Do sujeito é exigido que progrida, mas enquanto empresa de si mesmo, arcando com os riscos e as responsabilidades (pergunto-me quanto deste protagonismo heroico e desafiador não camufla e recusa o medo e a culpa causados pela insegurança no emprego e pela ameaça de exclusão social a que o sistema submete todos os trabalhadores, como um dos fatores mais violentos e eficazes de sujeição).

Tendo-se convertido em um ser pleno e total, o eu se funde com o desejo e com seu lócus de pertinência, que é a empresa. Assume total responsabilidade pelo que faz e pelo que promete, se define como *accountable*, como alguém que se obriga a prestar contas e a se autoavaliar. Sua vida pessoal consiste em aquisições que permanentemente o tornam melhor, enriquecem seu potencial, seu capital humano.

A própria empresa, em si mesma, é capturada por lógicas de expansão infinita, por exemplo, uma valorização infinita na bolsa de valores. O gozo de si ilimitado fica aliado ao ilimitado da acumulação mercantil. O sentimento de si é dado no excesso, na rapidez, no avançar sempre para além de seus limites, na sensação bruta de agitação que atropela o funcionamento psíquico elaborativo.

A patologia que disso resulta, em sua vertente frequentemente maníaca, adictiva e perversa, não é disfuncional. Integra-se ao sistema, eu acho, como se integravam as neuroses e as caracteropatias obsessivas ao contexto do sujeito produtivo da era industrial. Até que, por esgotamento depressivo, adictivo ou por colapso narcísico, aparecem os sintomas e transtornos que chamamos, desde que Julia Kristeva (1993) assim os batizou, de "novas enfermidades da alma".

Neoliberalismo e democracia

Um trabalho de 1975, "A crise de democracia", produzido pela Comissão Tricontinental[3] convocada por David Rockfeller, falava de uma ingovernabilidade das democracias ocidentais devida a um excessivo envolvimento dos governados na vida política e social. Queixava-se de um excesso de democracia surgido nos anos 1960, de um aumento de reivindicações igualitárias e de participação política ativa dos mais pobres e marginalizados. Concluía: "Há um limite desejável para a ampliação indefinida da democracia política" (Dardot & Laval, 2016, pp. 194-195). Precisava-se de bons governos, não necessariamente democráticos – o ditador chileno Pinochet, por exemplo, foi ungido por Margaret Thatcher como o pioneiro latino-americano da transformação econômica neoliberal.

O Estado, visto como instrumento encarregado de reformar e administrar a sociedade para colocá-la a serviço das empresas, deve ele mesmo curvar-se às regras de eficácia das empresas privadas. Essa mutação empresarial não apenas visa aumentar a eficácia e reduzir os custos da ação pública, ela subverte radicalmente os fundamentos modernos da democracia, isto é, o reconhecimento dos direitos sociais ligados ao status de cidadão.

---

3   Crozier, M., Huntington, S. P., & Watanuki, J. (1975). *The Crisis of Democracy: Report on the Governability of Democracies to the Trilateral Commission*. New York University Press; citado em Dardot e Laval (2016).

248 PSICOPATOLOGIA PSICANALÍTICA, CONSTRUÇÃO DE SUBJETIVIDADE...

Hoje em dia, concluem os autores, com a universalização da norma de concorrência para os agentes econômicos, o mercado, o Estado, as empresas e os indivíduos convertidos em sujeitos empresários de si mesmos, realiza-se uma extensão da racionalidade mercantil a todas as esferas da existência humana, fazendo da razão neoliberal uma razão-mundo. Essa extensão, que faz desaparecer a separação entre esfera privada e esfera pública, corrói os fundamentos da democracia liberal, levando-a ao esgotamento como norma política.

Toda reflexão sobre administração pública tende a passar pelo discurso técnico – o que a mídia incrementa entre nós *ad nauseam* –, sejam os argumentos para sustentar o impeachment, a PEC do gasto público, a reforma da previdência social, a reforma trabalhista, em detrimento de toda consideração política e social. As categorias da gestão substituem os princípios simbólicos comuns que foram os fundamentos da cidadania, e que ficaram expressos no Brasil na Constituição de 1988, denominada Constituição Cidadã.

Piccolo finale *incerto*

Os acontecimentos internacionais dos últimos tempos, como o Brexit e a eleição de Donald Trump – respectivamente na Inglaterra e nos Estados Unidos, os mesmos países da grande virada de Margaret Thatcher e Ronald Reagan –, mostram que algo neste mundo neoliberal globalizado está falhando. Espalha-se um sentimento de crise. Não há no momento crescimento econômico, distribuição de riqueza, integração social. O modelo de negócios das grandes empresas, o modelo de acumulação e de reprodução do capital se mostra nocivo para o próprio sistema. O arrocho salarial afeta o consumo e estrangula o mercado. Isso explica o Brexit e a eleição de Trump por um eleitorado que se viu estagnado ou empobrecido pelo processo de globalização e que aposta agora no nacionalismo. Enfim, como diz Safatle (2017), numa condensação criativa, o neoliberalismo leva à criação de um Estado do Mal-Estar Social.

17. Histórias e perspectivas: 25 anos do Curso de Psicopatologia Psicanalítica e Clínica Contemporânea[1]

Quero começar agradecendo a presença de todos vocês em resposta à formidável iniciativa que tiveram meus colegas do Curso de Psicopatologia Psicanalítica e Clínica Contemporânea de promover este evento rememorando os 25 anos de sua fundação. É mais uma evidência do estilo de fazer as coisas que soubemos construir todos juntos, com a valorização de um modo antiautoritário, informal e até divertido de sonhar o curso e levá-lo adiante.

Meus colegas me perguntam por que me engajei na criação do curso, lá em 1988. Não é uma motivação simples, mas bastante complexa, difícil de responder. Envolve, de partida, aspectos que poderíamos definir como estritamente psicanalíticos, pela

---

1 Texto lido pelo autor no evento comemorativo dos 25 anos do Curso de Psicopatologia Psicanalítica e Clínica Contemporânea do Instituto Sedes Sapientiae, no dia 5 de novembro de 2022. Publicado orginalmente no *Boletim Online*, (65), nov. 2022.

252   HISTÓRIAS E PERSPECTIVAS

preocupação de renovação que existe permanentemente no movimento psicanalítico e que está muito associada às demandas clínicas, levando também a demandas formativas.

Desde o início, tínhamos a percepção de que os profissionais da rede pública (psicólogos, médicos) precisavam aprender a usar o instrumental psicanalítico para entender os pacientes que os procuravam. Precisavam compreendê-los como indivíduos, claro, mas também como parte de um conjunto social. Eis a complexidade que a situação assumia, se pensávamos em patologias: cabia entender que, por vezes, os sofrimentos requeriam uma abordagem psicanalítica e, a um só tempo, uma abordagem política, que gerasse a abertura de espaços democráticos.

Foi isso o que fizemos, por exemplo, quando começamos a trabalhar com a rede pública, quando acolhemos a aproximação de um grupo da Coordenadoria de Saúde Mental, que procurava psicanalistas que fornecessem formação para os profissionais dos ambulatórios. Até aquele momento, eles trabalhavam restritos a uma perspectiva totalmente hospitalocêntrica, sendo os ambulatórios uma porta de entrada para os manicômios. Os profissionais tinham apenas de receber seus pacientes, diagnosticá-los psiquiatricamente e então enviá-los às instituições manicomiais. Não podiam discutir entre si, comentar cada caso, examinar com cuidado o que se passava com cada paciente, porque se impedia a interação entre os próprios trabalhadores de saúde mental, por uma recusa a aberturas democráticas. Foi nisso que sentimos a máxima pertinência da nossa intervenção, pela forte motivação de romper com esse modelo. Em lugar dele, propúnhamos uma abordagem diferente, que aliasse o trabalho político-democrático com o trabalho psicanalítico de compreensão.

Era possível construir nossa forma de atuação a partir dos modelos da antipsiquiatria surgidos no final da Segunda Guerra

Mundial – como as comunidades terapêuticas criadas por Maxwell Jones na Inglaterra, a psiquiatria democrática de Basaglia, e a psicoterapia institucional francesa. Seguindo essas experiências prévias, parecia imprescindível estabelecer entre nós um grupo, para que nos lançássemos num projeto de tamanha significação.

Foi a partir dessa visão que fomos definindo nosso funcionamento coletivo, com uma reunião semanal que contemplava tanto questões organizacionais quanto debates plenos. Era o que cabia fazer numa gestão que se pretendia democrática, mas principalmente elaborativa. Por isso o grupo de professores se reunia regularmente nas quartas-feiras, na manhã seguinte às atividades programadas com os alunos, para falar sobre os acontecimentos do dia anterior, relativos ou não a sintomas. Lançávamo-nos, por vezes, a realizar uma supervisão coletiva da supervisão, ou do trabalho com os alunos em seminário, apostando em pensar o que se passava como operações defensivas de diferentes modelos metapsicológicos.

A psicopatologia se mostrava potente para pensar psicanaliticamente a partir da clínica, tanto nas experiências clínicas propriamente ditas quanto naquelas que traziam uma forte implicação social, afetiva e política. Estávamos muito entusiasmados com a possibilidade de uma abertura e de um aprofundamento da psicanálise em espaços variados do departamento, e para isso promovemos diversos eventos – a começar por "*Central do Brasil*: vicissitudes da subjetivação".[2] Lembro-me da empolgação que tomou conta do grupo quando definimos nosso projeto como um espaço destinado a estudar e debater os problemas da subjetividade de nosso tempo, a partir de seus reflexos nas criações artísticas, nas manifestações culturais, nas psicopatologias atuais da vida cotidiana e nas demandas da clínica.

---

2 Ver o capítulo 1 deste livro.

254 HISTÓRIAS E PERSPECTIVAS

Toda essa história, é claro, tem os seus antecedentes. Foi em torno de 1985 que um grupo grande de psicanalistas do Sedes ligados ao Curso de Psicanálise nos engajamos nas práticas institucionais públicas da saúde mental. Apoiamos a reforma psiquiátrica e encontramos aliados nos movimentos antimanicomiais que floresceram nos anos 1980 e 1990, acompanhando o processo de democratização do país. A época coincidiu com a criação do Departamento de Psicanálise do Sedes, que incluía dentro de seus objetivos a deselitização da psicanálise por meio da criação de espaços e modalidades de transmissão diferentes do modelo vigente desde o final dos anos 1930. Ocupei-me desse tema num trabalho sobre psicanálise e política, a exclusão de Reich e a psicologia de massas do fascismo.[3]

Em 1991, iniciou-se um período de grande mobilização a partir das propostas inovadoras de uma nova gestão municipal, a de Luiza Erundina, principalmente a implantação de um número significativo de hospitais-dia e de centros de convivência comunitários, como equipamentos terapêuticos alternativos ao modelo hospitalocêntrico. Foi só dois anos depois disso que demos início ao curso Psicoses: Concepções Teóricas e Estratégias Institucionais, que teve muito boa acolhida num momento de mobilização e trabalho com esses novos equipamentos de saúde mental.

O trabalho com as instituições nos levou a abrir um dos nossos principais eixos teóricos, centrado na *recusa*. Temos concebido esse conceito como um processo defensivo que se põe em ação quando alguma percepção angustiante ameaça socavar as crenças e ilusões que dão suporte ao narcisismo de indivíduos, grupos ou coletivos maiores. A recusa produz efeitos dissociativos favoráveis à produção de sintomas diferentes do sintoma neurótico.

---

3 Ver o capítulo 15 deste livro.

Trata-se de um bloqueio no processo de subjetivação, presente na história *pouco historizada* dos pacientes tratados nas instituições. Isso nos levava a investigar quais acontecimentos e processos intrafamiliares o produziam, o intensificavam na adolescência, e o reproduziam, no presente, no contexto institucional. Investigávamos também que dispositivos podiam ser montados para superar a recusa e iniciar um processo de ressubjetivação.

Estudamos também as *relações dessubjetivantes* presentes nas práticas predominantes na instituição psiquiátrica, a evaporação das histórias singulares e a ausência de interlocução. E defendemos enfaticamente a possibilidade de uma recuperação da elaboração psíquica por meio do trabalho das equipes nos hospitais-dia. Nosso modelo foram as experiências relatadas por Bernard Penot (1992) em *Figuras da recusa*, de seu trabalho com adolescentes, reconstruindo a história do paciente em entrevistas de toda a equipe com a família e detectando repetições de papéis.

Nisso tudo, foi importante nossa afirmação do valor da clínica psicanalítica como dispositivo promotor da elaboração psíquica e sua importância como interlocução, construção de narrativas e possibilidade de elaboração de situações traumáticas.

Então chegamos de volta ao Curso de Psicopatologia Psicanalítica e Clínica Contemporânea, celebrando hoje os 25 anos desde seu surgimento em 1998. Vimos naquele momento, e ainda vemos, a necessidade de conceber um curso que permitisse a formulação de hipóteses a respeito do funcionamento psíquico nas chamadas "patologias contemporâneas", recolocando a importância do pensamento psicopatológico psicanalítico. Isso requeria um trabalho de releitura dos conceitos já existentes e a criação das articulações teóricas a que estes novos tempos nos remetem.

Desde o início, foi importante que definíssemos nos grupos de trabalho uma paridade entre alunos e professores. Foi importante

256 HISTÓRIAS E PERSPECTIVAS

também contar com certa elasticidade organizativa. Vários de nós já vínhamos trabalhando juntos, no Curso de Psicanálise, nos ambulatórios, ou dando supervisões em diversos âmbitos. Mas aqui o que se constituiu foi um trabalho de pesquisa compartilhado, um trabalho em que as interrogações nunca se esgotavam. Coordenar o curso, como fiz ao longo desses 25 anos, ou apenas participar dele era me perguntar o tempo todo sobre o que estávamos falando, o que devíamos analisar, e o que cabia concluir diante de tantas visões e possibilidades.

Havia algo de interessante nessa indefinição programática, nessa flutuação do rumo do pensamento. Estávamos no limiar entre a psicanálise, a psicopatologia e a clínica contemporânea. E o curso era ameaçado pelas tradicionais distinções hierárquicas da instituição psicanalítica, por exemplo, entre a nobre psicanálise e a bastarda psicoterapia de orientação psicanalítica. Os colegas com quem trabalhei, bem como os que continuam trabalhando no curso, sempre desejaram romper com uma perspectiva única e fechada, sempre quiseram uma psicanálise viva, ativa, aberta, inquiridora, criativa, uma psicanálise diferente que é uma das marcas do curso desde o começo.

É claro que essas são marcas de vários trabalhos que fazemos aqui no Sedes, de uma forma de pensar que surgiu desde a fundação do Curso de Psicanálise. Mas sinto que essa forma de pensar e agir tem especificidades em cada curso, e que aqui soubemos construir um ambiente bastante singular.

Pensemos, por exemplo, no enfoque que temos dado às patologias da alteração do eu. O eu não se divide, não se parte: ele se distorce, se deforma, mas não se quebra. Não se trata de psicose, e sim de algo que talvez se aproxime mais do que seria o modelo da perversão, ou do fetichismo. Ou seja, são alterações que, pela deformação, poupam o eu do sofrimento e não deixam que se torne um eu psicótico, um eu fragmentado, um eu antissocial. Esse é o tipo de abordagem que estamos fazendo nos últimos tempos a partir da releitura de "Neurose e psicose", de Freud (1924), um aprofundamento na estrutura das patologias contemporâneas. É esse tipo de pensamento que tentamos construir e transmitir aos alunos.

Somos um coletivo coeso, mas não perdemos nossas singularidades e nossos aportes pessoais. Alguns trouxeram suas experiências ligadas ao trabalho com psicose em instituições, outros sua atuação em saúde pública, outros com psiquiatria. Por essa diversidade inicial, fomos nos tornando capazes de abordar as mais variadas questões, como os novos transtornos do dormir e do sonhar na contemporaneidade, ou a complexidade dos transtornos alimentares. Vou falando e lembrando um pouco da contribuição específica das pessoas, sempre tão especiais, tão próprias. Cada lembrança vem carregada de afeto e admiração, além da certeza de que temos feito um trabalho importante.

Mas deixo meu pensamento vagar e tomo um novo rumo, passo do local ao mundo mais amplo, como temos feito em nosso trabalho. Foi em 1993 que apareceu o livro *As novas doenças da alma*, de Julia Kristeva, e pouco depois o livro *Entre dois séculos*, das psicanalistas argentinas Maria Cristina Rojas e Susana Sternbach. Nesse último se visualizava como, por meio do debate *modernidade/pós-modernidade*, o tema do sujeito voltava a se revestir do social-histórico. A crise iniciada nos anos 1970 era vista como crise dos ideais e dos valores da modernidade face às mudanças subjetivas derivadas da queda das grandes utopias coletivas – o chamado fim da história, de Fukuyama –, da ruptura de laços sociais e da produção de um novo tipo de subjetividade, narcisista e adictiva, decorrente das lógicas induzidas pelas novas modalidades de produção e práticas de consumo.

258 HISTÓRIAS E PERSPECTIVAS

Julia Kristeva (1993) afirmava que a experiência cotidiana demonstra uma redução da vida interior, perguntando-se se temos hoje o tempo e o espaço necessários para arranjarmos uma alma, ou se, "pressionados pelo estresse, impacientes por ganhar e gastar, por desfrutar e morrer, os homens e mulheres de hoje economizam essa representação de sua experiência a que chamamos vida psíquica" (p. 14). Como ela diz mais adiante, "o psíquico pode ser o lugar onde se elaboram e, portanto, se liquidam, tanto o sintoma somático quanto a projeção delirante: o psíquico é nossa proteção, desde que a pessoa não se feche nele, mas sim o transfira pelo ato da linguagem para uma sublimação, um ato de pensamento, de interpretação, de transformação relacional", o que supõe a abertura para um outro.

Há, entretanto, dois adversários que a psicanálise deve enfrentar: 1) o psicofármaco que toma o lugar da palavra, e 2) o desejo de não saber. Tornava-se necessário desenvolver uma política de saúde mental e uma transmissão contrapostas aos modelos organicistas, que tendiam a naturalizar sintomas e síndromes, eram objetivistas e pragmáticos, desprezavam a processualidade e adoravam a quantificação.

Kristeva sustentava que há um agravamento da doença psicológica que caracteriza o mundo atual, que viria a ser a outra face da *sociedade do rendimento e do estresse*, e pensava que o desassossego que se instala renova um chamado à psicanálise para dar um sentido a esse desastre interior.

Não podíamos deixar de prestar atenção àquilo que se furtava da realidade nesse modo de pensar as psicopatologias. Era preciso relacioná-las com o funcionamento das pessoas e da vida cotidiana nas cidades, que apontava para mudanças no laço social. Essas interrogações eram fundamentais para nos posicionarmos na contramão do objetivismo pragmático, que esvaziava e ainda esvazia, na tendência médica dominante, o pensamento psicopatológico tão caro à psicanálise. Também significava incluir em nossa reflexão o impacto do desenvolvimento tecnológico, do capitalismo avançado e dos novos laços sociais presentes na sociedade de consumo e do espetáculo.

Nunca essas palavras foram mais válidas do que no tempo que estamos vivendo, em que o negacionismo e o repúdio ao saber científico ganham uma dimensão coletiva e são promovidos e liderados pelo presidente do país – que afortunadamente já se vai de seu posto. Na onda pandêmica infernal que nos assolou, esse repúdio ao saber ganhou as feições de uma doença demencial, irresponsável e genocida.

Voltemos ao homem moderno, que está perdendo sua alma e não o sabe. A partir da grande virada neoliberal dos anos 1980 e 1990, iniciada e protagonizada por Thatcher e Reagan, começou a ser fabricado um novo sujeito que pode ser chamado de *sujeito empresarial, empresário de si mesmo, sujeito neoliberal* ou *neossujeito*. Um ser cuja subjetividade deve estar inteiramente envolvida na atividade que cumpra, em toda a sua motivação, sua vontade de realização pessoal, no projeto que se propõe a desenvolver. É o *desejo* desse sujeito, "com todos os nomes que se queira dar a ele", que se torna "o alvo do novo poder".

Há tempos, a ideia de construir uma subjetividade neoliberal é clara e explícita. Há uma frase famosa de Margareth Thatcher que revela muito sobre esse princípio: "A economia é o método, mas o objetivo é a alma". É essa frase que, de uma maneira insolitamente precisa, dá fundamento ao sinal de alarme de Kristeva.

No contexto do curso, sentimos que tudo isso precisava ser estudado e debatido em uma interlocução entre pares. Foi a partir de uma convocatória dos professores que se criou um grupo de trabalho e pesquisa no Departamento, que continua até hoje com o nome de Psicanálise e Contemporaneidade, com coordenação rotativa – incluindo inicialmente os membros do grupo de professores e, posteriormente, aberto a todos os membros. Nele debatemos uma infinidade de assuntos e trabalhamos os textos de muitos autores. Compartilhar nossas experiências e estudar juntos entre pares, paralelamente ao trabalho com os alunos do curso, foi uma tarefa gratificante e criativa.

A tarefa comum e a solidariedade, essa possibilidade de contar uns com os outros, são as únicas armas que temos para enfrentar não só o desamparo frente às forças regressivas e anticivilizatórias, mas também o poder destrutivo do superego, que aumenta quando ficamos isolados.

Um colega argentino de outros tempos, Emiliano Galende (1990), comentando *Psicologia das massas*, escreveu: "O homem tem duas alternativas frente ao outro: ou se liga libidinalmente, identificando-se com ele para constituir alguma forma de laço social, abolindo o domínio do amo (pai primevo), ou, desgarrado dos membros da fratria, fica entregue ao poder absoluto desse outro interior que é o supereu" (p. 65).

A qualidade da união amorosa entre os "irmãos", o fluir dos reconhecimentos, o tipo de identificações que estabeleçam, o modo de processar as tensões intragrupo e as formas de agir sobre a realidade exterior serão determinantes para seu destino ou sua história. São as vicissitudes da construção do *comum*, simultaneamente essenciais para o desenvolvimento de qualquer pensamento pessoal e de qualquer atuação em conjunto.

Não cabe dúvida de que estamos imersos em tempos sombrios, tendo de penar por uma enorme quantidade de mortos, tendo de assistir a processos de destruição material e moral de grande parte do que foi construído em nossa história democrática, somados a fatores conjunturais como o próprio coronavírus, que não conhecíamos, e o governo desastroso, negacionista, violento e fascista, que podíamos ter previsto, mas não quisemos ver. Muitos fecharam os olhos para essa realidade, a recusaram, elegeram o presidente mais lamentável e mesmo agora, tendo sido derrotados nas urnas, querem preservá-lo a qualquer custo no poder.

Freud postulava que a subjetividade própria de sua época estava sustentada por um laço social que reunia três elementos: a ilusão religiosa, a lealdade política ao monarca e a proibição de pensar a sexualidade. Esse laço envolve a produção de um *eu conflituado*, o qual, impulsionado pela angústia, tende a se defender pela operação do recalque. Corresponde ao que é conhecido, em termos de produção de subjetividade, como o *sujeito disciplinado* dos primeiros tempos da modernidade.

Aqui talvez caiba considerar a hipótese de que, na contemporaneidade, tenha emergido um tipo novo de laço social, caracterizado pela articulação entre a *compulsão consumista* (sujeito do consumo), a *fascinação imagética pela mídia* (sujeito do espetáculo) e a ilusão de suprimir tecno-magicamente a dor e o sofrimento, por meio dos fármacos (hoje poderíamos denominá-lo, caricaturalmente, *sujeito da cloroquina*).

Nas situações de crise, é capaz de se instaurar uma cultura narcísica da violência e do ódio dirigidos contra bodes expiatórios. Trata-se aqui de um sujeito narcisista e violento, tendencialmente paranoico. Esta cultura, que é uma anticultura, já existiu nas crises anteriores da era industrial, no começo do século XX. Esse presidente que se vai e sua base política, seus Robertos Jeffersons, suas Carlas Zambellis e seus milicianos, são exemplos de sujeitos desse tipo. Os milhares de neonazistas que vão surgindo em outras partes do mundo, e também aqui, para o nosso choque, são sujeitos desse tipo. E é claro que no Brasil temos agravantes, por uma cultura da desigualdade, do racismo e da violência que vêm da escravidão,

262 HISTÓRIAS E PERSPECTIVAS

frente à qual tem ganhado expressão política crescente um movimento de resistência e de revolta.

Durante a pandemia, esse sujeito se fez explícito como poucas vezes antes e produziu efeitos nefastos. Para realizar adequadamente uma prevenção do crescente contágio massivo se requeria um reconhecimento do perigo, uma aceitação do conhecimento transmitido pela Organização Mundial da Saúde, uma coordenação de iniciativas e recursos pelas instâncias sanitárias do Estado, uma disciplina coletiva dos cidadãos, confiantes nessas instâncias e respeitosos da lei. Para que possamos pensar que o que cada um faz afeta os outros é preciso que as instâncias do público, de governo e de coordenação se sustentem. Trata-se de um pacto de civilidade, que em certas circunstâncias se torna pacto civilizatório, como quando se promulgou a Constituição de 1988, e como pode voltar a acontecer agora, nas novas circunstâncias políticas que conseguimos alcançar. Não é algo tão utópico.

O que quero enfatizar é que *a recusa da realidade*, que vem operando atualmente na subjetividade individual e coletiva, é *tanto de origem estrutural*, baseada na lógica neoliberal que trazemos desde os anos 1980 sobre um fundo secular de escravidão, *como de origem conjuntural*, associada à ascensão dos governos de ultradireita e fascistas, *sendo induzida* (por exemplo, pelo medo) *pela cultura narcísica da violência* que eles impõem. O resultado dessa soma, além da catástrofe sanitária, é um *empobrecimento crescente da subjetividade individual e coletiva*.

Entretanto, e em sentido contrário, como resistência e contraefetuação, emergem experiências e processos que recriam o coletivo e inventam novas formas de convívio e auto-organização. Essas experiências podem ser desencadeadas por vivências compartilhadas de desamparo que suscitam reações de solidariedade e investimentos libidinais recíprocos. Elas contribuem para a criação do *comum*, configurando um laço social vivo baseado em iniciativas de cooperação solidária e na sua capacidade de driblar a captura pelo individualismo e pela rivalidade concorrencial promovidos permanentemente pelo modelo neoliberal. Unidos libidinalmente é possível lutar juntos contra o perigo, é possível esperar juntos apesar do isolamento, quando percebemos que *esperar é saber*. Unidos libidinalmente, por meio do trabalho do pensamento, da arte, da criação cultural em geral e da mobilização política, poderemos enfrentar com sucesso a cultura do ódio que procura nos dominar e nos empobrecer.

Não tenho dúvida de que neste curso que hoje celebramos, e nesta instituição em que nos encontramos, de corpo inteiro ou de pensamento inteiro, se vivencia essa mesma refundação do coletivo, tão proveitosa a cada indivíduo. Para mim, é motivo de orgulho ter feito parte desse grupo, ter constituído com vocês um laço social pensante e criativo. E espero ter sido capaz de dar, ao longo dessas décadas, uma contribuição à altura dos valores e dos afetos que pude obter nesse prazeroso convívio. Muito obrigado a todos e a todas por essa companhia tão estimada, essa fratria que soubemos construir, abrigo valioso contra o desamparo e os desenganos do eu.

Apêndice
Tempos sombrios novos – desafios para a psicanálise[1]

Percurso: Gostaríamos que você nos contasse sobre sua trajetória na psicanálise e seu engajamento político como psicanalista, na Argentina. Como se deram essas aproximações?

Mario: A psicanálise impregnava o clima cultural de Buenos Aires. No secundário, quando a gente tinha um bom professor ou professora de história, no momento que se falava de modernidade, se falava da psicanálise. Ela fazia parte até das paqueras, nas conversas sobre sexualidade e desejo!

Além disso, minha entrada na Faculdade de Medicina coincidiu com a presença de analistas da Sociedade [Associação

---

1 Entrevista concedida à revista *Percurso*, XXXII(64), 79-94, 2020, à qual agradecemos pela cessão do direito de reprodução neste livro. Realização: Ana Claudia Patitucci, Bela M. Sister, Cristina Parada Franch, Danielle Melanie Breyton, Deborah Joan de Cardoso, Silvio Hotimsky e Tatiana Inglez-Mazzarella.

Psicanalítica Argentina – APA, filiada à Associação Psicanalítica Internacional – IPA], que davam conferências no centro estudantil. Naquela época, José Bleger começou a lecionar como professor titular de Introdução à Psicologia, na Faculdade de Psicologia. Foi um acontecimento muito importante, que marcou a saída da psicanálise para fora da instituição psicanalítica. Eu estava no primeiro ano de medicina e aproveitava toda oportunidade para ir à Psicologia, assistir às aulas de Bleger. Foi muito mobilizador. Fiz Introdução à Psicologia como uma das matérias optativas que se podia cursar em outra faculdade. Gostei tanto que acabei pedindo análise para ele e, então, entrei em um grupo de terapia. Ao trabalhar com grupos, Bleger era um analista inovador, como também o foram Marie Langer e Emilio Rodrigué. Quando estava no Hospital Naval da Marinha, onde fiz o serviço militar, ia de ambulância buscar os pacientes e, no caminho, o motorista ficava me esperando enquanto eu ia à sessão de grupo, vestido com o avental de enfermeiro da Marinha.

P: Você tinha interesse pela psicanálise e foi fazer medicina, por que não psicologia?

M: Naquele tempo, era impensável fazer psicologia! A Sociedade não permitia a entrada de psicólogos, somente de médicos. Havia algumas figuras eminentes, como Arminda Aberastury, que não eram da medicina, mas eram exceções. A abertura para os não médicos se deu após vários acontecimentos, entre eles a cisão na Sociedade.

Nos últimos anos da faculdade de medicina, entrei no Serviço de Psicopatologia do Policlínico de Lanús, localizado na área metropolitana sul da Grande Buenos Aires, que foi muito importante para a minha formação psicanalítica, tanto institucional como política. Lá, havia um serviço de psiquiatria no hospital geral, dirigido por Mauricio Goldenberg, e era um dos primeiros serviços criados fora dos manicômios, uma inovação promovida pela Organização Mundial da Saúde [OMS] da qual Goldenberg era consultor. O serviço tinha uma enfermaria e um ambulatório. Pouco a pouco, diversos departamentos foram sendo criados. Eu entrei como praticante de psiquiatria, para fazer plantões noturnos. De um lado do corredor, ficava a enfermaria das mulheres e, do outro, a dos homens. Um dos motivos para chamarem estudantes de medicina interessados em psiquiatria era para que, especialmente durante a noite, cuidássemos das emergências e tomássemos conta para que não acontecesse circulação entre as duas enfermarias.

Nessa época, também comecei a cursar a Escola de Pichon-Rivière [Escola de Psicologia Social de Buenos Aires], que foi igualmente importante para mim. Pichon-Rivière era muito criativo no trabalho psicanalítico em instituições. Prestava especial atenção aos sintomas que emergiam à noite, quando as ansiedades e paranoias aumentavam. Aprendíamos a ter disponibilidade para uma aproximação com o paciente que se angustiava, ficava triste ou se descompensava no meio da noite. E no nosso trabalho em Lanús, também tínhamos de tranquilizar os profissionais do hospital, inclusive os funcionários, e criar condições para a continuidade do atendimento de pacientes com problemas psíquicos, dentro de um hospital geral. Tínhamos de mostrar que o atendimento era possível e que os doentes mentais não constituíam uma ameaça.

P: Em que ano foi isso?

M: Eu me formei em 1964 e, nessa época, fervilhavam experiências riquíssimas ligadas à psicanálise, extramuros da Sociedade. Uma das pioneiras foi a de Lanús, onde, por exemplo, Basaglia e Cooper apresentaram relatos sobre a antipsiquiatria que se fazia na Europa. E assim como eles, muitos outros. Foi lá que conheci

Lucía, minha mulher. Ela tem um artigo sobre o trabalho em Lanús, publicado na *Percurso* [n. 52]. Foi aí que que se deu muito de minha formação. Tornei-me membro do Departamento de Adolescentes, depois chefe do Ambulatório de Adultos, e quando saí fui para a Sociedade de Psicanálise.

P: Você se formou em psiquiatra?

M: Na época, era possível se tornar especialista em psiquiatria de duas maneiras, fazendo um curso de pós-graduação, ou trabalhando durante cinco anos seguidos num serviço de psiquiatria. Optei por essa última, e em Lanús. Goldenberg era um psiquiatra de primeiríssima linha, muito aberto, que agrupava psicanalistas, neurologistas, psiquiatras de tendências variadas... Os psiquiatras da esquerda ortodoxa, naquela época, seguiam a reflexologia de Pavlov, a psicanálise era considerada por eles um pensamento burguês, conservador.

E ali predominava a psicanálise. As diferentes ideias circulavam livremente, conversavam umas com as outras. Partilhávamos nossas agonias para tentar entender o paciente e a nós mesmos. Sempre considerei interessante essa possibilidade de troca e era uma época em que as diferenças teóricas e práticas estavam em gestação, ainda não tinham adquirido um lugar de mercado, tornando-se objeto de consumo e se cristalizando. Ao mesmo tempo, começávamos as nossas análises. Depois da minha experiência em grupo com Bleger, fui para uma análise individual.

P: O engajamento político se deu junto com esse trabalho na saúde mental?

M: Sim, meu engajamento se deu no decorrer do meu percurso profissional e, em grande parte, junto aos profissionais da saúde mental. As pontes entre a psicanálise e a dialética materialista que Bleger fazia me inspiraram já nos primeiros anos da faculdade. Ele era uma figura importante politicamente e um analista reconhecido na Europa.

Quando me formei, fui convidado para ser docente auxiliar na cátedra de Psicopatologia na Faculdade de Psicologia e acompanhar os estudantes que vinham ver os pacientes no hospital. Uma das minhas alunas foi Ana Maria Sigal.

Nessa época, vivemos a primeira experiência da ditadura na própria carne. Aconteceu a intervenção na universidade, "a noite dos *bastones largos*", os cassetetes compridos, com a polícia invadindo a sede universitária e batendo nos professores. Goldenberg e outros renunciaram, não queriam continuar como professores naquelas condições. Eu e Sally Schneider, que éramos docentes auxiliares, oficialmente paramos o trabalho, mas, por longo tempo, nos reunimos com os alunos fora da faculdade. E isso já era uma posição política de resistência. À medida que a ditadura foi avançando, os compromissos e os engajamentos se estenderam para além do âmbito estrito da saúde. Julián, meu filho, conta autoficcionalmente alguma coisa dessa história em seu livro *A resistência*.

Seguiu-se um período muito importante, que foi o meu engajamento na Federação Argentina de Psiquiatras, a FAP, uma organização que tomou posições políticas muito claras contra a ditadura. Criou um Centro de Docência e Investigação, o CDI, onde se uniram diversas associações de profissionais, daqueles que começávamos a chamar de trabalhadores da saúde mental. O sindicato de psicólogos, a federação de psiquiatras, o sindicato de assistentes sociais, de psicopedagogos... Éramos psiquiatras, éramos analistas, mas havia uma identidade coletiva politizada. Éramos todos trabalhadores da saúde mental.

Quando veio o governo peronista, se criou uma corrente política importante na universidade. A partir de meu engajamento, e em função de minha experiência institucional e docente, fui convocado, junto com outros colegas, para ser professor na cátedra de Psicologia Médica, que funcionava no Hospital das Clínicas de Buenos Aires. Foi um tempo breve, mas intenso. Eu era o diretor clínico da cátedra, e chamei pessoas que conhecia de Lanús para coordenar um número importante de equipes que trabalhavam de manhã, à tarde e à noite. Foram as primeiras equipes terapêuticas em instituição pública, implantadas em horários noturnos, respondendo às demandas dos pacientes que trabalhavam durante o dia, e inspiradas também nas ideias de Pichon-Rivière sobre as angústias que emergem à noite. Aí ficamos até a intervenção das forças do peronismo de direita, que nos mandaram embora à "ponta de metralhadora".

Assim foi o meu processo gradativo de engajamento em uma organização da resistência. Primeiro, como dirigente do grêmio e como professor, na medicina e na psicologia. Depois, como militante político do que era, naquele momento, o peronismo revolucionário.

P: A vinda para São Paulo foi como exilado?

M: Claro, porque depois do golpe, aconteceram muitas coisas. Tive que sair de casa por medida de segurança, mas Lucía teve que ficar, porque foi nomeada chefe do serviço em Lanús. O chefe anterior, Valentín Baremblitt, tinha sido preso. Marta Brea, uma colega nossa, muito próxima de Lucía, fora sequestrada ali, em pleno dia de trabalho. Ela era uma psicóloga muito valorizada e foi realmente uma heroína. O diretor do hospital retirou a guarda de segurança para que os paramilitares pudessem entrar livremente e sequestrá-la. Lucía fez de tudo para ajudá-la, foi atrás da família, foi falar com o chefe de polícia de Buenos Aires... Marta era filha de um médico importante e sobrinha de um dos juízes da Suprema Corte. Não mexeram um dedo! E ela foi morta. Tudo isso está no artigo da Lucía de que falei. Quando Valentín foi solto, na mesma noite, ele telefonou para nos encontrarmos. Ele tinha sido torturado e logo disse: "Vocês têm que partir, eles perguntaram muito de vocês... Vão embora já!"

P: Ele era parente do Gregório Baremblitt?

M: Era primo. Valentín é uma figura muito conhecida e reconhecida, por ter sido um dos consultores, na área da saúde mental, na Organização Mundial da Saúde. Conhecia bem o trabalho de Antonio Lancetti na intervenção do hospital Anchieta e chegou a visitar o Brasil como consultor da OMS.

P: Você chegou a ter alguma participação no grupo Plataforma?

M: Eu não fiz parte do grupo Plataforma, mas acompanhei a certa distância. Naquele momento, eu estava focado no meu engajamento político e na FAP. E queria também, de alguma maneira, preservar o espaço analítico com o meu analista-didata, Diego García Reinoso. Ele, junto com sua mulher, Gilou, foi uns dos didatas que romperam com a Sociedade, como membros da Plataforma.

P: Você saiu da Sociedade nesse mesmo tempo?

M: Sim. Eu ainda não era membro, era candidato em formação no Instituto da Sociedade, e fazia parte do movimento de candidatos surgido a partir da crise. Quando me chamaram para escolher outro didata para ser meu analista, resolvi sair, em apoio aos movimentos dissidentes Plataforma e Documento, e fui trabalhar no

CDI, coordenando o plano piloto de formação dos trabalhadores de saúde mental. Entrar no Sedes, quando chegamos ao Brasil, foi uma maneira de levar adiante um projeto de psicanálise independente e politizada, que estava presente na proposta liderada por Regina Schnaiderman, principalmente, e por Roberto Azevedo, diretor do curso.

P: Como foi sua chegada em São Paulo e a aproximação com o Instituto Sedes Sapientiae?

M: Quando tivemos que sair da Argentina, em 1977, pegamos Emiliano, nosso filho de cinco meses, que tínhamos adotado, desistimos de uma viagem de avião para o Uruguai, sem anular a passagem, subimos em um carro e fomos para a região de Entre Rios. Com a ajuda de um cunhado de Lucía, que era diretor de um jornal, atravessamos a fronteira. Entramos no Uruguai para chegar, por terra, no aeroporto de Carrasco, em Montevidéu. De lá viemos para o Brasil, que seria nossa primeira parada. Aqui morava o irmão de Lucía, que nos acolheu em seu apartamento. Discutíamos qual seria o nosso destino, se Espanha, se México... pensávamos em várias alternativas. Nesse meio tempo, encontramos Ana Maria Sigal, que já estava aqui, e ela nos falou do Sedes. Então, fomos até lá. Quem nos recebeu foi Madre Cristina, dizendo: "Vocês são muito bem-vindos! Sabemos o que a Argentina está passando nesse momento, porque em 1968 nós tivemos o AI5... Agora, o Brasil está no caminho da redemocratização, há uma brecha, fiquem conosco, vocês podem nos ajudar muito!". Imagina uma acolhida maravilhosa como essa, para quem estava começando um caminho de exílio. Foi uma coisa extraordinária! Ainda mais considerando a ideologia do Sedes, que pouco depois se firmou com a Carta de Princípios. Claro que ficamos, ficamos até hoje!

P: Foi assim que se deu a entrada de vocês no curso?

M: Na semana seguinte nos reunimos com a equipe docente, e pouco depois já estávamos dando aula. Naquele momento, o grupo de professores do Curso de Psicanálise – que naquela época se chamava Curso de Psicoterapia de Orientação Psicanalítica – sofrera um baque. A Sociedade Brasileira de Psicanálise de São Paulo [SBPSP] fez uma pressão muito forte sobre os analistas filiados a ela, para que não fossem mais professores do curso. Se continuassem, sofreriam consequências... Enfim, dos sete analistas que eram da SBPSP, cinco saíram e dois ficaram, Roberto Azevedo e Fabio Herrmann.

Tinha também o Isaías Melsohn, que não fazia parte oficialmente do curso, mas participava muito, era uma figura amorosa. Foi dele que escutei pela primeira vez uma expressão mística: "A chegada de vocês foi uma conjunção astral". O que é uma conjunção astral? Ele era uma figuraça! Ficamos muito amigos, assim como de Regina e Boris Schnaiderman.

P: Depois de um certo tempo aqui, vocês voltaram para a Argentina, não é?

M: Um certo tempo não, depois de dez anos aqui!

P: Como foi essa decisão?

M: Nós estávamos bem arraigados aqui, mas a verdade é que havíamos saído foragidos, à noite, muito de repente. Havia um sentimento de que tínhamos de voltar. Tínhamos um pedaço de história parado ali, uma série de coisas, nosso apartamento alugado... Houve o episódio das Malvinas, caiu a ditadura e subiu o Alfonsín, começou o movimento de abertura e uma onda de retorno de exilados. Muitos analistas argentinos voltaram, inclusive do Brasil, nós entre eles. Nos dois anos que ficamos lá [entre 1988 e 1990], continuei vindo mensalmente para São Paulo para atender pacientes e também dei um seminário no curso. Tinha uma ligação muito forte com São Paulo. Mas, chegou um momento em que uma decisão era necessária. Falei para Lucía: "Bom, vamos encerrar em São Paulo, vender o consultório e ficar na Argentina de vez". Lucía respondeu: "Deixa eu ir, quero ver meus pacientes lá, me despedir etc.". Ela começou a ir e não parou mais!

Ao mesmo tempo, as coisas que começaram a acontecer na Argentina não nos convenciam. Eu não encontrei a Argentina que tinha deixado, evidentemente. Depois, soube que isso é chamado de "síndrome do retorno", aparece nos que se exilam e voltam. Nossos amigos e colegas, com quem nos reuníamos e discutíamos, eram todos pessoas que também tinham se exilado, na Venezuela, na Espanha, aqui... Estávamos de volta, juntos, mas não era fácil. Logo quando chegamos, nos perguntavam: "Mas vocês, por que voltaram? Estavam mal lá fora?", "Não, estávamos bem!", "Mas então por que voltaram?", "Voltamos porque é nosso país, sei lá!".

P: Talvez fosse importante fazer a vinda para o Brasil como uma escolha.

M: Era um momento em que parecia que as coisas iam mudar, mas com a eleição do Collor... Porém, nós já estávamos prontos para voltar.

P: Você poderia nos falar sobre sua experiência como um dos coordenadores do trabalho institucional realizado na área de saúde mental, desenvolvido por profissionais do Departamento com o Estado e com a Prefeitura de São Paulo?

M: Esse foi um momento de avanço extraordinário! Montoro era o governador, e Ana Pitta, psiquiatra com formação psicanalítica no Sedes, era a diretora da Divisão de Ambulatórios da rede pública. Um grupo de psiquiatras progressistas estava começando a mudar o esquema manicomial em São Paulo. Até esse momento, a função "prática" dos ambulatórios era ser a porta de entrada para o sistema, destinada a encaminhar pacientes para os manicômios. Aí surgiu, em 1984, uma oportunidade de se fazer um convênio entre algo que ainda não era o Departamento de Psicanálise – era uma espécie de "protodepartamento", um grupo de professores do curso que se duplicou com a entrada de diversos colegas com experiência – e a Coordenadoria de Saúde Mental da Secretaria de Saúde do Estado de São Paulo. A ideia era oferecer formação para os profissionais dos ambulatórios. Era um trabalho novo que procurava introduzir o conhecimento psicanalítico como instrumento de compreensão dos pacientes e, ao mesmo tempo, promover a abertura de espaços democráticos dentro de uma instituição muito fechada, com um modelo psiquiátrico manicomial e uma rotina automatizada de diagnósticos e medicação, cristalizando um destino de cronicidade. Abrimos possibilidades alternativas, foi uma experiência riquíssima, em que nos envolvemos de corpo e alma. Acho que foi a Laura Sampaio, membro da Diretoria, quem se responsabilizou e assinou esse convênio, em nome do Instituto Sedes Sapientiae. Até onde eu sei, foi o primeiro convênio estabelecido entre uma instituição da saúde mental pública e uma instituição formadora de psicanalistas.

P: Isso aconteceu na época dos ERSAs [Escritórios Regionais de Saúde – subdivisões da Secretaria da Saúde]?

M: Previamente à constituição dos ERSAs se implantaram equipes multidisciplinares nos ambulatórios. Era toda uma

276 APÊNDICE

corrente de pensamento em saúde mental que favorecia o trabalho
grupal, a concepção do trabalho comunitário, o que representava
um avanço. Ministramos seminários e supervisões clínicas no Sedes. Após a reorganização em ERSAs, fomos trabalhar no próprio
espaço da instituição. Fiz uma supervisão institucional no Hospital
de Agudos de Água Funda, e lembro que ouvia as queixas, muitas queixas... e comecei a chamá-lo de hospital de "Mágoa Funda".
Foi uma intervenção interessante. Só que saiu o Montoro, entrou o
Quércia, as coisas começaram a mudar, a tomar ares burocráticos
meio despolitizados e, bom...

P: E depois veio o Fleury no governo de São Paulo, e acabou.
Foi um horror!

M: Sim. A psicanálise vinha tendo um desenvolvimento muito
importante aqui no Brasil, aliada à reforma psiquiátrica, às lutas
antimanicomiais, às "instituições explodidas" – conceito criado
por Maud Mannoni no marco de experiências institucionais inovadoras na França. Valentín Baremblitt expressou, um tempo depois,
grande admiração pelo que estava sendo feito aqui, nesse campo.
Eu encontrei não só no Sedes, mas também em outras instituições
um espaço fantástico para trabalhar, para criar e aprender. O convênio com a Secretaria do Estado possibilitou um reconhecimento
geral do Sedes como instituição formadora na área, e chegaram
muitas demandas.

Em 1991, teve início um novo período de grande mobilização
no campo institucional, a partir das propostas avançadas da nova
gestão municipal, a da Erundina, com a implantação de hospitais-
-dia [HD] e centros de convivência comunitários. Nessa época, me
envolvi com atividades de supervisão e assessoramento na implantação de um HD para crianças, na Vila Prudente, que antes era um
Centro de Psicologia da Educação do município. Trabalhei nesse

projeto junto com Eliane Berger, que tinha estado com Mannoni em Bonneuil e trazia a experiência das invenções terapêuticas da França. E depois dei supervisão em um HD de adultos, na mesma região.

Ao mesmo tempo que intervínhamos, aprendíamos. Uma forma de intervir na conversa com os profissionais era explorar os significantes que apareciam. Me lembro de uma conversa em que alguém falou de algum bicho e, por alguma razão, foram surgindo outros bichos metafóricos nas falas das pessoas: gatos, leões... lutar como leão... Toda uma terminologia bastante simbólica.

Lembro quando começamos a trabalhar o conceito de elemento intermediário, por exemplo. No trabalho com as crianças, elas iam direto para um corpo a corpo com os profissionais, que passavam a abraçá-las, carregá-las no colo continuamente, ficando "sem tempo sequer para ir ao banheiro". Era um sintoma. É mais "fácil" acolher corporalmente a criança. Nós insistíamos: "vocês têm que criar alguma intermediação através da fala, do brincar, do recurso a objetos etc.". Assim começamos a explicar o que era a separação, a constituição de um espaço transicional, o que eram os objetos transicionais. Eram profissionais da educação que foram aprendendo. Uma vez fiquei emocionado, porque uma das terapeutas me telefonou: "Mario, quero te contar uma coisa. Lembra da fulaninha... a menina muda que não falava nunca? Ela está falando comigo!", "Não diga, como isso aconteceu?", "Está falando por telefone". Foi incrível assistir à constituição desse objeto intermediário!

Todo esse trabalho institucional representou um momento muito importante do Departamento de Psicanálise e concentrou muitos esforços. Muitos de nós fazíamos parte do Setor de Saúde Mental e Instituições. Os pormenores de toda essa época estão descritos em no artigo "Psicanálise, saúde mental e instituições:

278 APÊNDICE

história de um projeto", publicado no livro *A subjetividade nos grupos e instituições* (Abud, 2015).

P: Como foi a criação do Curso de Psicopatologia Psicanalítica e Clínica Contemporânea?

M: Há um percurso para chegar até ele. Na implantação do HD infantil, na Vila Prudente, trabalhamos com muitos psicólogos educacionais e era preciso processar as diferenças entre o modelo pedagógico e o modelo terapêutico de intervenção. Recomendamos bibliografia, demos supervisão, fizemos intervenção institucional. Durante a gestão da Erundina, demos supervisão também em um HD de adultos e em ambulatórios da mesma região. Nessa mesma época começou um trabalho antimanicomial incrível, com a criação dos NAPs [Núcleos de Apoio Psicossocial], em Santos, onde percebíamos que os profissionais dos diversos equipamentos alternativos, nas diversas áreas, precisavam de uma formação mais consistente que os habilitasse para o trabalho que faziam. Respondendo a essa demanda, criamos no Departamento, em 1993, um curso de aperfeiçoamento de um ano: Psicoses: Concepções Teóricas e Estratégias Institucionais, que teve muito boa acolhida. Nele, demos ênfase a alguns conceitos, como recusa, forclusão e narcisismo.

Aí veio o governo do Paulo Maluf, que desmontou tudo, colocando no lugar o PAS. De um dia para o outro, tiveram de fechar os serviços, interromper as terapias, abandonar os pacientes, e nosso trabalho passou a ser ajudar os profissionais a processar tudo isso. Foi uma situação traumática comparável ao que vivemos com os alunos de psicologia com a intervenção militar de 1966 na Argentina.

Retomei essa história porque, nesse processo de desmonte do trabalho nas instituições, o curso sobre psicose ficou interrompido, mas a equipe se manteve, foi se transformando e, em 1997, lançou o Curso de Psicopatologia Psicanalítica e Clínica Contemporânea. Os conceitos metapsicológicos que vínhamos trabalhando no campo da psicose, principalmente o de recusa, eram apropriados para o entendimento das chamadas psicopatologias contemporâneas, que começavam a aparecer na clínica, ganhando cada vez maior importância.

P: Como vocês pensam essas mudanças nas subjetividades e nos quadros clínicos da contemporaneidade?

M: As psicopatologias contemporâneas estão ligadas às novas formas de vida, de funcionamento social... Mudanças como a globalização e o neoliberalismo, aliadas ao excesso de consumo, à intensificação da tecnologia e ao fascínio midiático, entre outras coisas, geraram novas formas de subjetivação e de patologias. E, para entendê-las, nós começamos a estudar as diversas abordagens no campo das ciências sociais e políticas que se propunham dar conta delas. Ao mesmo tempo, a psiquiatria começou a superinvestir essas patologias, propondo uma nova forma de pensá-las com os diagnósticos dos DSMs, que, aliados à neurociência e à indústria farmacêutica, inauguraram formas padronizadas e dessubjetivantes de abordar os sofrimentos psíquicos. Assim, abrimos espaço para o estudo das novas problemáticas e o acompanhamento de casos clínicos. Estudamos o que está sendo produzido na psicanálise nos dias de hoje, sem abrir mão da metapsicologia freudiana. E, como sempre acontece na minha vida, ensinamos e aprendemos ao mesmo tempo.

P: Quais são as questões que mais inquietam vocês atualmente? O que vocês têm trabalhado e pesquisado?

M: Um dos eixos é a problemática narcísica e o mecanismo de recusa. Nos textos "Neuroses e psicoses" e "A perda da realidade na neurose e na psicose", de 1924, Freud já introduz o conceito da recusa para entender as neuroses narcísicas e as alterações do eu, o que é essencial para pensar o que se passa na contemporaneidade.

Sobre o momento atual, de imediato, não poderia falar muito, porque o que aparece é a forma como as pessoas tentam se reestruturar diante da pandemia do coronavírus, e estamos atentos à nova forma de atender com esses recursos mediadores peculiares, que são o celular e a internet...

No entanto, já antes disso, na minha clínica, eu propunha o uso do telefone como uma possibilidade a mais quando percebia, na sessão, que as coisas poderiam se desestabilizar no intervalo entre sessões. E, para mim, essa experiência se revelou interessante, principalmente com pacientes que entravam em uma fobia e ficavam em casa, morrendo de angústia, de depressão. Na chamada "síndrome do pânico", o telefone é crucial. Desde o início, quando reconheço uma problemática desse tipo, em que a fragilidade subjetiva é patente e a pessoa é atravessada por angústias de morte, é muito bom que o paciente saiba que esse recurso existe.

P: Isso é bem interessante. Agora, com a covid -19 e o isolamento social, o telefone ou outros dispositivos estão sendo usados para todos os atendimentos. Como tem sido a sua experiência?

M: Não sei como está sendo a experiência de vocês, mas por meio de um ou outro dispositivo, as análises, as terapias estão acontecendo. E de modo interessante. Tivemos que fazer um importante trabalho de reenquadramento. Tive uma paciente que preferiu não continuar, quis se "manter fiel ao nosso método" e só retornar quando a pandemia passar, mesmo sabendo que pode demorar...

Mas é importante lembrar, que ao longo da sua história, a psicanálise não optou por ser tão fiel aos seus métodos. Foi criando possibilidades novas conforme as circunstâncias, conforme os problemas surgiam.

P: Precisamos poder fazer isso, não é? Senão ficamos parados no tempo.

M: Na nossa clínica, precisamos criar variações para que o trabalho aconteça. Sempre há um aspecto criativo numa análise e isso também interessa para se entender a psicopatologia contemporânea. Muitos pacientes. hoje, chegam para o atendimento sem saber "jogar o jogo" do método psicanalítico. É difícil promover, logo no início, um enquadre em que eles falem, tragam um sonho, associem livremente para se interpretar. São pacientes que, às vezes, esperam que você diga o que eles sentem, o que pensam, porque eles mesmos não conseguem dizer. A simbolização é muito difícil. É como se tivessem sido crianças que não conseguiram brincar com os seus companheiros, porque faltava a possibilidade de uma certa distância simbólica em relação ao jogo.

Tem um artigo de Diego García Reinoso, "Jogo, criação, ilusão", em que ele parte da fala de uma criança que, no meio de uma sessão, diz: "Vamos brincar de cozinha? Mas você sabe, é de mentirinha". Esse "de mentirinha" é o equivalente ao "como se" da situação transferencial, do que se diz, do que se escuta e do que acontece, em termos de uma dimensão lúdica no trabalho da análise. É e não é, é um como se, é de mentirinha... É preciso poder criar esse jogo. Com a patologia contemporânea, isso não é fácil, porque o paciente, muitas vezes, não consegue pôr em palavras o que está sentindo, o que se passa com ele. Ele vem, conta que lhe aconteceu tal coisa, fica "colado" ao fato e espera que você lhe diga o significado daquilo. Sente que aquilo o tocou, que é importante, mas não sabe dizer algo a respeito.

Em certas circunstâncias, o cara a cara poder ser necessário para garantir a comunicação. Isso também se coloca no atendimento a distância. Em certos momentos, temos certeza de que a comunicação com o outro aconteceu, mesmo no silêncio, mesmo na ausência da imagem, e o outro, também, tem certeza de que você o escutou. Isso porque há um elo estabelecido que te faz sentir que está sendo escutado e que, se você não escuta, é porque o outro não falou. Então, é possível sustentar o silêncio, que é um trabalho difícil. Isso não foi fácil no começo desse trabalho virtual... Falei "no começo" e parece que foi há muito tempo, mas começou há um mês! Você terminava o dia esgotado.

P: Exaustos, sim, exatamente.

M: Exausto. E eu me perguntava: o que tivemos de fazer a mais do que fazemos no trabalho presencial?

P: Sustentar a ligação, não é?

M: Sustentar a ligação, e sustentar o desligar de uma fala contínua. É necessário que o silêncio seja possível, a pausa, o corte...

P: Eu lembrei de duas coisas, Mario. Lembrei daquilo que Bleger chama de sincrético e lembrei de uma paciente, de oito anos, que falou na primeira sessão virtual: "Você sabe que eu posso te desligar, não é?".

M: Mas que poderosa! E você, o que disse? "Não, por favor, não me desliga!".

P: Falei, na brincadeira, algo assim: "Eu sei. É horrível, não é? Como é difícil você poder me desligar a qualquer hora!". Existem também os silêncios que acontecem pela interrupção da internet, esses tempos que não sabemos se é silêncio na análise ou interrupção da conexão.

M: Ah, às vezes, isso é insuportável!

P: O que poderíamos pensar como consequências subjetivas, e até sócio-políticas, dessa situação que estamos vivendo?

M: O que me ocorre dizer assim, de supetão, é que são tempos sombrios novos. Os tempos se repetem, tempos sombrios reaparecem, mas as sombras de hoje têm certa particularidade. Nunca atravessamos, e nunca fomos atravessados pelo que estamos passando agora.

P: Com a pandemia acontece uma entrada da realidade muito pungente com o risco de morte. Realidade violenta e invisível.

M: A realidade pode nos desligar, como dizia a sua paciente.

P: Exatamente. Poderíamos pensar essa realidade como repressiva, já que impede muitos encontros, os sexuais, os de amizade...? Impõe a todos ficar dentro de casa, usar máscara para sair, o que também tolhe...

M: É realmente muito repressivo. Mas, a autoexigência de sucesso que o sujeito neoliberal tem consigo mesmo é tremendamente opressiva e repressiva. Deixa de fora aspectos importantes da vida. Vocês viram o filme *Você Não Estava Aqui*, de Ken Loach? É terrível! É trabalho, trabalho, trabalho... não dá para parar de

284 APÊNDICE

trabalhar. Em determinado momento, o sujeito consegue curtir a
família, mas está quase o tempo todo ausente do contato com os
filhos, com a mulher, que também trabalha sem parar. Se essa é a
vida que deve ser interrompida, a gente se pergunta...

P: Se não é uma boa ideia, não é? Você acha que podemos sair
dessa situação atual, de alguma forma, renovados em relação à vida
que a gente vinha levando?

M: Sem dúvida! Vamos ter que repensar tudo, e o que não puder ser repensado pode nos prejudicar muito. Nesse momento, o
que me preocupa é a recusa, presente entre nós, em se cumprir e
respeitar o isolamento social como se deveria. Não atingimos nem
50% de isolamento. Me expliquem isso, que mecanismo é esse?

P: Temos uma divisão entre os governos. De um lado, o governo federal diz que tudo bem sair para a rua, e de outro, os governos
estaduais e prefeituras tentam dar conta da realidade. Uma recusa
no país.

M: Estamos enfrentando a imposição de uma dissociação e
uma recusa coletivas. E, com isso, o governo federal retira a possibilidade de podermos pensar na realidade que estamos vivendo e
fazer uma construção e uma sustentação coletivas da necessidade
de ficar em casa. É urgente ficar em casa para se proteger e proteger os outros. Esse sentido de coletivo, da importância dos outros
em cada um de nós, é crucial. É uma oportunidade para constituir
uma comunidade de destino, um coletivo que pense no conjunto e
não só no indivíduo, como vem sendo feito ao longo de todo esse
tempo.

Eu me lembro quando, anos atrás, mesmo com os grandes avanços no cuidado e na prevenção da aids nos campos médico, social e psicológico, as pessoas transavam sem camisinha. Vocês lembram como isso nos enlouquecia? Naquele momento, recorremos ao conceito de recusa para entender o que se passava, e agora temos de usá-lo de novo.

Temos um presidente fetichista que constrói um delírio de que temos que salvar a economia apesar das vidas, como se fosse possível pensar a economia de um país sem pensar na sobrevivência das pessoas. É o mecanismo de recusa que está em jogo e, com isso, se descuida de uma parte importante da população, dos idosos, dos pobres, dos mais vulneráveis. Parece que está difícil encontrar metáforas que nos ajudem a pensar e compreender o que está se passando.

P: Nesse sentido, você acha que a eleição de figuras como Bolsonaro e Trump tem a ver com essa pregnância da recusa?

M: Escrevi sobre isso no artigo "Reich e a relação entre psicanálise e política",[2] que apresentei no congresso da FLAPPSIP, em Montevidéu, e foi publicado no número 63 da revista *Percurso*. Sinto muita raiva e me pergunto como pudemos entregar o governo a esse sujeito fascista?! Artigos internacionais já falam em um julgamento futuro, equivalente ao de Nuremberg, pelos atos do nosso presidente.

Precisamos ver quais caminhos podemos abrir para criar modos coletivos de pensamento e de ação, que permitam uma saída da situação em que estamos. Há uma desilusão, um processo de luto a ser feito, pois esperávamos mais da consciência e do pensamento

---

2 Ver o capítulo 15 deste livro.

286 APÊNDICE

das pessoas. Temos um governo que favorece a recusa e os grupos de seguidores fanáticos. E temos também os que não são seus seguidores, mas vão para a praia se divertir, e não levam as coisas a sério. É muito preocupante.

P: É um fanatismo de tipo religioso que fica mobilizado? Como você pensa o fenômeno Bolsonaro?

M: Os votos a favor do Bolsonaro dizem respeito a setores da classe média que já vinham se sentindo ameaçados pela possibilidade do empobrecimento e da proletarização. Se agarram a essa ideologia para recusar esse perigo e as culpas que os ameaçam por possíveis fracassos pessoais em seu desempenho econômico, e que são derivadas de uma adesão ferrenha à ideologia neoliberal.

Antes do coronavírus, já estávamos passando por uma crise econômica no país. Tínhamos uma quantidade enorme de desempregados e muitos projetos pessoais estavam ruindo. Os sujeitos moldados no neoliberalismo – que não dá importância às coisas em si mesmas e seus limites, mas somente ao que você faz, principalmente à garra e à disponibilidade total com que você faz – se apegam à possibilidade de ser empreendedores autônomos. Acreditam que podem ir em frente, sem depender de ninguém, e se tornam elementos fundamentais na sustentação do sistema. Escrevi sobre essas questões no texto mencionado e também nas aulas inaugurais de Psicopatologia publicadas no *Boletim Online*. Isso não acontece só no Brasil mas no mundo inteiro. Para se salvarem, diante da realidade de colapso e ruína que os ameaça, se agarram de uma forma totalmente fanática a um líder messiânico que os defende contra inimigos visíveis ou ocultos, principais responsáveis pelo estado das coisas.

Vocês viram como o novo Ministro da Justiça se referiu a Bolsonaro? "É um profeta". E Bolsonaro chamou a população para um dia de jejum. Está tomando feições de profeta, de líder religioso. Ao mesmo tempo que não assume nada do que tem de fazer como presidente do país e "lava as mãos" da forma mais grosseira.

P: *Não* "lava as mãos". Aperta a mão de todo mundo!

M: E quando lhe perguntam das mortes, diz: "E daí?".

P: Poderíamos pensar que esses personagens bolsonaristas, homens violentos que usam armas, expressariam a superexigência que o neoliberalismo tem em relação à performance, que você mencionou anteriormente? Além disso, eles se enquadrariam na figura da violência do homem contra a mulher, que caracteriza uma nova sintomatologia histérica, como você e Silvia Alonso escreveram no livro *Histeria*, relacionada a um tipo de recalque na contemporaneidade?

M: Sim, é possível pensar, porque existe uma tendência ao machismo, à misoginia, que está presente na mentalidade do Bolsonaro e que ele sequer se esforça para esconder. Por exemplo, quando fala da filha, depois de ter tido quatro filhos homens, como uma "fraquejada".

Mas a pergunta é: o que acontece agora, quando não é possível evitar a proximidade excessiva e ameaçadora com a parceira? Estou pensando nesse artigo sobre a histeria masculina e os processos contemporâneos [Fuks, 2010], e em autores que consideram uma feminilidade primária, associada à identificação com a mãe, como parte do núcleo identitário original, que deve ser deixada para trás na construção de uma identidade masculina. Stoller

[1989], criador do conceito de gênero, diz que "o primeiro dever de um homem é não ser mulher".

A proximidade com a mulher ameaça essa identidade, sobretudo a identidade masculina fálico-narcísica, construída sobre a base da rejeição de tudo que pode ser feminino no homem. Ele tem de mostrar agressividade, desprezo, distância em relação à mulher, para não correr o risco de se fusionar e se transformar nela.

Um colega argentino, amigo também, Juan Carlos Volnovich, diz que existe no comportamento machista, na agressividade com a mulher, uma formação reativa em relação a uma lembrança saudosa, a um desejo de estar colado ao corpo da mãe, dentro dela, como nos primórdios. Nessa perspectiva, teríamos um tipo de rejeição que garantiria um equilíbrio narcísico e uma identidade de ser um homem entre os homens, que não se entrega ao feminino, que não se submete. Eu pensei por aí, mas teríamos que ver o que se passa na clínica com os pacientes que tratamos nesse momento.

P: Nessa semana, dois maridos de casais que atendo precisaram recorrer a medicação em função de explosões violentas com suas mulheres.

M: Claro, para tirá-las de dentro deles!

P: Exatamente! Você relacionaria a pornografia, o excesso imagético pornográfico, com esse processo que está nos explicando?

M: É bem interessante essa ideia, porque a pornografia se caracteriza por excluir a dimensão do desejo, do invisível. Tudo é visível, quantificável, mensurável. Para pensar um pouco sobre isso, sugeriria o texto coletivo que escrevi com o grupo de professores do Curso de Psicopatologia, "A sexuação feminina da mulher na contemporaneidade",[3] que foi publicado no livro *Figuras clínicas do feminino no mal-estar contemporâneo* (Alonso, Gurfinkel & Breyton, 2002).

P: A respeito de um filme, não é?

M: Sim, sabe como se chama o filme? *Uma Relação Pornográfica*, de Frédéric Fonteyne, que é um nome totalmente irônico, porque o que menos existe na relação que estabelecem é pornografia.

P: Você e Silvia Alonso falam que na contemporaneidade fálico-narcísica, o objeto terno fica separado do objeto sensual. E essa seria uma forma de recalque do momento atual.

M: Exatamente, e poderíamos dizer que a progressão erótico-civilizatória, no campo amoroso e erótico, seria o aumento da aproximação entre o objeto de amor e de respeito e o objeto sexual e de desejo, que é uma criação dos tempos. Nem tudo é feminicídio e violência contra a mulher. Existem novos modos de ser homem e, também, de ser mulher. E que não são os "pornografizados".

P: Puxando o fio do artigo em que você retoma o posicionamento de Reich, como você tem pensado a posição das instituições psicanalíticas frente ao grave momento político que estamos vivendo nos dias de hoje? E também, como avalia o funcionamento e o posicionamento do Departamento de Psicanálise depois de 35 anos?

M: Comecei a escrever o que foi a primeira versão do artigo sobre Reich e a relação entre psicanálise e política por ocasião do

---

3 Ver o capítulo 7 deste livro.

evento "Entretantos II: 30 anos de Psicanálise e Política", realizado pelo Departamento de Psicanálise do Instituto Sedes Sapientiae em 2016, logo depois do impeachment da presidenta Dilma Rousseff. Daquilo que nós chamávamos, e continuamos chamando, de *golpe*; o golpe que a democracia brasileira sofreu. Naquela versão, eu dizia que um acontecimento novo tinha ocorrido, que representava um passo à frente, muito importante, na relação entre a psicanálise e a política. Esse acontecimento, realizado na Faculdade de Psicologia da Universidade de São Paulo, foi uma convocatória para um encontro amplo, com representantes de muitos grupos psicanalíticos, mais e menos institucionalizados, e que se chamou "ATO: Psicanalistas pelo apoio incondicional à Democracia no Brasil". Membros do Departamento estiveram na mesa organizadora e também no público presente ou que acompanhou pela internet.

Acho que o Departamento de Psicanálise do Sedes é um lugar de grande sensibilidade diante do social e do político e de grande mobilização. Foi assim desde suas origens. E tem produzido muitas coisas nos tempos atuais, como o posicionamento político frente ao impeachment, ao golpe institucional, à morte de Marielle Franco, bem como a diversos acontecimentos que foram se desdobrando nesses tempos. Tempos realmente duros, de ações e discursos intoleráveis por parte do governo, frente aos quais o Departamento tem se posicionado muito bem. Tanto a Instituição Sedes, da qual fazemos parte, quanto diversas instâncias psicanalíticas interinstitucionais das quais participamos ativamente, com representação estável, como o Movimento Articulação das Entidades Psicanalíticas Brasileiras e a Federação Latino-Americana de Associações de Psicoterapia Psicanalítica e Psicanálise (FLAPPSIP), têm denunciado, por meio de declarações e manifestos coletivos, as graves afrontas à democracia e aos direitos humanos que vêm acontecendo no país.

P: Como você observa o posicionamento do Departamento frente à discussão do racismo e de outros movimentos identitários, tão marcantes nas sociedades nos tempos atuais?

M: Em relação aos lugares de produção política, importantíssima, dos movimentos identitários, o Departamento tem avançado muito. Tivemos o evento sobre o racismo ["O Racismo e o Negro no Brasil: questões para a psicanálise", em 2012], que foi muito marcante, bem como outros eventos, igualmente importantes: "Generidades" ["Generidades: Sexo, Gênero, Psicanálise, em 2019], "Deslocamentos" [2018], sobre migrações, que teve uma exposição muito significativa do Peter Pál Pelbart, o evento sobre as clínicas sociais na história da psicanálise ["Questões Sociais e Políticas na História da Psicanálise: Ontem e Hoje", em 2018], entre outros.

Nessas atividades há muita produção e criatividade. No evento sobre "Generidades", Mara Caffé apresentou um texto em que mostra como a psicanálise torceu o nariz, durante muito tempo, para o conceito de identidade. Torceu mesmo. Esse conceito não faz parte do campo da psicanálise e isso não se deu por acaso. Freud o questionou. No último dos seus escritos, *Moisés e o monoteísmo*, que tenho trabalhado em seminário há três anos, Freud explode o conceito de identidade judaica. Ele inicia apontando que não era tarefa fácil despojar um povo de seu filho mais eminente, mas que era isso o que pretendia fazer demonstrando que Moisés, criador do povo judeu, não era ele mesmo judeu, era egípcio. Isso é uma verdadeira *chuzpe* como se diz em iídiche, uma audácia, um atrevimento. Essa afirmação coloca tudo de ponta-cabeça e nos leva a uma história complexa sobre o núcleo inicial que constituiu o povo judeu. Na realidade, ele provém de diversos núcleos, sendo que um deles passou pelo Egito. Haveria, então, uma diversidade dentro do próprio judaísmo.

292 APÊNDICE

Isso é importante de ser dito, porque a política do atual governo de Israel recusa essa constatação. Há uma tentativa de homogeneizar e transformar a identidade judaica em uma identidade praticamente genética. O que é um verdadeiro contrassenso para um povo que se sustentou na luta contra o antissemitismo, o racismo e o conceito de raça, que foi tão fundamental para o nazismo. No curso, trabalhamos com um texto maravilhoso, "Freud e os não europeus", de Edward Said, um grande crítico literário e destacado líder palestino. Trata-se de uma conferência em que ele destaca todas as pontes que Freud traçou para pensar novas questões em relação ao conceito de identidade. É fantástico, porque ele faz pontes com a questão do racismo e do colonialismo. As teorias raciais foram ferramentas importantes de difusão cultural para sustentar o projeto colonial. E aqui temos a possibilidade de traçar pontes com muitos elementos dentro do campo psicanalítico.

P: E como você vê o papel da psicanálise no mundo pós-pandemia? Quais as contribuições que a psicanálise pode nos fornecer para compreender esse momento?

M: Existem muitos fios que podemos puxar e depois juntar para falar sobre a posição da psicanálise em relação à pandemia e suas consequências, e sobre qual será nosso destino a partir dela. Algo muito importante a mencionar é a recusa, por parte dos governos de alguns países, em relação à pandemia, e que se soma à recusa sobre a gravidade da questão ambiental e do aquecimento global. Muitos artigos importantes apontam que os ataques feitos contra a natureza, por conta do modo de produção vigente, podem fazer parte daquilo que deu condições para a entrada e a ação desse novo vírus entre os humanos. É fundamental pensar na história que nos atravessa e na história que virá. Freud fala da potência esmagadora da natureza como um dos fenômenos que tornam o homem frágil, indefeso, desamparado. Mas o homem tem esmagado a natureza e parece que vivemos algo como a vingança da natureza que se dá em alguns momentos, uma imagem terrível!

Eu gostaria de apresentar um pequeno trecho do meu texto "Psicanálise, o futuro de uma (des)ilusão",[4] que diz assim: "Apoiados no modelo fornecido pelo processo psicanalítico, podemos nos perguntar se esse processamento específico, que aqui se proporia como um 'trabalho de des-ilusão', consistiria em mudanças subjetivas operadas por diversos recursos, como a historicização. A respeito dos obstáculos e resistências que esse trabalho comporta, Mijolla (1991), um historiador da psicanálise, comenta que 'a perspectiva histórica se lhe apresenta como portadora da quarta das feridas narcísicas infligidas ao homem e às suas ideologias: o homem não é imortal, e tampouco o são o psicanalista e a "psicanálise". Para muitos, a recusa radical do caráter efêmero (objeto da história que fixa a memória) de toda a criação humana . . . está relacionada a uma das mais perigosas atitudes dos psicanalistas a respeito da sua disciplina: sua idealização, sua inscrição dentre os sistemas religiosos de pensamento'".

Escrevi isso por volta de 1997, época em que se falava na crise da psicanálise. Como encarar as novas realidades? Como encarar o mundo que mudou? Como criar um pensamento sobre a mudança? A psicanálise se apresenta como um pensamento forte, que encarou muitas situações novas e mudanças produzindo muitas ideias e modos de intervenção ao longo da sua história. Agora, está diante de um desafio importantíssimo, porque o que está acontecendo é muito grave, é um momento histórico do maior significado.

Imersos nesse momento, como compreender a ferida narcísica que ele provocou em nós? Como criar uma revolução do

---

4   Ver o capítulo 3 deste livro.

pensamento, como foi a revolução copernicana, a darwiniana e aquela provocada pela psicanálise, que mostrou que o homem não é senhor de si mesmo? É um momento de compreensão de uma ferida importante e de um desafio essencial para todos nós, porque diz respeito a toda humanidade. Estamos atravessados por essa realidade que atingiu todos os países, grandes e pequenos, ricos e pobres. Em todo o planeta há milhões de seres humanos fechados em suas casas. E o que virá depois? Como analisar o que favoreceu esse desastre: o descuido do Estado com o sistema de saúde, de segurança? Temos no Brasil um dos melhores sistemas de saúde do mundo, mas que foi abandonado, não recebeu investimento público. Os médicos e as equipes de saúde estão trabalhando muito, e aprendendo muito também... Vivemos um momento único, e temos que refletir sobre ele com todos os recursos de que dispomos.

A psicanálise tem conceitos suficientes para pensar e trabalhar em larga escala. Como ela vai fazer? Não sei! Como vai juntar forças, promover debates, refletir sobre essas questões, pensar intervenções psicanalíticas específicas... tudo isso... não sei. Mas é tarefa nossa!

Posfácio
Carta ao pai: Um adeus ao homem que me ensinou a pensar e a sentir

Julián Fuks

> *Tantas veces me mataron*
> *Tantas veces me morí*
> *Sin embargo estoy aquí*
> *Resucitando*
>
> Mercedes Sosa

Era o que cantava Mercedes Sosa aos nossos ouvidos, atendendo a um pedido seu, enquanto eu acariciava o seu braço e sentia o sangue ainda a correr, seu pulso ritmado, você já adormecido. Ali transbordava enfim a emoção que havíamos contido, a música me levava às lágrimas numa despedida úmida, a música cobria a infinidade de palavras que trocamos toda a vida, décadas de palavras que emudeciam. Ali esperávamos juntos a chegada dos outros, já avisados do que acontecia, ou esperávamos a chegada do fim. Mas talvez não fosse o fim, era o que a canção dizia, talvez você não morresse, e sim estivesse de alguma maneira ressuscitando, sob minhas mãos frias.

Tantas vezes mataram você, pai, o mataram ainda tão menino, incinerando os seus avós em campos longínquos, dizimando quase toda a família. Matou você o câncer que consumiu a sua mãe, naqueles anos da infância que insistiram em voltar, vívidos, nos seus últimos dias. Mataram você quando o perseguiram, quando forças obscuras tomaram o seu país e puseram em marcha a grande fábrica argentina de desaparecidos, conduzindo-o ao exílio no Brasil. Matou você seguidas vezes a doença invasiva que ocupou seu corpo e o obstruiu, o alijando de um convívio social mais imediato, físico. Mas eu não quero contar as suas muitas mortes, pai, quero é me aferrar à sua vida, quero falar dessa sua sobrevivência obstinada, do seu ávido desejo de persistir.

Esse desejo foi a marca maior da sua existência, é o que agora entendo, a razão por que você continuou a dar aulas e a atender pacientes e a escrever artigos até o fim, numa vontade imprescritível de se fundir ao mundo, de nele se perder, se confundir. Mas a confusão nunca foi uma opção para você, homem indiscernível de sua lucidez, incapaz de qualquer ideia que não fosse ponderada, refletida até o limite. Até o limite você preservou sua clareza, sua coerência, sua ateia certeza de que nada o aguardava depois da morte, ainda que isso lhe provocasse angústia, medo, adiamento. E foi como parte desse mesmo pensamento que você aceitou para si, e pediu que aceitássemos, sua decisão de ser enterrado em cemitério judaico, mesmo que há muitos anos tivesse rejeitado a religião, sua afirmação de que ainda assim pertencia a um povo, e ao povo.

A nós, a mim, não chegava a importar tanto, porque não é nessa permanência que cremos, não foi essa a permanência que você nos ensinou. Sempre acreditamos, ainda acreditamos, numa vida após a morte feita de memória, de narrativa, uma vida constituída de palavra e de indizível pensamento. Pai, por uma sorte você sabe, porque na última noite eu pude dizê-lo, o tamanho desse legado que você deixa para nós, em nós, essa infinidade de histórias que agora inundam os nossos dias, e povoam as nossas noites com uma indubitável presença onírica.

Para mim, sua figura é tão grandiosa que eu tive que escrever um livro sobre você, e não bastou, e escrevi outro livro sobre você, e não bastou, e aqui me vejo de novo a escrever sobre você, em movimento que já percebo infinito. Você é um homem inesgotável, um gigante cognitivo, para sempre inacessível às palavras, como todo ser pleno e vivo. Você é uma figura complexa sobretudo por seu amor à complexidade, por sua recusa a qualquer raciocínio simples ou óbvio, por sua busca incansável pela nuance, pela perspectiva inesperada – por tudo isso que você soube empregar na psicanálise e na vida íntima. A rebeldia do seu pensamento, em qualquer circunstância, sempre foi para mim chocante e admirável. Você foi um homem sábio, pai, de uma sabedoria até antiquada, em descompasso com o mundo que lhe coube habitar.

Contra toda a obscuridade que insistiu em assediar a sua existência, você foi um homem solar, um homem de gestos calmos e cálidos, de alegrias sinceras, de humor sagaz. De você emanavam compreensão e carinho, embora isso nunca se revelasse de maneira banal, nunca pelo toque impassível ou pela frase fácil demais. Um último presente que você nos deixa são as histórias que agora tantas pessoas vêm nos contar, amigos, colegas, alunos, pacientes, num vasto espalhamento da sua existência por veredas que não pudemos frequentar. Não se conhece por completo a vida de um pai, e talvez por isso nunca acabe o efeito que exerce sobre nós.

À minha mãe, à sua mulher de toda a vida, nem sei dizer o que você pôde ser, eis mais um mundo indevassável aos meninos menores, como eu. O que sei é que, para nós três, para os filhos, tão próximos e tão distintos, você soube ser uma referência única a cada vez, diversamente singular. Ao Emi, você ensinou a arte secular do churrasco, que ele logo transformou em ofício. À Flor, transmitiu a escuta atenta e o cuidado extremo com cada um dos pacientes, numa atenção amorosa a que ela aderiu com fervor e afinco. Quanto a mim, eu poderia dizer que você me ensinou a escrever, quando me incumbiu de dar contornos ao portunhol tortuoso que lhe era tão característico, mas não, foi muito mais que isso. Sinto ou quero sentir que você me ensinou a pensar, me ensinou a olhar o mundo e a tentar lhe atribuir sentidos.

E no momento exato, na iminência do fim, você me ensinou a sentir. Nossas fortes conversas finais estiveram muito carregadas de precisão e racionalidade, você acusou, e então naquela última noite guardamos a razão e conversamos livres, francos, desprotegidos. Depois de muito que nos confessamos, foi você quem disse, com algum cansaço, que tinha uma batalha dura pela frente, e eu questionei que batalha era aquela, e por que era preciso continuar a batalhar depois de tantas conquistas. Porque há tanta coisa que deixei incompleta, você disse, livros que não publiquei, textos que não escrevi. E eu lhe pedi que não se preocupasse tanto, e prometi com firmeza que publicaria seus livros, e completaria seus textos, com as suas palavras ou com as minhas. E você abriu seu sorriso largo, e algo se acalmou em seus olhos marítimos, e você se decidiu a dormir.

Pai, você não despertou dessas palavras que dissemos, e a falta que desde então sinto é inaudita. E, no entanto, a sua existência ocupa a minha vida inteira, neste momento em que escrevo e a cada hora de tão longos dias. Agora sei que estávamos certos, que a permanência que desejávamos é palpável e legítima, a ressurreição é verdadeira. Por toda parte carrego você comigo, você me ajuda a levar as meninas à escola, você volta ao meu lado no carro vazio, juntos ouvimos Mercedes Sosa e choramos lágrimas cristalinas. Por toda parte carrego você comigo, e ninguém nem nada nem doença alguma nem fim nenhum vai me privar da sua companhia. Aos rituais judaicos do luto eu ainda não quis aderir. Mas tenho usado todos os dias os sapatos pretos que vestia no seu enterro, os sapatos que pisaram a terra com que eu mesmo o cobri – confesso que essa parte do ritual me pareceu guardar um sentido profundo. Essa é a minha roupa de luto, esses sapatos de todos os dias. Olho os sapatos sujos de terra e penso em você, penso que você me acompanha a cada passo, que há algo de você envolvendo os meus pés, prendendo os meus pés à terra, ao chão que compartilhamos. Não me despeço, pai, sei que vamos juntos e que muito ainda conversaremos.

Referências

Abraham, K. (1916). Investigaciones sobre la primera fase pregenital de la libido. In A. Garma, & L. Rascovsky (Orgs.), *Psicoanálisis de la melancolia*. Asociación Psicoanalítica Argentina, 1948.

Abraham, N., & Torok, M. (1995). *A casca e o núcleo*. Escuta.

Abud, C. C. (2015). *A subjetividade nos grupos e instituições: constituição, mediação e mudança*. Chiado.

Agamben, G. (2002). *Homo sacer: o poder soberano e a vida nua*. UFMG.

Agamben, G. (2007). *Infancia e historia*. Adriana Hidalgo.

Alonso, S. L., & Fuks, M. P. (2002). Histeria e erotismo feminino. In S. L. Alonso, A. C. Gurfinkel, & D. M. Breyton (Orgs.), *Figuras clínicas do feminino no mal-estar contemporâneo*. Escuta.

Alonso, S. L., & Fuks, M. P. (2004). *Histeria*. Casa do Psicólogo.

Alonso, S. L., Gurfinkel, A. C. & Breyton, D. M. (Orgs.). (2002). *Figuras clínicas do feminino no mal-estar contemporâneo*. Escuta.

302 REFERÊNCIAS

Alonso, S. L., & Leal, A. M. S. (Orgs.). (1997). *Freud: um ciclo de leituras*. Escuta/Fapesp.

Althusser, L. (1978). Marx y Freud. In L. Althusser, *Nuevos escritos: la crisis del movimiento comunista internacional frente a la teoría marxista* (pp. 135-197). Barcelona.

Althusser, L. (1985a). *Freud e Lacan, Marx e Freud*. Graal, 1991.

Althusser, L. (1985b). *O futuro dura muito tempo*. Companhia das Letras, 1992.

Angiolillo, F. (2000, 8 dez.). Filme torna espectador *voyeur* da afetividade. *Folha de S.Paulo*, Ilustrada, E. 12.

Arantes, M. A. A. C., & Ferraz, F. C. (Orgs.). (2016). *Ditadura civil--militar no Brasil: o que a psicanálise tem a dizer*. Escuta.

Bedani, A., & Albertini, P. (2009). Política e sexualidade na trajetória de Reich: Berlim (1930-1933). *Arquivos Brasileiros de Psicologia, 61*(2).

Benjamin, W. (1936b). Charles Baudelaire, um lírico no auge do capitalismo. In W. Benjamin, *Obras Escolhidas* (Vol. III). Brasiliense, 1989.

Berenstein, A. (2002). *Vida sexual y repetición*. Síntesis.

Besserman-Viana, H. (1994). *Não conte a ninguém...: contribuição à história das Sociedades Psicanalíticas do Rio de Janeiro*. Imago.

Birman, J. (1999). A psicopatologia na pós-modernidade: as alquimias do mal-estar na atualidade. *Revista Latinoamericana de Psicopatologia Fundamental, 2*(1), 35-49.

Bleger, J. (1967). *Simbiosis y ambigüedad*. Paidós.

Bleger J. (1971) Psicanálise do enquadre psicanalítico. *Revista Latinoamericana de Psicoanálisis*.

Bleichmar, S. (1993). Relações entre o recalcamento originário e o princípio de realidade. In S. Bleichmar, *Nas origens do sujeito psíquico: do mito à história*. Artes Médicas.

Bleichmar, S. (2005). Conceptualización de catástrofe social: límites y encrucijadas. In D. Waisbrot et al., *Clínica psicoanalítica ante las catástrofes sociales: la experiencia argentina*. Paidós.

Bleichmar, S. (2009). *El desmantelamiento de la subjetividad: estallido del yo*. Topia.

Bove, L. (2010). A adolescência indefinida do mundo. In L. Bove, *Espinosa e a psicologia social: ensaios de ontologia política e antropogênese*. Autêntica.

Bruch, H. (1978). *La jaula dorada: el enigma de la anorexia nerviosa*. Paidós, 2002.

Brusset, B. (1990). La adicción anoréxica a la marcha y el trabajo psicoanalítico. *Revista de Psicanálisis de Niños y Adolescentes*, (10), 152-169.

Brusset, B. (1999). Anorexia mental e bulimia do ponto de vista de sua génese. In R. Uribarri (Org.), *Anorexia e bulimia*. Escuta.

Brusset, B. (2003). Psicopatologia e metapsicologia da adicção bulímica. In B. Brusset, C. Couvreur, & A. Fine (Orgs.), *A bulimia*. Escuta.

Brusset, B., & Rovira, B. (1996). Presentación y supervisión de un caso clínico de anorexia. *Zona Erógena, 30*.

Castel, R. (1984). *La gestión de los riesgos: de la antipsiquiatría al post-análisis*. Anagrama.

Cesarotto, O. (1987). No olho do Outro. In *Contos sinistros*. Max Limonad.

304 REFERÊNCIAS

Charcot, J.-M. (1882). Gran histería o hístero-epilepsia. In J. Saurí (Org.), *Las histerías*. Nueva Visión, 1975.

Chaui, M. (1997). Comentários. *Subjetividades Contemporâneas*, *1*(1), 18-25.

Comitê Executivo do II Encontro Mundial dos Estados Gerais da Psicanálise. (2003). *Documentos*. Redes dos Estados Gerais da Psicanálise. Recuperado de: http://egp.dreamhosters.com.

Cortázar, J. (1966). La autopista del sur. In J. Cortázar, *Todos los fuegos el fuego*. Sudamericana.

Costa, J. F. (1984). *Violência e psicanálise*. Graal.

Costa, J. F. (1988). Narcisismo em tempos sombrios. In J. Birman (Org.), *Percursos na história da psicanálise*. Taurus.

Costa, J. F. (1991). Por uma psicanálise humanamente útil (entrevista). In *Anuário Brasileiro de Psicanálise 1*. Relume-Dumará.

Cytrynowicz, R., & Cytrynowicz, M. (2006). *História do Departamento de Psicanálise do Instituto Sedes Sapientiae*. Narrativa Um.

Dardot, P., & Laval, C. (2016). *A nova razão do mundo: ensaio sobre a sociedade neoliberal*. Boitempo.

Departamento de Psicanálise do Instituto Sedes Sapientiae. (2007). *Projeto de Investigação e Intervenção na Clínica das Anorexias e Bulimias*. Instituto Sedes Sapientiae. Recuperado de: www.sedes.org.br/Departamentos/Psicanalise/pdf/projeto_ab.pdf.

Deutsch, H. (1934). Algunas formas de trastorno emocional y su relación con la esquizofrenia. *Revista Chilena de Psicoanálisis*, *9*(19), 11-20, 1992.

Duarte-Plon, L. (2003, 12 out.). O inconsciente sociopolítico. Entrevista com René Major. *Folha de S.Paulo*, 30.

Endo, P. (2005). *O sujeito imaculado na sociedade privatizada: psicanálise e política em torno de Totem e tabu*. Trabalho apresentado no IV Encontro Latino Americano dos Estados Gerais da Psicanálise.

Fenichel, O. (1945). *Teoria psicanalítica das neuroses*. Atheneu, 1981.

Ferraz, F. C., Fuks, L. B., & Alonso, S. L. (Orgs.). (2012). *Psicanálise em trabalho*. Escuta.

Freixo, M. (2016, 5 jul.). Extermínio. *Folha de S.Paulo*, 3.

Freud, S. (1894). Las neuropsicosis de defensa. In S. Freud, *Obras Completas* (Vol. III). Amorrortu, 1996.

Freud, S. (1895a). Fragmentos de la correspondencia con Fliess. Manuscrito G: Melancolia. In S. Freud, *Obras Completas* (Vol. I). Amorrortu, 1996.

Freud, S. (1895b). Proyecto de psicología. In S. Freud, *Obras Completas* (Vol. I). Amorrortu, 1996.

Freud, S. (1896). Nuevas puntualizaciones sobre las neuropsicosis de defensa. In S. Freud, *Obras Completas* (Vol. III). Amorrortu, 1996.

Freud, S. (1905). Fragmento de análisis de un caso de histeria. In S. Freud, *Obras Completas* (Vol. VII). Amorrortu, 1996.

Freud, S. (1907). EI delirio y los sueños en la "Gradiva" de W. Jensen. In S. Freud, *Obras Completas* (Vol. IX). Amorrortu, 1996.

Freud, S. (1911). Sobre un caso de paranóia descrito autobiográficamente (caso Schreber). In S. Freud, *Obras Completas* (Vol. XVII). Amorrortu, 1996.

Freud, S. (1913). El motivo de la elección del cofre. In S. Freud, *Obras Completas* (Vol. XII). Amorrortu, 1996.

306 REFERÊNCIAS

Freud, S. (1914). Introducción al narcisismo. In S. Freud, *Obras Completas* (Vol. XIV). Amorrortu, 1996.

Freud, S. (1915). Lo inconsciente. In S. Freud, *Obras Completas* (Vol. XIV). Amorrortu, 1996.

Freud, S. (1915-1916). Sobre a transitoriedade. In S. Freud, *Obras Completas* (Vol. XX). Amorrortu, 1996.

Freud, S. (1917a). Complemento metapsicológico a la doctrina de los sueños. In S. Freud, *Obras Completas* (Vol. XIV). Amorrortu, 1996.

Freud, S. (1917b). Una dificultad del psicoanálisis. In S. Freud, *Obras Completas* (Vol. XVII). Amorrortu, 1996.

Freud, S. (1918). De la historia de una neurosis infantil. In S. Freud, *Obras Completas* (Vol. XVII). Amorrortu, 1996.

Freud, S. (1919). Lo ominoso (*Das Unheimlich*). In S. Freud, *Obras Completas* (Vol. XVII). Amorrortu, 1996.

Freud, S. (1920). Más allá del principio del placer. In S. Freud, *Obras Completas* (Vol. XVIII). Amorrortu, 1996.

Freud, S. (1921). Psicología de las masas y análisis del yo. In S. Freud, *Obras Completas* (Vol. XVIII). Amorrortu, 1996.

Freud, S. (1924). Neurosis y psicosis. In S. Freud, *Obras Completas* (Vol. XIX). Amorrortu, 1996.

Freud, S. (1927a). El porvenir de una ilusión. In S. Freud, *Obras Completas* (Vol. XXI). Amorrortu, 1996.

Freud, S. (1927b). El humor. In S. Freud, *Obras Completas* (Vol. XXI). Amorrortu, 1996.

Freud, S. (1927c). Fetichismo. In S. Freud, *Obras Completas* (Vol. XXI). Amorrortu, 1996.

Freud, S. (1930). El malestar en la cultura. In S. Freud, *Obras Completas* (Vol. XXI). Amorrortu, 1996.

Fuks, L. B. (2008). Consequências do abuso sexual infantil. In L. B. Fuks, *Narcisismo e vínculos*. Casa do Psicólogo.

Fuks, L. B., & Ferraz, F. C. (Orgs.). (2000). *A clínica conta histórias.* Escuta.

Fuks, L. B., & Ferraz, F. C. (Orgs.). (2003). *Desafios para a psicanálise contemporânea.* Escuta.

Fuks, L. B., & Ferraz, F. C. (Orgs.). (2006). *O sintoma e suas* faces. Escuta/Fapesp.

Fuks, M. P. (1995). Psicanálise, o futuro de uma (des)ilusão. In *Anuário Brasileiro de Psicanálise 3.* Relume-Dumará.

Fuks, M. P. (1997a). Algo que estava oculto tem vindo à luz. In S. L. Alonso, & A. M. S. Leal (Orgs.), *Freud: um ciclo de leituras.* Escuta/Fapesp.

Fuks, M. P. (1997b). Subjetividade e instituição. *Subjetividades Contemporâneas, 1*(1), 36-42.

Fuks, M. P. (1998-1999). Mal-estar na contemporaneidade e patologias decorrentes. *Psicanálise e Universidade,* (9-10), 63-78.

Fuks, M. P. (2000). Questões teóricas na psicopatologia contemporânea. In L. B. Fuks, & F. C. Ferraz (Orgs.), *A clínica conta histórias.* Escuta.

Fuks, M. P. (2003a). O mínimo é o máximo: uma aproximação da anorexia. In R. M. Volich, F. C. Ferraz, & W. Ranña (Orgs.), *Psicossoma III: interfaces da psicossomática.* Casa do Psicólogo.

Fuks, M. P. (2003b). Nos domínios das neuroses narcísicas e em suas proximidades. In F. C. Ferraz, & L. B. Fuks (Orgs.), *Desafios para a psicanálise contemporânea.* Escuta.

308 REFERÊNCIAS

Fuks, M. P. (2010). *Histeria nos homens*. Conferência no XIV Simpósio do Serviço de Psicologia do Hospital do Coração.

Fuks, M. P. (2012). O estranho, a elaboração psíquica e a criação cultural. In F. C. Ferraz, L. B. Fuks, & S. L. Alonso (Orgs.), *Psicanálise em trabalho*. Escuta.

Fuks, M. P. et al. (2002). A sexuação feminina na contemporaneidade: da suposta libertação feminina à impossibilidade de sustentar o imprevisível na relação com o outro. In S. L. Alonso, A. C. Gurfinkel, & D. M. Breyton (Orgs.), *Figuras clínicas do feminino no mal-estar contemporâneo*. Escuta.

Fuks, M. P., Sapoznik, A., Gorgati, S. B. et al. (2006). Transtornos alimentares. In A. C. Lopes, L. S. Ward, & M. H. Guariento (Orgs.), *Medicina ambulatorial*. Atheneu.

Galende, E. (1990). *Psicoanálisis y salud mental: para una crítica de la razón psiquiátrica*. Paidós.

Galende, E. (1994). Modernidad, individuación y manicomios. In O. Saidon, & P. Troianovsky, P. (Orgs.), *Políticas en salud mental*. Lugar.

Galende, E. (1997). *De un horizonte incierto: psicoanálisis y salud mental en la sociedad actual*. Paidós.

Galli, V. A. (1991). A clínica psicanalítica durante e depois do terrorismo de Estado. *Percurso, IV*(7), 24-31.

García Reinoso, G. (1971). Violencia y agresión o bien violencia y represión? In M. Langer (Org.), *Cuestionamos*. Granica.

Gay, P. (1991). *Freud: uma vida para nosso tempo*. Companhia das Letras.

Gorgati, S. B. (2002). O feminino congelado na anorexia. In S. L. Alonso, A. C. Gurfinkel, & D. M. Breyton, (Orgs.), *Figuras clínicas do feminino no mal-estar contemporâneo*. Escuta.

Guilis, G., & Equipo de Salud Mental del CELS. (2005). *El concepto de reparación simbólica en el contexto jurídico del sistema interamericano.* Trabalho apresentado no IV Encontro Latino Americano dos Estados Gerais da Psicanálise.

Haudenschild, T. R. L. (2001). O lugar da mulher na casa de Bernarda Alba. *Ide*, (33), 74-83.

Hoffmann, E. T. A. (1817). O homem de areia. In *Contos sinistros.* Max Limonad, 1987.

Holcberg, A. S. (2001). As alpinistas. In A. M. Sigal, & I. M. Vilutis (Orgs.), *Colóquio freudiano: teoria e prática da psicanálise contemporânea.* Via Lettera.

Hollander, N. C. (2000). *Amor en los tiempos del odio: psicología de la liberación en América Latina.* Homo Sapiens.

Igoin, L. (1986). *La bulimia y su infortunio.* Akal.

Jameson, F. (1996). *Pós-modernismo: a lógica cultural do capitalismo tardio.* Ática.

Jeammet, P. (2003). Desregulações narcísicas e objetais na bulimia. In B. Brusset, C. Couvreur, & A. Fine (Orgs.), *A bulimia.* Escuta.

Julien, P. (1999). *A feminilidade velada: aliança conjugal e modernidade.* Companhia de Freud.

Kaës, R. (1991). Rupturas catastróficas y trabajo de la memoria: notas para una investigación. In J. Puget, & R. Kaës (Orgs.), *Violencia de estado y psicoanálisis.* Centro Editor de América Latina.

Kaës, R. (2003). O intermediário na abordagem psicanalítica da cultura. *Psicologia USP, 14*(3), 15-33.

310 REFERÊNCIAS

Kernberg, O. F. (1995). *Agressão nos transtornos de personalidade e nas perversões*. Artes Médicas.

Klein, M. (1934). Contribución a la psicogénesis de los estados maníaco-depresivos. In M. Klein, *Contribuciones al psicoanálisis*. Hormé, 1964.

Klein, M. (1952). *Desarrollos en psicoanálisis*. Paidós, 1962.

Klein, M. (1955). Sobre la identificación. In M. Klein, *Nuevas direcciones en psicoanálisis*. Paidós, 1965.

Kohut, H. (1988). *A análise do self*. Imago.

Kristeva, J. (1993). *Las nuevas enfermedades del alma*. Cátedra.

Kupermann, D. (2003). *Ousar rir: humor, criação e psicanálise*. Civilização Brasileira.

Lacan, J. (1959). De una cuestión preliminar a todo tratamiento posible de la psicosis. In J. Lacan, *Escritos 2*. Siglo XXI, 1978.

Lacan, J. (1966). Subversão do sujeito e dialética do desejo no inconsciente freudiano. In J. Lacan, *Escritos*. Zahar, 1998.

Langer, M. (Org.). (1971). *Cuestionamos*. Granica.

Langer, M. (Org.). (1973). *Cuestionamos II*. Granica.

Lasch, C. (1983). *A cultura do narcisismo: a vida americana numa era de esperanças em declínio*. Imago.

Lasègue, C. (1873). Da anorexia histérica. *Revista Latinoamericana de Psicopatologia Fundamental, 1*(3), 30-35, 1998.

Lawrence, D. H. (1921). *Mulheres apaixonadas*. Germinal, 2003.

Levi, P. (1988). *É isto um homem?* Rocco.

Lewkowicz, I. (1998). Subjetividad adictiva: un tipo psico-social históricamente constituido. *Revista de la Asociación Argentina de Psicología y Psicoterapia de Grupo, 21*(1), 69-90.

Lipovetsky, G. (2000). *A terceira mulher: permanência e revolução do feminino*. Companhia das Letras.

Major, R. (2000). *Convocação*. Rede dos Estados Gerais da Psicanálise. Recuperado de: http://egp.dreamhosters.com.

Manonni, M. (1981). *O psiquiatra, seu "louco" e a psicanálise*. Zahar.

Mannoni, O. (1978). Presidente Schreber, Profesor Flechsig. In O. Mannoni, *Psicoanálisis de la psicosis. Carpeta de psicoanálisis 1*. Letra Viva.

Marty, P., & M'Uzan, M. (1962). O pensamento operatório. *Revista Brasileira Psicanálise, 28*(1), 165-74, 1994.

Marx, K. (1867). O fetichismo da mercadoria e o seu segredo. In K. Marx, *O Capital*. Centelha, 1974.

Matoso, E. (2001). *El cuerpo territorio de la imagen*. Letra Viva.

McDougall, J. (1987). *Em defesa de uma certa anormalidade*. Artes Médicas.

Meireles, M. M. (2016). Resenha de Ditadura civil-militar no Brasil: o que a psicanálise tem a dizer. *Boletim Online*, (39).

Mendel, G. (1991). La crise de la psychanalyse. *Pouvoir*, (11), 20-25.

Merleau-Ponty, M. (1990). A experiência do outro. In *Merleau-Ponty na Sorbonne. 1949-1952*. Papirus.

Mijolla, A. (1991). Una perspectiva histórica. *Zona Erógena*, (6), 12-20.

Moreno, M. M. A. (2009). *Trauma: o avesso da memória* [Dissertação de Mestrado]. Instituto de Psicologia da Universidade de São Paulo.

312 REFERÊNCIAS

Nunes, M. A. & Ramos, D. C. (1998). *Transtornos alimentares e obesidade*. Artmed.

O'Dwyer de Macedo, H. (Org.). (1971). *Le psychanalyste sous la terreur*. Matrice.

Pellegrino, H. (1971). Pacte oedipian et pacte social. In H. O'Dwyer de Macedo (Org.), *Le psychanaliste sous le terreur*. Matrice.

Pellegrino, H. (1986, 10 set.). Os incêndios do nada. *Folha de S. Paulo*.

Penot, B. (1992). *Figuras da recusa: aquém do negativo*. Artes Médicas.

Pereira, M. E. C. (1999). *Pânico e desamparo*. Escuta.

Pichon-Rivière, E. (1971). *Del psicoanálisis a la psicología social* (Vol. 2). Galerna.

Pommier, G. (1996). Une remarque à propos de la boulimie/anorexie. *La Clinique Lacanienne*, (1).

Pontalis, J.-B. (1978). Nacimiento y reconocimiento del "si". In J.-B. Pontalis, *Entre el sueño y el dolor*. Sudamericana.

Raimbault, G., & Eliascheff, C. (1991). *Las indomables: figuras de la anorexia*. Nueva Visión.

Ramos, M., & Fuks, M. P. (2015). *Atendimento psicanalítico da anorexia e da bulimia*. Zagodoni.

Rank, O. (1912). *El doble*. Orión, 1976.

Real Academia Española. (1970). *Diccionario de la Lengua Española*. Espasa-Calpe.

Reich, W. (1946). *Psicologia de massas do fascismo*. Escorpião, 1974.

Rilke, R. M. (1925). Carta a Witold von Hulewicz. In G. Agamben, *Estancias: la palabra y el fantasma en la cultura occidental*. Pre-Textos, 1995.

Rodrigué, E. (1995). O caso Reich. In E. Rodrigué, *Sigmund Freud: o século da psicanálise – 1895-1995* (Vol. 3). Escuta.

Róheim, G. (1943). *Origine et fonction de la culture*. Gallimard, 1972.

Rojas, M. C., & Sternbach, S. (1994). *Entre dos siglos: una lectura psicoanalítica de la posmodernidad*. Lugar.

Rosolato, G. (1983). El narcisismo. In G. Rosolato, *Narcisismo*. Ediciones del 80.

Roudinesco, E., & Plon, M. (1998). *Dicionário de psicanálise*. Jorge Zahar.

Russell, G. F. M. (1979). Bulimia nervosa: an ominous variant of anorexia nervosa. *Psychological Medicine*, (9), 429-448.

Russo, S. (2007, 11 ago.). María en el bosque. *Pagina 12*.

Safatle, V. (2017, 17 mar.). O Estado do mal-estar social. *Folha de S.Paulo*.

Saidon, O. (1994). La salud mental en tiempos de ajuste. In O. Saidon, & P. Troianovski (Orgs.), *Política en salud mental*. Lugar.

Santa-Cruz, M. A. (1997). A clínica e seus efeitos na subjetividade. *Subjetividades Contemporâneas*, *1*(1), 43-49.

Sennett, R. (1999). *A corrosão do caráter: as consequências pessoais do trabalho no novo capitalismo*. Record.

Sollers, P. (1976). A propósito de la dialetica. In A. Verdiglione (Org.), *Locura y sociedad segregativa*. Anagrama.

Souza, J. (2018). *A classe média no espelho: sua história, seus sonhos e ilusões, sua realidade*. Estação Brasil.

314 REFERÊNCIAS

Stoller, R. J. (1989). *Masculin ou féminin?* PUF.

Stolkiner, A. (1994). Tiempos posmodernos: ajuste y salud mental. In O. Saidon, & P. Troianovsky (Orgs.), *Política en salud mental*. Lugar.

Thalenberg, L. G. K. (2010). A análise: entre o *gourmet* e o *gourmand. Percurso, XXIII*(45), 129-136.

Tisseron, S. (1997). *El psiquismo ante la prueba de las generaciones.* Amorrortu.

Uchitel, M. (2000). Em busca de uma clínica para o trauma. In L. B. Fuks, & F. C. Ferraz (Orgs.), *A clínica conta histórias.* Escuta.

Viñar, M. (2007). *Violencia politica extrema y transmisión intergeneracional.* Conferência. Fondation de Nant.

Viñar, M. & Viñar, M. (1992). *Exílio e tortura.* Escuta.

Volich, R. M., Ferraz, F. C., & Ranña, W. (Orgs.). (2003). *Psicossoma III: interfaces da psicossomática.* Casa do Psicólogo.

Winnicott, D. W. (1960). Distorção do ego em termos de falso e verdadeiro *self.* In D. W. Winnicott, *O ambiente e os processos de maturação: estudos sobre a teoria do desenvolvimento emocional.* Artes Médicas, 1990.

Zito-Lema, V. (1976). *Conversaciones con Enrique Pichon-Rivière: sobre el arte y la locura.* Timerman.

Zukerfeld, R. (1996). *Acto bulímico, cuerpo y tercera tópica.* Paidós.

Série Psicanálise Contemporânea

Adoecimentos psíquicos e estratégias de cura: matrizes e modelos em psicanálise, de Luís Claudio Figueiredo e Nelson Ernesto Coelho Junior

O brincar na clínica psicanalítica de crianças com autismo, de Talita Arruda Tavares

Budapeste, Viena e Wiesbaden: o percurso do pensamento clínico-teórico de Sándor Ferenczi, de Gustavo Dean-Gomes

Clínica da excitação: psicossomática e traumatismo, de Diana Tabacof

Do pensamento clínico ao paradigma contemporâneo: diálogos, de André Green e Fernando Urribarri

Do povo do nevoeiro: psicanálise dos casos difíceis, de Fátima Flórido Cesar

Em carne viva: abuso sexual de crianças e adolescentes, de Susana Toporosi

Escola, espaço de subjetivação: de Freud a Morin, de Esméria Rovai e Alcimar Lima

Expressão e linguagem: aspectos da teoria freudiana, de Janaina Namba

Fernando Pessoa e Freud: diálogos inquietantes, de Nelson da Silva Junior

O grão de areia no centro da pérola: sobre neuroses atuais, de Paulo Ritter e Flávio Ferraz

Heranças invisíveis do abandono afetivo: um estudo psicanalítico sobre as dimensões da experiência traumática, de Daniel Schor

Histórias recobridoras: quando o vivido não se transforma em experiência, de Tatiana Inglez-Mazzarella

Identificação: imanência de um conceito, de Ignácio A. Paim Filho e Raquel Moreno Garcia

A indisponibilidade sexual da mulher como queixa conjugal: a psicanálise de casal, o sexual e o intersubjetivo, de Sonia Thorstensen

Interculturalidade e vínculos familiares, de Lisette Weissmann

Janelas da psicanálise: transmissão, clínica, paternidade, mitos, arte, de Fernando Rocha

O lugar do gênero na psicanálise: metapsicologia, identidade, novas formas de subjetivação, de Felippe Lattanzio

Os lugares da psicanálise na clínica e na cultura, de Wilson Franco

Luto e trauma: testemunhar a perda, sonhar a morte, de Luciano Bregalanti

Metapsicologia dos limites, de Camila Junqueira

Os muitos nomes de Silvana: contribuições clínico-políticas da psicanálise sobre mulheres negras, de Ana Paula Musatti-Braga

Nem sapo, nem princesa: terror e fascínio pelo feminino, de Cassandra Pereira França

Neurose e não neurose, 2. ed., de Marion Minerbo

A perlaboração da contratransferência: a alucinação do psicanalista como recurso das construções em análise, de Lizana Dallazen

Psicanálise de casal e família: uma introdução, com organização de Rosely Pennacchi e Sonia Thorstensen

Psicanálise e ciência: um debate necessário, de Paulo Beer

Psicossomática e teoria do corpo, de Christophe Dejours

Razão onírica, razão lúdica: perspectivas do brincar em Freud, Klein e Winnicott, de Marília Velano

Relações de objeto, de Decio Gurfinkel

Ressonâncias da clínica e da cultura: ensaios psicanalíticos, de Silvia Leonor Alonso

Sabina Spielrein: uma pioneira da psicanálise – Obras Completas, volume 1, 2. ed., com organização, textos e notas de Renata Udler Cromberg

Sabina Spielrein: uma pioneira da psicanálise – Obras Completas, volume 2, com organização, textos e notas de Renata Udler Cromberg

O ser sexual e seus outros: gênero, autorização e nomeação em Lacan, de Pedro Ambra

O tempo e os medos: a parábola das estátuas pensantes, de Maria Silvia de Mesquita Bolguese

Tempos de encontro: escrita, escuta, psicanálise, de Rubens M. Volich

Transferência e contratransferência, 2. ed., de Marion Minerbo